교육개혁과 교장의 리더십

교육개혁과 교장의 리더십

충남대학교 교수

주 삼 환 저

머리말

교육이 바로 서야 정치, 경제, 사회, 문화도 바로 서는 것인데, 교육이 자꾸 국가정책의 우선순위에서 뒤로 밀리고 있으니 안타깝기만 하다. 교육 덕택에 이만큼 살게 되었다고 정치인과 경제인들 자신이 자기들 입으로 말하면서도 터지는 곳만, 눈에 보이는 곳만 땜질하거나 임시변통하려고 하니 걱정이다. 지식정보사회에서는 국제교육 경쟁에서의 승자가 최후의 승자라는 것을 알아야 한다.

교육개혁을 한다고 중앙에서만 목청을 높이고, 그들만 바쁜 것도 문제이다. 학교의 교장, 교사, 학부모, 학생이 교육개혁에 신바람나지 않고는 교육개혁은 절대로("절대로"라는 말을 좀처럼 쓰고 싶지 않지만) 성공할 수 없다. 교원을 개혁의 구경꾼으로 만들지 말고 개혁의 춤판으로 끌어들여야 한다. 개혁을 한다고 떠들어대는 것들이 모두 또 하나의 공해가 되고 조령모개를 보태는 셈이다.

교육개혁을 정치노름, 경제・경영 마인드로 몰고 가는 것도 문제이다. 교육개혁은 교육적으로 이루어질 때 성공할 확률이 높아진다. 중앙보다는 학교가 주축이 되어야 한다. 아래로부터의 혁명이 일어날 때 성공 가능성은 높아진다. 정치꾼, 경제・장사꾼이 아닌 교원이 개혁의 바람을 일으켜야 한다. 제도개혁도 중요하지만 근본적으로 학교 밑바탕에 깔려 있는 학교문화, 교직문화의 변화가 중요하다. 지금 절실한 것은 교육의 질 향상이다. 한국 교육의 질을 가지고 세계 선진국과 경쟁해서 이겨야 한다. 교육개혁의 초점은 교육의 질 향상에 맞춰져야 한다.

이 책은 교육이 이루어지고 있는 학교와 수업의 개선에 직결되는 학교경영과 교내장학과 관련하여 필자가 지난 2년간 썼던 글을 모은 것으로, 학교현장에 초점을 맞추었다.

이 책의 제1부는 '교장의 학교경영 리더십'으로 지도성과 경영 관련 글 5편을 묶었고, 제2부 '교장의 수업 리더십'에서는 5편의 수업개선을 위한 교내장학 관련 초청강연 원고를 모았다. 제3부 ' 교장의 교육개혁 리더십'에서는 최근에 논의되고 있는 교육개혁안에 대한 비판의 글 4편을 실었다. 제4부 '교장의 교직 리더십'에서는 교직과 교사와 관련하여 생각하게 하는 글 4편을 다루었다. 교육의 질은 전적으로 교사의 손에 달려 있다고 보기 때문에 체계상 제4부는 이 책의 결론에 해당된다. 학교경영, 수업, 교육개혁, 교직 어디서나 가장 중요한 파트너는 교사이고 리더십을 발휘해야 할 지도자는 교장이라는 점을 결코 잊어서는 안 된다.

계획적으로 구성하여 틀을 잡아 책을 쓴 것이 아니라 청탁받은 원고와 초청받은 강연원고를 모으다 보니, 책에 체계성이 없고 또한 중복되는 내용이 있음을 인정하고 이에 독자의 넓은 양해를 바란다.

이 책은 한국학술정보(주) 출판사의 "주삼환 교육행정 및 장학 시리즈"의 하나에 해당된다. 다른 여러 시리즈 책과 연결시켜 읽으면 좋을 것이다.

방향을 잃고 떠도는 우리 교육에 희미하나마 방향감을 주는 책이 되었으면 좋겠다. 겉도는 책이 아니라 현장 개선에 조금이라도 도움이 되는 부분이 있다면 그것으로 이 책 출판의 의의로 삼고 싶다. 단 한 명이라도 공감하는 독자가 있다면 그것으로 수백 페이지 글을 쓴 보람과 위안으로 삼고자 한다.

그동안 부족한 글을 청탁해 주고, 번지르르하게 말도 잘 하지 못하는 필자를 강연에 초청해 주신 전국의 교원연수원과 여러 모임을 주선해 주신 분들께 감사드린다. 이 책은 10여 년 전에 쓰인 것들을 모은 것인데 지금도 정권만 바뀌었을 뿐 크게 변한 것이 없다. 지금 교육개혁을 한다는 것이 10년 후에 어떻게 될 것인가를 생각해 보는 계기가 되었으면 좋겠다.

2006년 2월
저자 주삼환 識

차 례

제2부
교장의 수업 리더십

제3부
교장의 교육개혁 리더십

제4부
교장의 교직 리더십

제1부
교장의 지도력과 학교경영

제1장
변화하는 시대에 요구되는 학교장의 지도력[*]

1. 서론: 상황 변화와 생존교육

지난 50년 동안은 과거 5천 년에 해당하는 정도의 많은 변화를 가져왔다고 한다. 특히 그중에서도 우리나라는 지난 60년대, 70년대, 80년대 30년간 다른 나라보다 몇 배 빠른 변화를 가져왔다.

그야말로 우리는 격변의 시대에 살고 있다. 이제 새로운 세기를 맞아 또 얼마나 많은 변화를 가져올지는 예측을 불허한다. 마치 럭비공이 어느 방향으로 튈지 모르는 시점에 있는 셈이다.

국제적으로 두 개의 상반된 경향이 나타나고 있다. 초강대국 소련이 지구상에서 사라지고 15개 민족별로 나뉘어 국가연합을 이루고 있으나, 이들 독립국가 간 연합보다는 경쟁의 논리가 더 강하게 작용하고 있다. 그래서 때로는 민족국가간에 긴장을 일으키기도 한다. 과거 동구의 유고슬라비아와

* 한국교육행정학회, **교육행정학연구**, 1995. Vol 13. No 2.

체코슬로바키아도 민족별로 갈라져서 피를 흘린 적이 있다. 아프리카에서도 민족별 또는 부족별로 갈라져 싸웠고, 남북 예멘도 극적인 통일을 했다가 또다시 갈라져서 싸웠다. 지금 세계적으로 민족들끼리 똘똘 뭉치는 뚜렷한 경향 하나를 찾아볼 수 있다. 5천 년간 원수지간이라고 하는 이스라엘과 팔레스타인이 악수를 하고 자치정부를 세우는 것과 우리가 러시아나 중국과 국교를 튼 것을 보면 국가 간에는 영원한 친구도 없고 영원한 적도 없다는 것을 알 수 있다. 이념 대결의 시대는 가고 국가이익을 최우선 시하는 시대가 온 것이다. 세계 각 나라들이 생존을 위한 몸부림을 치고 있다. 국가가 망하고 또 새로이 생겨나는 것도 순식간이다.

민족별로 뭉쳐 각 국가별로 국경을 높이 쌓는가 하면 다른 한편에서는 국경이 허물어지는 경향을 볼 수 있다. 또 EU, NAFTA, ASEAN 등의 경제블록화와 UR이니 WTO니 하여 국경을 넘어 국가 간에 경쟁을 하게 되는 현상이 동시에 나타나고 있다. 공산주의, 사회주의 국가들까지도 이념을 버리고 살아남기 위하여 자본주의 시장경제의 원리를 받아들여 적용하고 있다. 즉, 정치적으로는 국경이 단단해지고 경제적으로는 국경이 없어지는 현상이 나타나고 있는 것이다. 현시점에서 모든 나라가 비상이냐 좌초냐의 기로에서 생존을 위한 몸부림을 치고 있다는 것을 알 수 있다.

기업체들도 살아남기 위한 전략에 부심하고 있다. 하루에 20~30개 중소기업이 망하는가 하면 또 그만큼 새롭게 생겨나기도 한다. 엊그제까지 사장이라고 큰 차를 몰고 골프장을 드나들던 사람들이 부도를 내고 잠적하는가 하면, 반짝이는 아이디어를 가지고 20대~30대 벤처 기업 사장이 혜성과 같이 나타나기도 한다. 우리나라 기업생존율은 20% 정도라고 한다.

기업들도 살아남기 위해 안간힘을 다 쓰고 있다. 7시 출근해서 4시 퇴근하기도 하고 아예 출퇴근 시간을 없애 버리기도 한다. 회사 출퇴근 대신 현지 출근을 하기도 하고, 중요한 회의를 서서 5~10분에 끝내기도 한다. 경쟁상대 회사를 정하여 창조적 모방으로 우위에 서려는 벤치마킹이니, 지속적 개선으로 우량기업에 접근하려는 리엔지니어링이니 하여 경영혁신과 생존을 위한 경쟁 때문에 '등골에 식은 땀'을 흘리고 있다. 돈 좀 벌었다고 향락이나 즐기던 사람들도 UR, GR, BR에 대비하여 생존을 위한 투쟁에 대비하지 않으면 안 되게 되었다. 국내 기업간에 협동이나 경쟁의 국내 게임도 해보지 않고 준비운동도 제대로 못해 본 상태에서 국제게임에 내몰려져야 할 판이다.

국가와 기업의 존망이 교육에 달려있다는 판단 아래 많은 나라들이 교육개혁에 열을 올리고 있다. 미국은 1983년 「미국의 위기」라는 보고서 이후 10여 년간 '수월성추구운동'에 열을 올렸으나 중앙집권적인 방법으로는 성공할 수 없다는 판단 아래 '학교재구조화'와 '학교개혁'으로 미국 교육개혁 제2의 물결, 밑으로부터의 혁명을 시도하고 있다. 21세기를 위해서는 제3의 물결로 문화적 혁명이 요구된다는 것이다. 일본은 모방으로는 만년 세계 2등국 신세를 면할 수 없다는 판단 아래 마라톤의 선두주자가 되기 위하여 1984년 제3차 교육개혁으로 창의성 교육, 개성존중교육, 평생교육, 철저한 일본인 양성교육을 시도하여 10년이 지난 오늘날에는 어느 정도 자신감을 얻은 것 같다. 영국도 88년 교육개혁법으로 국가교육과정 형성, 학교운영위원회에 의한 학교자율책임경영제, 학생자유등록제 등으로 교육개혁을 추진하고 있다.

국가와 기업체뿐만 아니라 교육도 생존을 위한 교육개혁을 하지 않으면 안 된다. 학교경영면에서의 개혁에는 두 가지 뚜렷한 경향을 알 수 있다. 하나는, 분권화에 의한 학교자율책임경영제(school-site-management)이다. 주민의 대표를 교육위원으로 뽑아 교육자치를 해도 주민이 원하는 교육이 이루어지지 않는 데 불만을 갖고 학부모 대표, 주민 대표, 교육청 직원, 교장, 교사 대표로 구성되는 학교운영위원회가 중심이 되어 학교를 자율경영하고 책임을 지게 하는 제도이다. 등록한 학생 수에 비례하여 덩어리 돈이 배분되면 학교계획에 의하여 현장을 잘 아는 학교운영위원회가 자율적으로 사용하고 연간보고서만 교육청에 제출하게 되는데, 이것은 어떻게 보면 공립학교의 준사립화와 같은 것이다. 어쨌든 분권화로 교육청의 지도력이 약화되고 학교의 지도력이 강화될 수밖에 없다.

다른 하나의 경향은, 학부모의 학교선택권 보장, 즉 학생자유등록제라고 할 수 있다. 교육소비자인 학부모가 학군에 상관없이 원하는 학교에 자유로이 등록하면 그 사람이 냈던 세금이 자동적으로 학생이 등록된 학교에 배분되는 것이다. 만일 학부모가 사립학교를 선택하여 등록하면 정부는 학부모를 대신하여 사립학교의 비싼 등록금을 대주어야 한다.1) 학교에도 부익부 빈익빈 현상이 벌어지고, 망하는 학교가 생기는가 하면 흥하는 학교가 생긴다. 교육도 더 이상 독과점 품목이 될 수 없고 독점기업이 될 수 없으며 자유시장원리·경쟁체제를 따르지 않을 수 없게 되었다. 자녀교육을 위해서 기꺼이 주머니를 털던 학부모와 주민들도 교육을 불신하여 세금저항을 하는 대신 교육책무성을 강력하게 요구하고 있다. 의무교육에서까지 학생을 학교에 안 보내고 집에서 가르치면 더 잘 가르칠 수 있다고 학부모들이 주장하기도 한다. 마침내 미국 일부에서는 이런 주장이 허용되고 있다.

이제 교육도 생존을 위한 교육을 하지 않으면 안 된다. 두 가지 측면에서의 생존교육이라고 할 수 있다. 하나는 경쟁시대에 우리의 학교교육을 받고 나간 졸업생들이 각 분야에서 살아남을 수 있도록 길러내야 한다는 의미에서 생존교육이다. 근로자, 기업인, 체육인, 군인, 정치인도 우리의 교육을 받고 나가서 살아남는 사람이 되어야 한다. 그러기 위해서 경쟁력 있는 교육을 해야 한다.

두 번째 측면에서의 생존교육은 더 절박하다. 학교 자체가 지구상에 살아남아야 하는 의미에서의 생존교육이다. 학부모의 학교선택권 보장에 의하여 문을 닫는 학교가 생겨나게 되므로 학교 자체가 살아남는 일이 최우선

---

1) John R. Hoyle & Dwain M. Estes. An Optimistic Voice for Educational Administration and NCPEA, James W. Guthrie. The Emerging Golden Era of Educational Leadership and the Golden Opportunity for Administration. in John r. Hoyle & Dwain M. Estes ed. NCPEA: In A New Voice(Lancaster: Technomic Publishing Co., 1993).

과제가 된다. 또 농산물시장 개방과 금융시장 개방에 이어서 교육시장 개방을 하게 되면 국제경쟁력에 의하여 학교의 생존이 위협을 받게 되는 것이다. 더구나 우리나라에서도 6·25의 베이비붐에 의한 제2의 베이비붐 현상이 사라지면 학생 수 자연감소가 겹쳐 학교의 생존에 어려움이 겹치게 된다. 이런 속에서 학교가 살아남기 위한 생존을 위한 교육을 하지 않으면 안 된다.

이러한 상황변화에 의하여 학교장의 지도력은 어느 때보다도 중요시된다. 여기서 ① 새로운 세기의 미래사회의 특징과 인간상에 대하여 약간 더 전망해 보고 나서, 이에 따라 요구되는 ② 교장의 지도력에 대하여 논의해 보기로 한다.

2. 새로운 사회의 특징과 요구되는 인간상

다가올 21세기 사회를 학자에 따라 여러 가지로 특징짓고 있으나 여기서는 ① 고도기술 정보사회, ② 개방화·국제화 사회, ③ 민주복지사회로 요약하고 이 사회에 요구되는 인간상을 그려보고자 한다.

1) 고도기술 정보사회와 창조적·도덕적 인간

우리는 농경·유목사회로부터 공업화 사회로 이행해 왔다. 우리가 농공병진 정책을 내걸었던 것이 불과 30년 전이었다. 당시는 공장 굴뚝에 연기가 피어오르는 것이 가장 부러운 것이었다. 미국은 1950년대에 화이트칼라의 숫자가 블루칼라의 숫자를 앞지르기 시작했는데 우리는 1980년대에 이런 현상이 벌어지고 있다. 인간은 육체노동을 하는 산업보다는 두뇌노동에 집중하게 되고, 육체노동은 기계에 맡기고 인간은 지식을 창출하는 일을 해내야 한다.

걸프전은 정보전쟁이었다고 하는데, 피와 땀은 다국적군이 흘리고 돈은 마이크로칩을 대는 일본이 챙겼을 것이다. 정보라도 이제 초고속 정보여야 한다. 보통 정보를 가지고는 그 의미를 잃게 된다. 기술도 이미 알려진 기술, 남이 이전해 준 기술을 가지고는 초고속 시대에 살아남을 수 없게 되었다.

이러한 고도기술, 첨단과학, 정보사회에 필요한 사람은 창조적인 인간이다. 남이 발견하고 발명해 내지 않은 새로운 지식과 기술을 만들어 내지 않고는 낙오되고 종속될 수밖에 없기 때문에 과학기술시대에는 창조적 인간이 요구된다.

기술도 하이테크가 되므로 사람이 사람과 접촉할 필요가 별로 없이 사람 대신 기계나 장치 등을 다루는 생활을 하게 된다. 재택근무, 재택학습이 가능해지니 사람과 만날 기회가 줄어들게 된다. 기술과 과학이 고도로 발달하면 할수록 사람들은 사람을 더 그리워하게 된다. 그래서 하이터치가 필요하게 된다. 사람과의 관계에서 인간적인 사람, 도덕적인 인간이 필요하게 된다. 도덕적이고 윤리적인 사람의 범주에 따뜻한 정이 넘치는 인간적인 사람까지 포함시키고자 한다.

앞으로의 사회에 고도기술과 정보를 창조해 내는 창조적 인간도 필요하지만 동시에 이를 도덕적으로 사용하고 활용할 수 있는 도덕적 인간상이 요구된다.

2) 개방화·국제화 사회의 창조적·자주적 인간

앞에서 상황변화와 생존교육에 관하여 말하면서 세계 여러 나라가 민족별로 똘똘 뭉치고(국경이 단단해지면서), 국경이 허물어지는 양극화 현상이 동시에 일어난다고 하였다. 정치적으로는 민족별로 독립하고 나라를 세우는 경향이지만 경제적으로는 국제적으로 개방화되는 현상이다.

마을을 단위로 살던 생활이 이제 마을이나 촌락보다는 국가가 생활의 기본단위가 되었다. 특히 1일 생활권이 되면서 국가단위 생활은 더욱 강화되었다. 그러나 아프리카, 파푸아뉴기니 등에서는 아직도 국가개념보다는 부족개념이 강하게 작용하고 있다. 그러나 이제는 UR, GR, BR, WTO 등 국제협약에 의하여 국경을 넘어선 자유경쟁을 하게 되었다. 이러한 조약이나 기구들이 생기는 것은 다분히 강자의 논리이지만 우리는 이 시점에서 다시 쇄국을 할 수는 없으며 개방이 불가피하다.

농산물 개방으로 우리의 쌀독을 열어 보여주고, 금융시장 개방으로 지갑과 금고도 열어 놓아야 한다. 더 중요한 것은 교육과 문화·예술의 개방으로 우리의 안방, 머릿속, 정신세계까지 열어 보여주어야 할 형편이다. 우리의 출발이 농업이었으므로 어떻게든 노력하면 농산물에서는 경쟁력을 갖출지 모른다. 또 우리가 지난 30년간 공업화, 경제개발로 어느 정도 돈을 벌었으므로 기술개발에 투자하고 집중 노력하면 얼마 후에는 공산품에서는 어느 정도 경쟁력을 회복할지 모른다. 교육도 막연하게 생각하면 우리나라를 교육입국, 교육의 나라라고 했으니 방향만 잘 잡으면 교육개방을 견뎌 낼 수 있을지 모른다. 그런데 문제는 교육과 직접 연결되는 문화·예술의 개방에 있다. 우리는 먹고 사는 데 급급해서 문화·예술에서는 취약하고 허약하기 그지없다. 교육·문화·예술에서 밀리게 되면 우리의 혼과 정신까지도 모두 빼앗기게 된다. 영화 '쥐라기 공원' 한 편의 수입이 자동차 2년 수출분인 150만대에 맞먹는 것이 현실이다.

교육개방은 학원개방(95년 기술 및 예체능계 전문강습소, 96년 외국어 및 입시계 일반 강습소), 고등교육개방(97년)의 순서로 전개될 것으로 되어 있었다. 의무교육은 개방하지 않거나 개방된다 하더라도 최소화되어야 할 것이다. 지금까지 우리는 교육에서 국가독점으로 학교간에 경쟁의 원리가 적용되지 않고 인간봉사체제(human service system)의 관점에서

운영되지 못했기 때문에 국제적으로 개방될 경우 위험하게 된다. 봉사에는 신경 쓰지 않고 봉사의 대상인 학생들만 과도하게 경쟁시켜 지옥으로 몰아넣었던 것이다.

초등교육은 외국에 대하여 교육개방을 하지 않는다고 하더라도 최소한 국제경쟁력을 갖는 교육을 해야겠고, 또 국제인의 기초가 되는 국제이해교육, 국제예절교육을 해야 할 입장이다.

의무교육 이외의 교육을 개방한다면 교육의 방향을 바로잡고 교육서비스라는 측면에서 질 개선 노력을 하여 경쟁력을 갖춰야 할 것으로 본다. 현재도 국내 대학에 못 들어갈 것으로 예상하여 도피성 유학을 하는 경우는 국가적으로 엄청난 재정의 낭비를 하고 있는 셈이다.

국제화 시대에 요구되는 인간상은 앞에서와 같이 '창조적 인간'과 '자주적 인간'으로 본다. 모든 면에서 국제경쟁을 하기 위해서는 창조성이 있어야 한다는 것은 고도기술정보사회에서와 마찬가지이다. 이에 더하여, 국제화 사회에서는 모든 면에서 국경을 넘어 경쟁을 해야 하는데 경쟁에 앞서 주체성이 확립되어야 한다. 국제화란 남의 것을 무조건 따르는 것이 아니라 적극적으로 나를 나타내고 나의 정체성을 나타내는 것이라고 볼 때 무엇보다도 자주적 인간이 요구된다.

개방화·국제화 경쟁사회에서는 창조적 인간과 자주적 인간만이 살아남을 수 있을 것이므로 앞으로 교육은 이런 인간상을 그리며 양성해 내야 할 것이다.

3) 민주복지사회와 자주적·도덕적 인간

인류가 이룩하고자 하는 궁극적 이상사회는 민주복지사회인데 21세기에는 이런 사회가 가능하리라 기대하는 것이다. 국민은 주인으로서 한 사람 한 사람이 각자 가지고 있는 능력을 발휘하면서 자유와 평등을 누리고, 온갖 두려움과 공포로부터 해방되어 행복을 보장받는 사회가 민주복지사회라고 할 수 있다. 세계는 이념대결을 청산하고 평화 속에서 각 나라가 민주사회를 건설해 나갈 것으로 기대한다. 각 나라에서 국민 모두가 기본적인 생활을 보장받고 그 나머지는 각자의 능력에 따라 행복을 추구하는 것이다. 우리는 21세기에 이런 사회가 올 것으로 기대하나 이미 북구 여러 나라들이 이런 복지사회를 건설하여 누리고 있다.

민주사회에서는 자주성이 있어야 주인 노릇을 제대로 해낼 수 있다. 피동적·소극적으로 행동하기보다는 자주적으로 자신의 몫을 해낼 수 있어야 민주사회를 지속시킬 수 있다. 민주사회에서는 자주적인 인간이 요구된다.

복지사회를 지속하려면 사회구성원들이 윤리와 도덕을 지켜야 한다. 경제적·물질적으로 풍부해져도 윤리와 도덕이 확립되지 않고는 무질서해지고 다시 범죄가 만연해지기 쉽고, 더 이상 복지사회를 지속하기 어렵게 된다. 우리나라가 경제적으로 조금 풍요해지기 시작하자 사회기강이 무너지고 윤리 도덕이 파괴되는 것을 보면 복지사회를 건설하고 이를 지탱하기가 얼마나 어려운 것인가를 가히 짐작할 수 있다. 복지사회의 극치와 동시에 고도의 '도덕적 인간'이 요구된다.

결국 21세기 미래사회는 고도기술·정보사회, 개방화·국제화 사회, 민주복지사회로 특징지었는데 이런 사회에서는 ① 창조적 인간, ② 자주적 인간, ③ 도덕적 인간이 요구된다. 결론적으로 미래사회에서는 모든 면에서 질적인 삶을 살아야 하고 삶의 질을 높이는 일이 과제가 된다. 이런 미래사회와 인간상을 요약하면 〈그림 1-1〉과 같다.

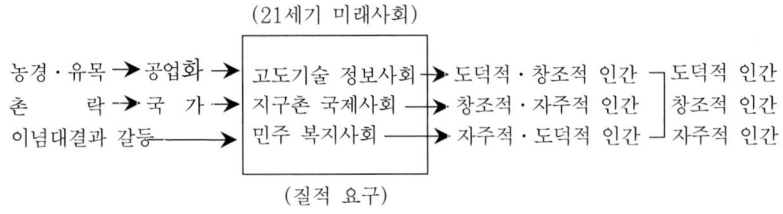

〈그림 1-1〉 21세기 미래사회와 인간상

3. 국제화 시대의 교장의 지도력

앞에서 미래사회는 ① 고도기술 정보사회, ② 개방화·국제화 사회, ③ 민주복지사회라고 하였는데 이 세 종류의 사회가 따로따로 존재하는 것이 아니고 동시에 나타나는 것이다. 고도기술 정보를 가지고 국경을 넘어 경쟁하면서 각 나라는 민주복지국가를 추구할 것이다. 여기서는 '국제화 시대'라고 하였고 소제목에서도 그렇게 사용하였으나 그냥 '미래사회'이라고 해도 좋을 것이다. 또 미래사회에 맞추어 바뀌어야 할, 변화해야 할 교장의 지도력에 대하여 생각해 보기로 한다.

지도력(leadership)이란 조직의 목표를 달성하도록 다른 사람에게 영향력을 행사하는 것으로, 행정이 주로 '유지'에 초점을 둔다면 지도력은 유지를 넘어 '변화'에 초점을 맞춘 것으로 행정보다 한 수준 높은 것으로 본다.

먼저 국제화 시대에 학교는 학교장의 지도력에 달려 있고 학교교육의 모든 책임은 교장에게 있는 자율책임경영체제로 전환하는 과정에서 특히 교장의 지도력이 강조되는 것은 세계적 경향이다. 교장의 지도력은 다시 교사에게 위임함으로써 빛을 발휘하게 된다.

다음으로는 변화하는 시대에 보다 높은 수준의 지도력을 발휘해야 한다는 말을 〈그림 1-2〉를 가지고 설명하고자 한다.

교환적 지도력에서는 추종자와 지도자 사이에 교환적 거래가 형성된다. 지도자는 추종자의 생리적 욕구, 안정적 욕구, 사회적 욕구, 자아적 욕구를 충족시켜줌으로써 동기유발을 시키고 추종자는 계산적으로 따져 봐서 이익이 되면 참여하여 지도자의 영향대로 행동한다. 은유적 표현은 빠타(Barter)제라고 할 수 있으며, 지도자는 지도유형, 상황조건적 이론, 교환이론, 목표행로이론 등 관리기술을 활용하는 관리자의 수준이다. 일을 해 나가는 과정에서 지도자에게는 기술적 기능과 인간적 기능이 지도력의 기능으로 필요하다.

지도력의 형태	지도력 은유	추종자의 참여	추종자 충족욕구	지도력의 개념	지도력의 근원
전환적 지도력	접착적 (Bonding)	도덕적	의의 의미 목적	도덕적 문화적	의의, 의미 / 문화적·도덕적 (고위성적자) 지도자 / 상징적 (수상)
	형성적 (Building)	내발적	자아현실 자율능력 존경	권한위임 상징적 카리스마적	사명, (본질) / 교육적 행정가 (임상실천가)
교환적 지도력	교환적 (Bartering)	계산적	자아적 사회적 안정적 생리적	관리기술지도유형, 상황조건적, 교환적, 목표행로이론	과정 / 인간적 (인강공학자) / 관리자 / 기술적 (관리공학자)

〈그림 1-2〉 교환적 지도력과 전환적 지도력의 차원[2]

그런데 변화하는 시대에는 이 수준의 지도력으로는 충분치 못하다. 교환의 수준을 넘어서 형태 자체를 완전히 바꿔 놓는 한 수준 높은 전환(변형)적 지도력(transformational leadership)이 요구된다. 존경의 욕구, 능력욕구, 자율의 욕구, 자아실현의 욕구 등 내발적 동기에 발동을 걸어 주는 지도력으로 은유적 표현은 형성(Building)이다. 마치 벽돌 한 장 한 장을 쌓아서 빌딩을 짓는 것과 같이 벽돌을 빌딩으로 바꿔 놓는 수준 높은 전환적 지도력이 필요하다. 지도자는 권한을 위임해 주고 상징적·카리스마적 존재로 남는다. 상징적·카리스마적 지도력도 긍정적으로 사용할 때 아주 유익하고 효력이 높다. 지도력의 근원으로는 조직의 사명과 본질인 교육

---

2) Thomas J. Sergiovanni. Advances in Leadership Theory and Practice. In Paul W. Thurston and S. Lotto eds. Advances in Educational Administration Vol.1.(Part A). Perspectives on Educational Reform(Greenwich. Conneticut: JAI Press Inc., 1990). p.7를 필자가 응용하여 그림으로 나타냄.

적 지도력에서 나오며 관리자 수준을 뛰어넘는 행정적 수준이라고 할 수 있다.

더 높은 전환적 지도력은 목적지향적이고 의미와 의의를 추구하는 욕구에 발동을 걸어 주는 것으로 추종자는 도덕성 때문에 참여하며, 이런 지도력은 접착제 본드(Bonding)에 비유된다. 추종자들과 지도자 모두를 한 덩어리로 묶는 지도력이라고 할 수 있다. 지도자는 독특한 학교문화를 형성해 주고 또 학교문화에 맞는 지도력을 발휘한다. 또 고도의 도덕성에 바탕을 둔 지도력을 발휘한다. 최근에 기업문화가 강조되듯이 학교문화를 형성하는 일이 강조된다. 또 미래사회에 도덕적 인간상이 요구된다고 했었는데 교장은 누구보다도 윤리·도덕적 지도력을 몸소 실천으로 옮겨야 한다. 지도력의 근원도 추종자에게 일의 의미와 의의를 심어 주는 수장과 성직자적 위치를 지켜야 한다. 이 정도 수준이라야 행정가 수준을 넘은 진짜 지도자라고 하는 것이다(여기서 지도력의 근원의 '상징'과 지도력의 개념의 '상징'에 한 단계 차이가 있는데 좀더 연구하여 조정할 것이다).

여기서 국제화 시대에 따른 지도력으로 교육적 지도력과 문화적 지도력, 도덕적 지도력에 대하여 좀더 강조하고자 한다.

국제화 시대에 첫째, 교장의 교육적 지도력(educational leadership) 중에서도 수업지도력(instructional leadership)을 강조하고자 한다. 솔직히 말하여 지금까지 우리나라에서 교육행정가가 되고 나면 수업보다도 수업 외적인 일에 매달리는 것이 본업인 것으로 착각하는 경우가 많았다. 그러나 앞으로의 세계는 교육의 질 경쟁시대이고 교육의 질은 곧 수업의 질이라고 할 수 있으므로 교장의 모든 지도력을 수업의 질 개선에 집중시켜야 할 것이다.

앞에서 제시한 국제화시대에 맞는 국제이해교육을 하려면 교장은 이와 관련된 교육과정과 교육 프로그램을 개발하고, 또 이에 맞는 수업방법을 동원하는 데 지도력을 발휘해야 할 것이다. 또 창조적·자주적 인간을 키워내려면 이에 알맞은 교육내용과 교수방법을 동원해야 할 것이다. 예를 들면

'열린 교육'을 해야 한다면 교장은 이 방면에 정통해야 지도자의 역할을 할 수 있게 된다. 교장은 더 이상 비전문가일 수는 없다. 그런 면에서 교장임기제로 고령층에서 교장이 되려고 하고, 최대한 8년 임기 후의 신분이 보장되지 않는 한 현 제도는 장애물이 되고 있다.

교장의 수업지도력과 관련하여 과학·기술시대에 맞게 교육공학방법을 활용하여 수업의 효과를 높이도록 강구해야 한다. 예를 들면 컴퓨터 활용수업을 할 수 있도록 기자재를 확보하고 교사연수를 해야 할 것이다.

둘째, 문화지도력을 좀더 강조하고자 한다. 성공적인 기업에는 반드시 독특한 기업문화가 있더라는 사실이 밝혀진 후 기업문화가 강조되고 있다. 이러한 보고가 아니더라도 학교는 문화적 표현을 목적으로 하는 조직이기 때문에 원래 학교문화가 강조되었어야 한다. 조직문화는 과거의 조직풍토보다 더 넓은 개념으로 교장은 독특한 학교문화형성에 지도력을 발휘해야 한다. 그런데 교장과 교사가 모두 순환근무제에 의하여 떠돌아다니기 때문에 학교문화가 형성될 겨를이 없고, 사립학교까지 획일적 관료화로 독특한 문화를 형성하기 어려운 현실이다.

학교장이 문화지도력을 발휘하여 시급하게 형성해야 할 학교문화로 신뢰문화, 자율문화, 학습문화를 들고자 한다. 지금 우리나라 구석구석에 신뢰와 믿음이 깨져 마침내 학교에서도 믿음이 통하지 않고 있다. 교사와 학생 사이에, 교장과 교사 사이에 믿음이 통할 수 있도록 하는 일이 무엇보다 중요하다. 믿음이 통하지 못하면 교육과 교육행정은 어렵게 된다.

교사와 학생이 스스로 알아서 각자의 몫을 해내고자 하는 내발적 동기에 의한 자율화 문화를 형성해야 한다. 자율적으로 행동하지 못하면 자주 타인의 지시와 명령, 간섭을 자초하게 된다. 자율로 행동할 때 능률도 오르고 보람도 느낄 수 있게 된다.

다음으로는, 학교는 가르치고 배우는 곳이므로 학교에 학습의 문화가 형성되어야 한다. 학생들이 배움의 기쁨과 희열을 느낄 수 있도록 해야 한다. 교사도 가르치려고 하기 전에 먼저 배우려고 해야 한다. 교장도 배워서 전

문행정가, 전문지도자가 되어야 한다. 교장은 학교문화를 형성하는 문화지
도력을 발휘하기도 해야 하는 동시에 학교문화에 맞추는 문화지도력을 발휘
해야 한다. 문화에 맞지 않으면 교장의 지도력은 먹혀들 수 없고 결국 지
도자로서는 실패하게 된다.

셋째, 도덕적 지도력을 강조한다. 고도기술, 과학이 발전하고 복지의 수
준이 높아질수록 인간의 도덕성은 더욱 필요하게 된다. 특히 지도력의 도덕
성이 강조된다. 지도자가 고도의 윤리·도덕성을 보여줄 때 거기서 지도력
이 나오는 것이다. 우리나라에서 신뢰가 깨지기 시작한 것도 국가의 지도자
들이 도덕성을 보여주지 못했기 때문이다. 특히 교육·문화조직에서는 지도
자가 도덕성을 보여주고 추종자들도 도덕성에 의하여 조직에 참여하고 도덕
적으로 행동하게 되어야 한다.

국제화 시대에도 국제윤리와 예절을 지키는 일이 중요하다. 국제 간에
언어와 문화·풍습이 달라 표현방식이 약간 다를 뿐이지 인간사회의 기본적
윤리와 도덕은 비슷하다고 본다. 그렇다면 개방화·국제화 시대에 지도자의
도덕성에 의한 도덕성 확립이 중요하리라는 것을 짐작할 수 있다.

넷째, 교장의 지도력과 관련해 참여적 지도력(participative leader-
ship)을 강조하고자 한다. 이는 참여적 결정에 의한 지도력으로, 과거의
독재적·영웅적 지도력과 자유방임적 지도력 양극 간의 중간위치에 자리하
는(영웅적·독재적-참여적-자유방임적) 지도력이다. 민주사회를 지향하면
서 분권화 경향이 뚜렷이 나타나고 있으며, 동시에 전원 참여의 민주화
(대의민주제로부터 참여 민주주의로의 이행)의 세계적 조류 속에 교장의
지도력도 이런 방향으로 바뀌어야 한다. 참여적 지도력은 조직과 개인의 2
개 축에 의하여 〈그림 1-3〉과 같이 요약할 수 있다.3)

---

3) Sherry Keith & Robert Henriques Girling(1991). Education,
   Management, and Participation(Boston Allyn and Bacon). p.66.

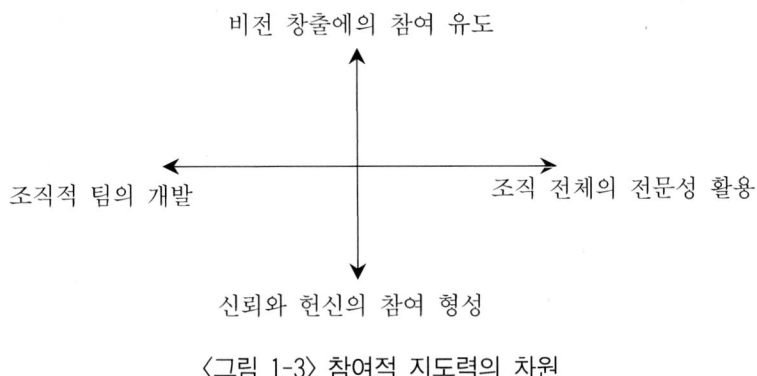

비전 창출에의 참여 유도

조직적 팀의 개발

조직 전체의 전문성 활용

신뢰와 헌신의 참여 형성

〈그림 1-3〉 참여적 지도력의 차원

교장은 ① 학교조직 내 모든 전문가(성)를 최대한 활용하고, ② 조직적 팀을 형성하고 발전시켜 팀을 이룩하고, ③ 학교조직의 비전을 창출하는 데 전 조직구성원의 참여를 이끌어 내고, ④ 또 조직 내 신뢰를 형성하여 조직구성원의 헌신적 참여를 이끌어 내야 한다. 지도자의 영웅시대는 지나갔다. 집단의 지혜를 도출하기 위한 참여적 지도력, 민주적 지도력에 의하여 문제를 해결하고 경쟁에서 살아남을 수 있도록 해야 한다.

마지막으로, 변화와 개혁, 혁신의 시대에 처하여 교장은 변화지도자(change leader)의 역할을 충실히 해내야 한다. 교장이 변화하지 않고는 교사, 학생, 학부모를 변화시킬 수 없다.

변화지도자로서 교장은 변화촉진자의 역할을 담당해야 한다. 변화촉진자로서 교장은 첫째, 자신을 핵심인물로 하여 〈그림 1-4〉와 같은 변화촉진팀을 구성하여 변화를 계획, 실천, 평가할 것을 권고한다.

그래서 이 변화촉진팀으로 하여금 혁신적 관련정책 개발, 전반적 규칙 제정, 의사결정, 기획, 준비, 스케줄 작성, 직원 조직, 역할 재구조화, 자료 탐색과 제공, 자료획득, 설비제공 등 조직배열의 일을 먼저 하게 하여야 할 것이다.

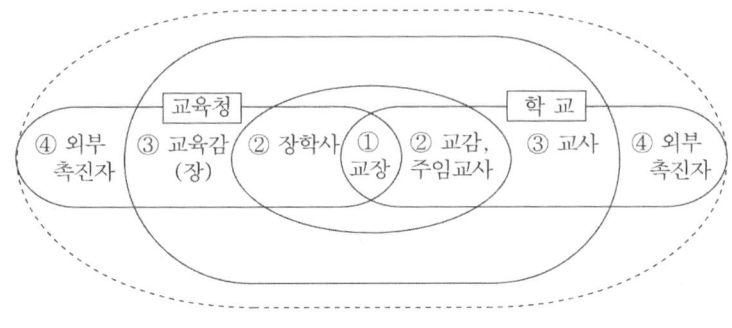

〈그림 1-4〉 변화 개혁 촉진팀

둘째, 변화를 위한 훈련과 연수를 하여 긍정적 태도형성, 지식의 확충, 정보의 검토, 워크숍 개최, 혁신활용의 시범, 혁신활용의 참관, 혁신활용에 관한 피드백 제공, 혁신에 관한 오해의 명료화 등의 기반을 구축해야 한다.

셋째, 자문 또는 상담과 강화의 역할을 생각할 수 있다. 일대 일로 관련자 격려, 소집단에서의 혁신활용 장려, 문제해결을 위한 개별적 조력, 혁신활용을 하도록 소집단 코치, 비공식적 담소 나누기, 개별적으로 적합한 기술 지원, 짤막한 대화와 진전에 대한 격려, 실질적 조력 제공, 작은 성공에도 축하의식 개최 등이 여기서 해야 할 역할이다.

넷째, 확인활동을 해야 한다. 정보수집, 자료수집, 비공식적으로 혁신지식과 기술에 대한 평가, 공식적으로 혁신활용이나 관심 평가, 자료의 분석과 처리, 정보의 해석, 산출에 관한 자료의 보고 및 나누어 갖기, 수집된 정보에 관한 피드백 제공, 워크숍에 관한 질문지 적용, 혁신활용에 관하여 교사와 협의하기 등이 이 영역에서 변화촉진자가 해야 할 일이다.

다섯째, 외부와의 의사소통을 해야 한다. 진행되는 혁신에 관하여 기술하기, 타인에게 알리는 일, 교육위원회와 학부모 집단에서 보고, 각종 집회에서 혁신에 관한 발표, 홍보와 캠페인, 구성원으로부터 지지 얻어내기 등이 의사소통에 관한 일이다.

여섯째, 전파활동을 해야 한다. 혁신을 채택하도록 격려하고, 혁신정보와

자료를 소개하는 방송, 혁신안내책자 우송, 무료 시범자료 제공, 혁신대표
자 훈련, 채택가능자에 대한 혁신 안내, 지역발표회 개최, 혁신시장 확대
등의 역할을 생각해볼 수 있다.

　교장의 변화지도자, 변화촉진자의 역할 이외에 때로는 변화대리자의 역할
을 담당할 수도 있다. 물론 변화촉진자와 변화대리자는 다른 사람에게 맡기
고 변화지도자의 역할만 담당할 수도 있을 것이다.

　변화대리자는 변화(개혁)기관이 설정한 바람직한 변화대상 개인이나 기관
이 혁신(개혁)을 결정하도록 영향을 주는 사람을 말하며, 개혁기관과 개혁
대상 개인이나 기관 사이에서 〈그림 1-5〉와 같이 중개의 위치를 차지한다.

　변화대리자는 첫째, 변화대상으로 하여금 변화(개혁)의 필요성을 느끼도
록 해주는 역할을 해야 한다.

　둘째, 정보교환의 관계성을 형성해야 한다. 신뢰하고 믿을 수 있게 해주
는 일이 무엇보다도 중요하다.

　셋째, 고객(대상)의 문제점을 진단해야 한다.

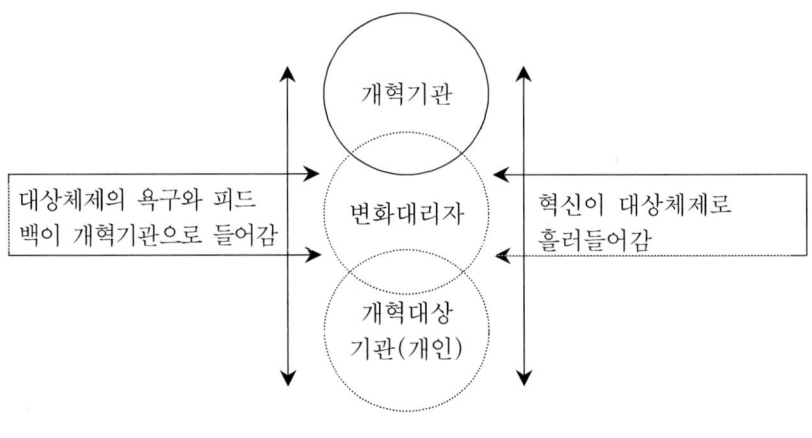

〈그림 1-5〉 변화대리자의 역할[4]

---

4) Everett M. Rogers(1983), Diffusion of Innovations, 3rd ed.(New
　　York: The Free Press), p.314에서 그림 제목 변경.

넷째, 고객(대상)으로 하여금 변화의 의지, 의도를 갖게 하는 일도 중요하다.

다섯째, 고객(대상)의 변화의도를 행동으로 전환시키도록 해야 한다.

여섯째, 고객의 혁신채택을 안정화시키기 위해 노력해야 한다.

일곱째, 계속적(종국적) 관계성 확립이 요구된다. 고객으로 하여금 계속적인 자기혁신 노력을 하도록 하는 것이다.

21세기를 앞두고 여러 면에서 개혁운동이 벌어지고 있고, 교육개혁의 목소리가 높아지고 있는데 결국 학교와 교실이 바뀌지 않으면 모든 것이 허사이다.

학교와 교실의 변화를 위해서는 학교장과 교사의 마인드(mind)가 우선 열려야 한다. 교장의 "열린 마음" 없이는 모든 것이 공염불이 되거나 오히려 개혁의 장애물로 작용하게 된다.

국제화 시대의 교장의 지도력에 관하여는 분권화, 학교자율책임경영제, 학교선택권 보장, 학교교육의 경쟁력 신장 등의 세계적 경향으로 보아 어느 때보다도 학교수준에서의 지도력이 중요하다는 말을 하고, 전환적 지도력이 요구된다는 뜻에서 지도력에 관한 종합적 모델을 제시하였다. 이 모델 속에서 추출하여 수업지도력과 문화지도력, 도덕적 지도력을 강조하였다. 또 시대의 변화와 함께 참여적 지도력을 연구·개발해야 할 것으로 시사하였다. 그리고 마지막으로 변화지도자, 때로는 변화촉진자, 경우에 따라서는 변화대리자의 역할을 담당해야 한다고 하였다.

4. 새로운 지도력에 의한 학교경영의 방향

학교경영의 방향에 대하여 논의하기 전에 먼저 학교경영보다 상위의 개

넘인 교육행정에서 추구해야 할 가치에 관하여 언급할 필요가 있다. 우리는 미래사회에서 요구되는 창의적 인간, 자주적 인간, 도덕적 인간상도 교육을 통해서 추구해야겠지만 학교경영을 통해서 교육행정에서 추구해야 할 주요 가치를 실현해야 하기 때문이다.

1) 교육행정에서 추구해야 할 가치

우리는 살아가면서 수많은 결정을 해야 하는데, 결정이란 곧 가치선택이다. 교육행정에서도 많은 결정을 해야 하는데 교육행정에서는 최소한 사방으로 뛰어 달아나는 네 마리 토끼를 동시에 잡아야 한다. 이 네 마리 토끼, 즉 네 개의 가치(values)는 모두 교육행정에서 추구해야 할 중요한 가치인데 불행하게도 서로 갈등을 일으키는 가치들이다(그림 1-6).

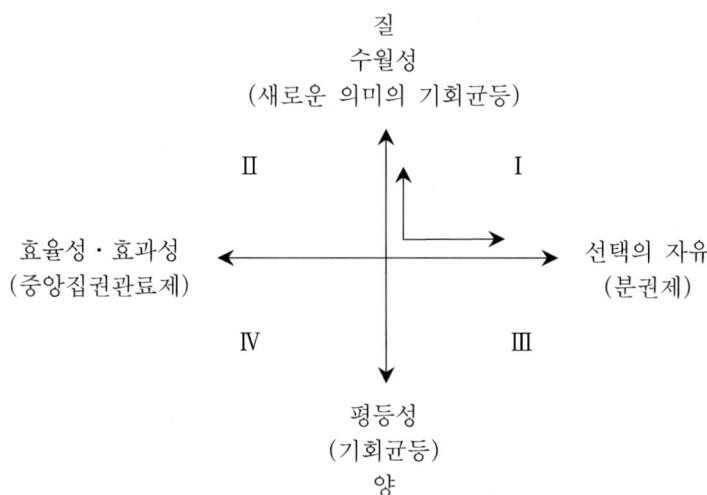

〈그림 1-6〉 교육행정에서 추구해야 할 갈등하는 가치들[5]

우리는 효율성(좌)을 추구하면서 동시에 낭비가 따르는 다양성(선택의 자유)(우)을 보장해야 하고, 평등성(하)을 실현하는 속에서 질적 최고(수월성)(상)를 추구해야 한다.

효율성과 효과성 대 선택의 자유

합리성과 정당성, 합법성에 근거하여 교육행정을 효율적이고 효과적으로 해야 하고, 또 교육행정을 통해서 효율성과 효과성(좌 방향)을 달성해야 한다. 효과성(effectiveness)은 목표-결과지향적인 것으로 양에 비중이 주어지는 개념이다. 교사 1명이 30명의 학생을 가르치는 것보다는 60명을 가르치면 더 효과적이라고 한다. 이에 비하여 효율성(efficiency)은 과정에 비중이 주어지고 구성원의 만족감을 따진다. 또 비용에 대한 결과의 비율을 의미한다. 1만 원을 들여 3만 원을 얻으면 2만 원을 얻는 것보다 더 효율적이고, 2만 원을 들여 3만 원을 얻으면 2만 원을 얻는 것보다 더 효율적이고, 2만 원을 들여 3만 원을 얻는 것보다는 1만 원을 들여 3만 원을 얻는 것이 더 효율적이다. 중앙집권적 관료제는 잘만 하면 효율성과 효과성을 추구하는 데는 가장 바람직한 조직이다. 합리적·합법적·효율적으로 정당하게 운영하면 적은 시간, 적은 돈으로 최대의 성과를 거둘 수 있다. 합리성을 사랑하는 프랑스인은 고도의 중앙집권적 교육행정체제를 운영하고 있다.

지난 반세기 동안 우리가 중앙집권적 관료제로 어느 정도 성공을 거둔 것은 부인할 수 없다. 그러나 잘못 운영하면 획일성과 통제 위주의 부작용을 낳게 된다. 우리나라는 해방이 되자 적은 돈, 적은 시간으로 국가의 수준을 빨리 궤도에 올려놓기 위해서 중앙집권제를 쓰지 않을 수 없었는지도 모른다. 관료제는 부작용과 역기능, 병폐를 갖고 있어 욕을 먹고 있지만 아직도 이 관료제를 대신할 만한 조직이론을 만들어 내지 못하고 있다. 그렇

---

5) Thomas J. Sergiovanni, Martin Burlingame, & Fred S. Coombs(1987). Educational Governance and Administration, 2nd ed.(Englewood Cliffs, New Jersey: Prentice-Hall). p.11 〈그림 1.1〉에서 수정 사용.

다면 부작용 없는 관료제를 운영하는 방향으로 나아가야 하는 것이다.

그런데 민주주의에서는 국민들이 선택의 자유(우 방향) 또한 가져야 한다. 인간의 욕구가 다 다르기 때문에 같은 값이면 각자가 원하는 것을 선택할 수 있는 자유가 있어야 한다. 다양성과 개성이 존중되고 자유경쟁의 시장원리가 보장되어야 한다. 교육도 다양성 속에서 교육소비자들이 자유로이 선택할 권리를 가져야 한다는 주장이 강하게 작용하고 있다.

우리가 과거에 효율성과 효과성을 많이 강조하다가 교육소비자의 선택의 자유를 등한시 했다면 앞으로(21세기)는 다양성에 의한 선택의 자유를 보장하는 방향으로 교육행정이 나아가야 할 것이다(그래서 〈그림 1-6〉에서 X축 위에 오른쪽으로 화살표 하나를 더 그려 놓았다). 획일적 교육으로는 각각 다른 독특한 개인이 능력을 발휘하여 창조적이고 자주적일 수 없으므로 새로운 세기에 살아남을 수 없다. 획일성 속에 개인은 만족할 수 없다.

평등성 대 수월성

민주주의 국가에서는 모든 사람에게 공평하게 교육의 기회가 주어져야 한다. 그래서 우리는 일찍이 이 민주주의 평등성(하 방향)이라는 교육이념을 실현하기 위하여 초등 의무교육을 강조했고, 중학교까지 의무교육을 실현했다. 거의 모든 사람이 고등학교를 졸업하게 되고 대학 문호도 최대한 열려 있는 셈이다. 이는 우리나라의 높은 교육열의 결과이기도 하지만 어쨌든 교육의 기회는 많이 주어졌다고 보아야 할 것이다. 이것이 필자가 지난 반세기 동안의 우리 교육의 업적이라고 했던 점이다. 양적으로는 성공했다고 하지만 그러다 보니 질적으로 수준이 떨어졌다는 비난을 면치 못하고 있다. 적은 돈으로 짧은 기간 내에 많은 양의 교육을 해내자니 질적 보장을 하지 못했던 것이다. 우리는 평등성 추구, 양의 교육을 통해서는 개발도상국, 중진국 수준에 진입할 수 있었다. 그러나 이것만으로는 앞에서 말한 고도기술·정보사회와 국제·개방사회, 민주복지국가에는 적합지 못하다.

수월성(excellence)(상 방향)이란 개인이나 기관 각자가 가지고 있는 능력의 한계성까지 발휘할 수 있도록 하자는 것이다. 최저선의 통과로 만족하는 것이 아니라 능력을 최고도로 발휘하도록 하자는 것이 교육의 수월성 추구 운동이라고 할 수 있다.

과거에 우리가 양에 의한 평등성 실현에 비중을 두었다면 앞으로 21세기에는 질에 의한 수월성 추구에 더 열을 올려야 할 것으로 본다(그래서 〈그림 1-6〉의 Y축의 상한부분을 향하여 화살표를 하나 더 그었다). 이것은 능력에 따라 교육받을 기회를 보장하는 한 차원 더 높은 수준의 교육의 기회균등 보장이라고 할 수 있다. 교육의 기회균등도 ① 허용적 평등, ② 보장적 평등, ③ 과정적 평등, ④ 결과적 평등의 여러 수준이 있다. 우리는 겨우 허용적 평등을 거쳐 과정적 평등단계를 지향하고 있는지 모른다. 고교 평준화 정책 과정적 평등을 전제로 했던 정책이다.

우리가 선택의 자유와 수월성의 가치를 강조한다고 해서 효율성과 평등성을 완전히 포기하자는 뜻은 아니다. 다만, 과거에는 급하다 보니 효율성(좌)과 평등성(하)에 치우쳤으나 이제는 과거에 경시되었던 선택의 자유(우)와 수월성(상) 추구에 더 노력하자는 뜻이다.

이러한 방향은 앞에서 말한 고도산업·정보화 사회, 개방화·국제화 사회, 민주복지사회에도 잘 맞는 가치들이라고 본다. 미래사회에 살아남기 위해서 다양성에 의한 선택의 자유보장으로 교육소비자의 욕구를 충족시켜 주고, 미래사회의 질의 요구에 부응하기 위해서 수월성 추구에 교육행정은 더 노력해야 한다. 이것이 앞에서 말한 21세기 미래사회의 특징과 가치추구의 교육행정을 조화시킨 것이다.

2) 학교경영의 방향

21세기 고도기술·정보사회, 민주복지사회, 특히 개방화·국제사회에 요구되는 창조적 인간, 자주적 인간, 도덕적인 인간상을 위하여 교육하고 교

육행정에서 추구하는 가치에서 시사받은 수월성 추구와 선택의 자유를 보
장하기 위하여 학교경영에서는 ① 질의 교육과 ② 개성존중 교육의 방향으
로 나아가고, 이를 위하여 ③ 조직, 시간, 문화의 측면에서 재구조화할 필
요가 있다.

질의 교육을 위한 학교경영

우리의 교육은 양적으로 어느 정도 성공은 거두었으나 질적으로 미흡하
기 그지없다. 이제 교장은 질의 교육을 위한 학교경영에 지도력을 발휘해야
할 것이다. 최근 산업계에서 살아남기 위하여 벌이고 있는 질 관리 운동을
교육에서도 시도할 필요가 있다.

첫째, QC(quality cycle)의 소집단으로 하여금 자기발전과 타인발전,
교수와 교육환경 개선에 이마를 맞대고 지혜를 짜내는 노력을 해봤으면 한다.
동기유발만 충분히 이루어진다면 우리는 원래 집단문화·협동문화의 속성을
갖고 있기 때문에 성공을 거둘 수 있으리라 본다. 계속적인 개선을 위하여
영원한 헌신을 해야 한다. 보다 나은 개선을 위한 끝없는 나선형 사이클을
타야 한다. 교사, 행정가(교장), 직원이 QC로서 S-Team(esteem)을 이
루어 개선방법을 모색해야 한다.

둘째, 고객만족운동을 배워 올 필요가 있다. 내적 고객만족과 외적 고객
만족 운동을 기업체에서 벌이고 있는데, 교육행정, 학교경영의 1차적 내적
고객은 교사라고 본다. 교사가 학교경영(행정)에 만족하지 못하고 행복하지
못하면 모든 것이 끝장이다. 교사만족운동이라도 벌여야 할 형편이다. 학교
경영의 2차적 고객은 학생이다. 학생만족에 초점을 맞춰야 한다. 학교경영
에서 교사만족과 학생만족을 위해 얼마나 노력했는가? 학생들이 학교생활
에 만족하고 삶의 질, 생활의 질이 높아야 한다.

수업에 관한 한 교사에게 권위이양, 자율성 보장, 자발적 동기유발에 노
력해야 한다. 직원들도 학교에 근무하는 데 만족할 수 있어야 한다. 직원만
족에 의하여 밑으로부터의 혁명이 기대된다.

학생은 가정에서만 살아가는 것이 아니라 학교에서도 삶을 살아간다. 그렇다면 학생의 학교에서의 "삶의 질"을 심각하게 생각하여 개선해 주는 데 학교경영의 초점을 맞춰야 할 것이다. 학습에의 희열에 발동을 걸어 주어야 한다. 학습이 삶이고 삶이 곧 학습이어야 한다.

다음은 학부모와 국민이라는 제2차적 교육소비자의 만족에 더 많은 주의를 기울여야 한다. 앞으로 교육소비자가 목소리를 내고, 목청을 높이기 시작하고, 노하게 되면 우리 교육은 건잡을 수 없게 된다. 학부모가 등 돌리고 심지어는 의무교육에서도 자녀를 학교에 안 보내고 집에서 더 잘 가르칠 수 있다고 하면 어떻게 되겠는가? 여기서 자연스럽게 학교경영에서 교사·학부모·학생·지역사회의 참여가 절대적으로 요구된다.

셋째, 결과보다는 과정을 지향해야 한다. 소유가 아니라 존재, 되어가는 것을 중시해야 한다. PDSA cycle[6])과 지각(인지, perception) → 개념화(conceptualization) → 사고(thought) → 행동(action) → 반응(reaction)의 영원한 경험적 개선과정을 중시해야 한다. 그래서 Deming도 학생들의 성적을 수·우·미·양·가로 매기지 말라고 권고한다. 성적을 매기면 학생들은 배우려 하지 않고 성적에만 신경을 쓰게 된다. 국가경쟁력은 키우되 아동을 과도하게 경쟁시키는 것은 교육적 손실과 낭비를 가져온다. 일본의 어떤 학교에서는 학생의 성적을 안 매기고, 우리는 초등학교에서 성적을 매기지 않고 기술식(記述式)으로 표현한다. 교사와 학생간의 상호작용의 질을 과정에서 중시할 필요가 있다. 앞으로의 세계에서는 상호작용 없는 교육을 상정하지도 말아야 한다.

넷째, 교장의 강력한 질 관리 지도력이 요구된다. 교장은 모든 사람의 계속적인 발전을 위한 상호지원의 승리-승리(win-win)문화를 형성해야 한다. 효과적인 학교에는 반드시 ① 강력한 지도력이 있다. 그리고 ② 명백하고 야심적인 목표가 있고, ③ 강력한 학술적 프로그램이 있으며, ④

---

6) John Jay Bonstingle(1992). Schools of Quality(Alexandria VA:ASCD). p.9.

교사의 전문직주의가 있고, ⑤ 상호영향력을 주는 다섯 가지 특징이 있다고 한다.

다섯째, 기초교육을 강조하고자 한다. 변화하는 미래사회에서는 깊이 들어간 전문교육보다는 변화적응력이 강한 기초교육이 강점을 갖는다. 굳어진 교육과정보다는 융통적인 교육과정, 실용적인 교육과정을 적용하되 기초만큼은 "철저"해야 한다. 일본교육의 강점은 "철저한 교육"에 있는데 임시교육심의회 이후 "변화에의 대응", 개성교육·평생·생애교육을 강조한다. 우리는 동시에 평생·생애교육의 바탕을 다져야 한다. 현재 우리의 학교는 모든 것을 일시에 다 가르치려 하는 것같이 보인다. 최소량의 기초에 철저하고 최대한의 선택권을 보장해주는 방향이 되어야 할 것이다.

학교경영에서 먼저 학교장은 목표설정, 목표정립을 연구해야 한다. 목표도 분명하지 못한 채 열심히 가르치고 열심히 배우라고 하는 것은 의미를 상실하거나 약화시킨다. 단순한 학교력이 아니라 학습력이 되도록 경영을 재검토해야 할 것이다.

질 관리 학교경영에서 ① QC 운동, ② 고객만족 운동, ③ 과정지향 강조, (4) 강력한 질 관리 지도력, ⑤ 기초교육 강화 다섯 가지로 요약하였다.

개성존중교육을 위한 학교경영

미래사회에 필요한 창의적 인간, 자주적 인간, 도덕적 인간을 교육하기 위해서는 개성을 존중하는 개별화 교육을 위해서 다양성, 선택의 자유를 보장하기 위한 학교경영이 되어야 한다. 앞으로 학교선택권, 학년선택권, 학급선택권이 보장되어야 할 것이다.

말할 것도 없이 지금까지 많이 해온 말이지만 이제야 말로 정말 교사 위주의 교수(teaching)에서 학생 개개인 위주의 학습이 되어야 한다. 학생 주도적 학습방법을 모색해야만 한다. 열린 교육은 그 한 방법이 될 것이다. 모방의 명수 일본도 2등 국가로 계속 미국의 뒤를 따라가다가 마라톤의 선두주자가 되려니 겁이 나 교육개혁에서 창의성, 개성존중의 열린 교육을 강조하고 있는 것이다. 돈이 들겠지만 다양한 프로그램, 선택과목의 폭을 넓히는 방안을 강구해야 할 것이다. 최소의 기초에 최대의 선택을 보장하는 미래교육을 그려보는 것이다.

지금까지 우리는 너무나 많이 평균을 내었다. 일본 혼다 회사에서는 평균성적을 보는 것이 아니라 무슨 과목에서 계속 우수했는가를 보고 사원을 뽑는다. 국어와 수학의 평균은 무엇인가? 국어도 아니고 수학도 아니면 "국수(國數)"란 말인가? 앞으로의 사회에서는 한 가지만 잘해도 된다. 지금까지 교사는, 특히 초등학교 교사는 평균적으로 모든 과목을 골고루 잘해야 했지만 앞으로는 이것도 재고할 시기가 되었다. 초등학교에서 교과전담제는 확대되어야 할 것이다. 4~6학년에서는 중등교육에서처럼 교과담임제를 하는 반과 그렇지 않은 반들 중에서 학생이 자기에게 맞는 것을 선택할 수 있도록 하는 방안이 연구되어야 한다. 한 학교 안에서도 학생에 따라서는 학급담임제, 교과담임제, 열린 교육 등 다양한 프로그램 중에서 선택할 수 있게 해주면 개성화 교육에 도움이 될 것이다. 중등학교에서 또 학생 개인에 따라서는 학급담임식이 더 효과적일 수 있다.

다양하고 풍부한 특활 프로그램은 개성화 교육을 위해서 필요하다. 교과교육 못지않게 특별활동도 중요하고, 앞으로의 사회를 위해서는 '특별'활동이 '보통'활동으로 바뀌어야 할지 모른다.

정보사회에 맞게 컴퓨터 등 교육공학에 의한 학습은 빠르면 빠를수록 좋다. 교육공학을 활용하여 개별화 수업을 위해서 재택학습도 시도된다. 고도기술 고도정보사회에 적응하기 위하여 학교에서도 교육에 고도기술과 고도정보를 활용해야 할 것이다. 일본의 창의력 교육, 개성신장의 교육을 참고해야 할 것이다.

'국가 속의 나'에서 '세계 속의 나'를 위해서 국제(이해)교육 프로그램을 마련해야 할 것이다. 조기 영어교육이 아니더라도 국제화에 대비한 프로그램은 여러 가지로 생각할 수 있을 것이다. 이제 우리나라도 극동의 조그만

나라가 아니다. 조금 지난 지수이지만 우리나라는 인구 23위, 국토 150위, GNP 15위, 1인당 GNP 30위, 올림픽 4위, 삶의 질은 33위이다. 산업에서는 섬유 4위, 신발 3위, 철강 7위, 전자 7위, 조선 2위, 자동차 9위이다.

개성존중교육을 위해서 ① 선택과목을 늘리고, ② 학생 위주의 교육방법을 채택하고, ③ 평균보다 특정 분야의 최고를 추구하고, ④ 특활의 보편화, ⑤ 고도 교육공학 활용, ⑥ 국제이해교육을 강조하였다.

지식정보사회를 위한 학교경영의 재구조화

지식정보사회를 위한 학교경영에서 특히 ① 학교조직, ② 시간구조, ③ 학교문화의 재구조화를 심각하게 고려할 필요가 있다.

첫째, 학교조직의 재구조화와 관련하여 우선 분권과 책임경영제가 강조된다. 학교책임경영제로 권한이 학교(교장)로 내려오고, 교사와 학생에게로 이양되고, 학부모와 가정의 참여가 필수적이다.

분권과 자율은 같은 맥락에서 강조된다. 또 자율과 책임도 같이 따라다닌다. (1) 학교자율책임경영제(school-based management), ② 공동의사결정(shared decision making), (3) 학교 내 학교(school within school), ④ 학부모 참여(parent involvement), ⑤ 확증적 평가(authentic assessment, 성적 매기지 말라는 것과 배치되지만), ⑥ 업적(성과)근거검사(performance-based testing, 결과지향 아닌 과정지향과 배치되지만)는 모두 분권·자율·책임과 관련된 경영상의 고려사항이다.

학교조직적 측면을 보면 교수개선을 위한 의사소통이 안 되고 QC 같은 팀은 말할 것도 없고 같은 학년, 같은 교과 교사간에도 의사소통이 안 되므로 교사조직도 재구조화할 필요가 있다. 교사와 행정가, 교사와 교사간에 팀을 형성하여 협동할 수 있도록 재구조화할 필요가 있다. 그리고 학교에서 지나치게 교장의존적이라는 지적도 있다. 이제 모든 직원이 각자 적극적 역할을 맡아 해야 하고 조직변화와 개혁을 위해서는 외부변화 대리인이 필요할지도 모른다. 교장은 각 조직구성원이 적극적 참여자로 역할을 해 낼 수 있도록 지도력을 발휘하고 조정하는 역할을 담당해야 할 것이다.

변화가 많은 사회상황에 적응하기 위해서는 융통적인 임시조직, 특별전문위원회(task force), 네트워크 조직이 경쟁력과 생존력을 갖는다. 굳은 조직이 아닌 작으나 강한 신축적 조직이 요구된다. 교장은 이런 조직구조로 재구조화해야 한다. 교사조직도 학생의 요구에 맞추기 위해 다양하게 개선되어야 할 것이다. 팀의 구성이 필연적이고 팀워크가 중시된다.

학생조직도 개성화 교육에서 약간 언급된 것처럼 다양해야 한다. 학년, 반편성 자체를 근본적으로 재고해야 한다. 지진아에게는 학급담임제를 생각하고 수준 높은 학생에게는 교과담임제가 가능할 수도 있다. 다양한 학생조직 중에서 학생의 선택에 의하여 학생이 가입하는 형식이 되어야 할 것이다. 굳어있는 조직은 생존력을 갖지 못한다.

현장개혁, 민주적 결정, 밑으로부터의 혁명이 가능한 학교조직, 경영조직을 연구하여 경쟁력을 갖는, 생존가능한 조직으로 개혁되어야 한다.

둘째, 시간의 재구조를 고려해야 한다. 지식정보사회에서 시간은 더욱 중요한 자원이 된다. 교사와 학생이 협동할 수 있는 시간을 먼저 제공해 주어야 한다. QC, 개혁팀, 학생 수업의 질 개선을 위해서 협동할 수 있는 시간을 교장은 제공해 주어야 한다. 동료장학을 하고 싶어도 할 수 있는 시간이 없다. 교사들이 협동하는 시간에 학생을 지도할 수 있는 대치교사가 있어야 한다. 대치교사, 보조교사, 학부모 보조자로 하여금 학생을 지도하게 하는 방안도 고려할 수 있다. 학생 리더를 중심으로 학생 스스로 협동할 수 있는 능력을 갖춘 학생들은 또 그렇게 할 수 있게 해주어야 한다.

교사가 협동하는 시간에 학생들도 협동할 수 있는 시간을 갖게 할 수 있다. 교사와 학생이 학교생활에서 열광하고 흥분할 수 있는 즐거운 시간을 어떻게 제공해 줄 것이냐도 삶의 질 측면에서 심각하게 연구해야 한다.

옛날에는 닭을 튀기는 데 1시간 걸렸으나 이제는 마이크로 오븐에 6분이면 된다. 정보사회는 시간싸움이다. 1등과 2등은 0.0001초이지만 금메달과 은메달의 차이이다. 생존과 패배의 차이이다. 학교와 교육에서 시간의 재구조화에 대해 더 연구할 필요가 있다. 학교경영자의 시간관리도 심각한 문제이다. 결국 우리는 시간을 살아간다. 학생과 교사, 교육행정가의 시간 배분과 관리, 시간 재구조화에 대하여 더 연구해 나가야 할 것이다.

셋째, 학교문화의 재구조화에 관하여는 이미 교장의 문화지도력에서 다루었으나 신뢰, 자율, 학습문화를 한 번 더 강조한다.

미국이 일본에 질 관리를 가르쳐주었지만 이제는 역으로 일본의 질 관리를 미국이 배우려고 하듯이 기업문화도 미국이 일본에 가르쳐주고 다시 역수입하려다 실패하고 있는 것이다. 성공적인 기업에는 반드시 그 기업에 독특한 좋은 기업문화가 있다. 기업지도자는 좋은 기업문화 형성에 노력할 뿐만 아니라 또 반대로 기업문화에 맞는 지도력, 즉 문화지도력을 발휘해야 한다. 우리나라에 학교 나름의 독특한 문화가 사라지고 모두 획일화, 관료화되어 있다는 것은 불행한 일이다. 명문 사립학교의 학교문화도 사라졌다. 교장, 교사가 순환 근무하는 것도 학교문화를 형성하는 데 방해가 되고 있다. 학교 문화의 재구조화 방안을 위한 몇 가지 조건을 제시하면,

첫째, 학교도 각 학교의 독특한 학교문화를 형성해야 한다. 먼저 인간존중과 상호신뢰의 문화를 형성해야 한다. 의심과 분열, 대치, 양적인 감독만으로는 학교교육의 질적 전환을 꾀하기 어렵다. 행정가와 교사, 교사와 학생, 교사의 학부모, 또 동료상호간에 먼저 신뢰의 문화가 형성되어야 이를 바탕으로 다른 노력을 기울일 수 있다. 신뢰가 없으면 교육은 존재할 수 없다.

둘째는, 계속 개선하기 위하여 교사와 학생에게 권한을 위임해 주는 자율의 문화를 형성하는 방안을 강구해야 한다. 기업체의 근로자들까지도 자율운동이 강조되는데 전문직인 교직에서 자율성이 없으면 다른 어떤 일을 시도하기 어렵다. 학생에 있어서도 자율성이 주어지는 문화에서 성장해야 지식정보사회에 적응할 수 있게 된다. 교장은 자율성을 보장해 주는 지도력을 발휘해야 한다. 한국의 문화 패러다임을 선비정신에서 찾는다면 학교에서 선비문화를 쉽게 찾아볼 수 있어야 한다. 나의 집, 나의 삶의 방식을 키워

주어야 한다. 선비문화는 우리 교직문화의 뿌리가 되어야 한다. 외적 부조리에 휩쓸리지 않으면서 스스로 알아서 하는 꼬장꼬장한 선비문화를 재창조해야겠다.

셋째, 학습사회문화를 형성해야 한다. 학생의 학습문화로 자발성에 기초한 학습에의 열망이 문화로 나타나야 한다. 점수보다도 과정, 학습하는 방법, 사고하는 방법을 배워야 한다. 학습사랑, 개인성장 사랑, 나아지고 좋아지는 것에 대한 사랑의 문화를 배양하는 것이 점수보다 더 중요하다. 기업주는 결과에 관심을 더 두지만 종업원은 과정에 더 관심이 있듯이, 교장과 교사는 결과에 관심을 둘지 모르지만 학생을 위해서는 과정을 중시해야한다. 그래서 교수방법보다도 학습의 본질을 찾아야 한다. 교수력보다 학습력이 강조되어야 한다.

초등학교 아동은 가정에 돌려줘야 한다. 학교와 열악한 학원이 아동을 가정으로부터 빼앗아 가서는 안 된다. 학교와 가정에 있는 동안을 위해서도 가정과 학부모의 참여와 협동이 요구된다. 가정에서도 아동을 밖으로 내몰아서는 안 된다.

학생의 학습문화 못지않게 교사의 학습문화가 중요하다. 교사는 가르치려고 하기 전에 먼저 배우려고 해야 한다. 특히 전문직의 특징은 성장을 위한 학습에 있다. 성장을 위한 부단한 연수를 열망하는 문화를 형성해야 한다. 동료장학, 동료코치가 생활화되는 문화가 기대된다.

프라이드와 기쁨을 갖는 행정가문화가 학교 안에 형성되어야 한다. 지원해주는 기쁨, 엉클어진 것을 풀어 주는 기쁨이 행정문화로 나타나기를 기대한다.

학습을 열망하는 학생 학습문화, 배워서 가르치려는 교사문화, 도와주는데 보람을 느끼는 행정가문화가 요구된다.

지식정보사회의 학교장으로서 ① 학교조직과 경영구조를 재검토하여 시대에 맞게 재구조화하고, ② 학생, 교사, 직원, 행정가에게 가장 중요한 학교의 시간구조를 재조직하고, ③ 새로운 세기에 알맞은 학교문화 형성에 지도력을 발휘해야 한다.

5. 요 약

지금까지 상황변화와 함께 교육도 생존을 위한 교육을 해야 하기 때문에 교장의 지도력이 중요하다는 서론으로부터 출발하여, 지식정보사회는 고도기술·정보사회, 개방화·국제화 사회, 민주복지사회로서 창조적 인간, 자주적 인간, 도덕적 인간을 교육해내야 한다고 하였다. 이러한 인간을 교육하기 위하여 교장은 높은 수준의 전환적 지도력을 발휘해야 한다. 그래서 지도력에 관한 종합적 모델을 제시하고, 특히 수업지도력, 문화지도력, 도덕적 지도력, 참여적 지도력, 변화지도자의 역할을 강조하였다.

지식정보사회가 요구하는 인간상과 행정가치를 추구하기 위하여 교장의 지도력으로 질의 교육과 개성존중교육을 위한 학교경영의 방향으로 노력해야 한다. 또 이를 위해서는 학교조직과 시간, 문화를 재구조화해야 한다는 제안을 하였다. 지금까지의 논리전개과정을 요약하면 〈그림 1-7〉과 같다.

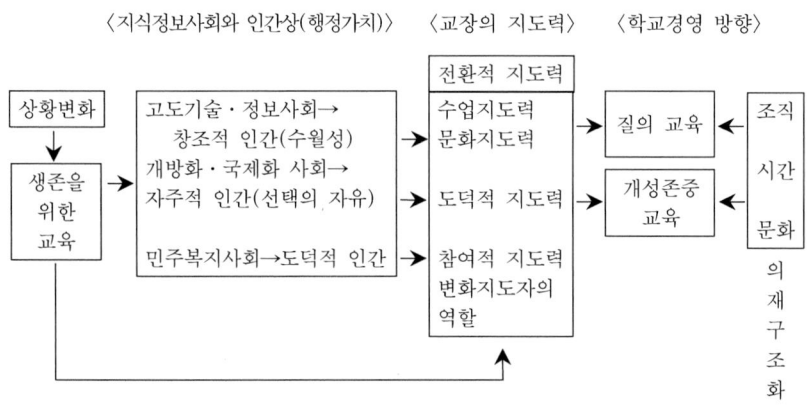

〈그림 1-7〉 국제화시대의 교장의 지도력

국제화 시대를 맞이하여 초등교육의 바탕부터 튼튼히 하여 세계적인 국가로 발돋움해야 할 시점이다. 국제화는 우리에게 위기도 되지만 동시에 호기도 될 수 있다.

우리가 5천 년의 어려운 역사를 갖고 경제적으로 일어서려던 시기에 국제적으로 넘어야 할 많은 과제를 안고 있다. 억울한 것은 국제적으로 나쁜 짓을 한 일본이나 독일은 재기하여 큰소리치면서 사는데 우리는 그들의 영향으로 남북으로 갈라진 채 고통을 당하고 있다는 점이다. 이러한 많은 문제들도 결국은 교육을 통해서 풀지 않으면 안 된다.

우리는 교육을 중시하는 민족으로서 잘돼도 교육 때문에 잘될 것이요, 망해도 교육 때문에 망할 것이다. 효과적인 학교교육을 위해서는 가장 중요한 요소는 교장의 강력한 지도력을 발휘하여 교육의 성과를 올리는 것이다. 또 교장이 강력한 지도력을 가지려면 교육행정가의 전문성이 확보되어야 한다. 전문적 지식과 기술·능력을 가질 때 강력한 지도력이 나오는 것이다. 동시에 인품과 인격, 덕을 갖출 때 지도력이 따라붙게 된다. 이를 위해서 훌륭한 교장 후보자를 엄격한 기준에 의하여 선발하여 고도의 전문성 교육을 하여 자격을 갖추게 되면 학교교육을 전적으로 교장에게 맡겨야 한다. 그렇다고 하더라도 교장은 전문성 확보와 도덕성과 인격함양을 위해서 스스로 부단히 노력해야 하고 엄격한 자기관리와 자기통제를 해 나가야 한다. 어려운 시기에 조국은 교장에게서 질 높은 지도력을 기대하고 있다.

참고문헌

Bonstingle, John Jay(1992). *Schools of Quality*. Alexandria, VA:ASCD.

Etzioni, Amitai(1975). *A Comparative Analysis of Complex Organizations*, New York: Macmillan Free Press.

Hoyle, John R. & Dwain M. Estes(eds.)(1993). *NCPEA: In A New Voice*. Lancaster: Technomic Publishing Co.

Keith, Sherry & Girling, Robert Henriques(1991). *Education, Management, and Participation*. Boston: Allyn and Bacon.

Naisbitt, John(1982). *Megatrends*. New York: Warner Books.

Rogers, Everett M.(1983). *Diffusion of Innovations*, 3rd ed. New York: The Free Press.

Sergiovanni, Thomas J., M. Burlingame, & Fred S. Coombs(1987). *Educational Governance and Administration*, 2nd ed. Englewood Cliffs, New Jersey: Prentice-Hall.

Sergiovanni, Thomas J. Advances in Leadership Theory and Practice. in Paul W. Thurston and S. Lotto eds. *Advanced in Educational Administration* vol.1.(Part A), Perspectives on Educational Reform. Greenwich, Connecticut: JAI Press Inc., 1990.

제2장
세계화 지향의 학교경영전략*

1. 서 론

우리는 격동의 시대에 살고 있다. 요동을 치면서 세상은 변화하고 있다. 변화의 파도를 잘 타는 민족은 흥할 것이요 변화의 파도를 타지 못하는 민족은 파도에 휩쓸려 흔적도 없이 사라지게 될지도 모른다. 이런 변혁의 시대에 삽시간에 망하는 나라가 있는가 하면 수많은 나라가 새로 태어나기도 한다. 1989년 어느 날 갑자기 소련이 붕괴되어 사라지고 동구의 유고슬라비아, 체코슬로바키아가 사라졌다. 그 대신 소련 땅에서 15개 공화국이 독립국가로 탄생하고 과거 소련 내 다른 민족들도 분리 독립자치를 위해 노력하고 있다. 예를 들면 체첸공화국도 분리 독립하려다 러시아의 처참한 공격을 받았다. 유고슬라비아도 보스니아, 크로아티아, 세르비아계로 갈라져 전쟁까지 하였으며, 체코슬로바키아도 체코와 슬로바키아로 분리 독립했다.

* **교육발전 논총**, Vol.17. No.1, 충남대학교 교육발전연구소, 1995.

세계는 냉전체제, 체제경쟁의 시대가 가고 체제통합의 시대가 되어 세계가 한 식구가 된다고 한다. 하여간 국가가 망하는 것도 시간문제이고 나라가 새로 태어나는 것도 순식간에 이루어지고 있다. 세계에 지금 정확하게 몇 나라나 존재하는지 웬만한 사람은 헤아리기도 어렵게 되었다.

그런가 하면 기업체도 금방 망하기도 하고 또 태어나기도 한다. 우리나라에서 지난 몇 년 동안 하루 평균 20~30개의 중소기업체가 망하고 있다. 또 그 이상의 숫자가 새로 창업하여 탄생하는 것도 사실이다. 기업체도 까딱 잘못하면 부도를 내고 망하는 것이다. 그래서 기업체도 살아남기 위해서 몸부림치고 있는 것이다. 벤치마킹이니 리엔지니어링이니, 고객만족운동이니, 무슨 파괴니 하여 과거에는 생각하지도 못했던 생존전략을 다 쓰고 있다. 시계를 거꾸로 돌아가게 하기도 하고, 어떤 회사는 실패한 사람을 표창하기도 한다. 문어발식 재벌이라고 하던 회사를 도막내어 책임경영제를 채택하기도 한다. 파괴적인 경영이 아니면 이러한 변혁의 시기에 살아남을 수 없다는 판단에 따른 응급처리를 하고 있는 것이다.

공산주의, 사회주의 국가에서까지 그들이 신봉하던 이념을 버리고 시장경제의 원리를 도입·적용하고 있다. 이것도 살아남기 위한 전략이다. 공산주의 국가였던 나라가 자본주의 시장원리를 채택하게 되니 그 나라 대부분의 사람들이 고달프게 생각한다. 공산주의일 때에는 특별히 노력 안 해도 국가에서 직장도 마련해주고 굶어죽지 않을 정도라도 배급도 주고, 주택도 마련해주어서 걱정할 것이 별로 없었는데 시장원리, 자유경쟁 속에서는 새벽부터 밤늦게까지 아등바등 살아남기 위해서 바쁘게 경쟁해야 하기 때문이다. 우리는 동독과 서독이 통일되어 부러워하고 있는데 그들은 양쪽에서 서로 살기 힘들어하고 있다. 자유경쟁 속에서는 머리 쓰는 사람, 부지런한 사람이 유리하고 그렇지 않은 사람은 골치 아프게 살아가야 한다.

교육도 더 이상 국가독(과)점이 될 수 없다. 교육에서도 자유경쟁의 원리를 도입하고 있는 것이다. 교육소비자들이 시장에서 물건을 사듯이 자기들 마음에 드는 교육을 마음대로 살 수 있게 하고 있는 것이다. 그래서 망하는 학교가 생기는가 하면 흥하는 학교도 생겨나는 것이다. 살아남기 교육, 이것을 필자는 생존교육이라고 하였다. 학교를 살리고 교육을 살리기 위한 교육을 생존교육이라고 한 것이다. 또 다른 의미는 우리의 교육을 받은 졸업생이 세계의 생존경쟁 무대에서 승자가 되는, 살아남는 교육을 해야 한다는 의미에서도 생존교육이라고 하였다. 변화무쌍한 시대에 학교가 살아남아야 하고 우리의 교육이 살아남아야 한다.

국가와 기업체, 학교뿐만 아니라 가정도 자칫 잘못하면 망하기 쉽다. 가장이나 주부가 마음 한번 잘못 먹으면 어느 순간에 가정이 달아나 버린다. 재정적으로 가정파탄을 가져오는 경우, 이혼으로 식구들이 뿔뿔이 흩어지는 경우, 교통사고로 한 가족이 몰살하는 경우를 주변에서 많이 보게 된다. 급변하는 세상에 가정을 잘 보전하는 일도 중요하다.

이렇게 급변하는 세계에서는 생존의 가치가 지상 최고의 가치가 된다. 내가 몸담고 있는 국가, 기업체, 학교, 가정이 우선 지구상에 생존해 있어야 한다. 나 개인이 지구상에서 생명을 유지하고 존재하는 일이 무엇보다 우선해야 한다. 행정가의 가치 중의 가치의 하나는 자기 조직의 생존을 유지하는 일이다.

세계에는 두 가지 상반된 현상이 동시에 일어나고 있다. 그 하나로, 정치적·군사적으로는 약자의 논리가 통하여 분권화의 경향에 의하여 분리·독립·자치를 인정하여 국경을 높고 단단히 쌓는 현상이 벌어지고 있는 것이다. 국경이 분명하고 단단해지는 것이다. 강대국도 주먹으로는 더 이상 영향을 주기 어렵다는 것을 알고 약자의 요구를 인정해 준 것이다.

다른 하나의 현상은, 경제적으로는 대신 강자의 논리가 통하여 전세계의 국경의 담을 허물어 내는 작업인 것이다. WTO, UR, GR, BR이니 하여 국경 없이 단일시장에서 자유경쟁하자는 것이다. 국경도 없이 무한경쟁을 하게 되면 그것은 분명히 강자에게 유리한 전략이다. 샅바도 없이 놓고 치기하면 힘센 사람에게 유리한 것은 뻔하다. 정치적으로 안 되니까 경제적으로 씨름하자는 것이다.

경쟁은 여기서 끝나지 않는다. 최종적으로는 군사도 경제도 고급인력, 지적 자원으로 결판이 나게 된다. 양질의 교육서비스를 제공해 주는 나라가 경쟁의 시대에 최후의 승자가 된다는 것이다. 그래서 선진국들은 교육의 질 향상을 위한 교육개혁에 열을 올리고 있는 것이다. 선진국과 후진국의 구별은 경제에 의하여 이루어지는 것이 아니라 문화와 예술, 교육에 의하여 이루어지는 것이다. 문화·예술·교육이 곧 그 나라 삶의 질을 결판 짓게 된다.

여기서는 국가의 지도자가 구상하고 있는 ① 세계화의 개념과 방향에 대하여 잠깐 살펴본 후에, ② 교육세계화의 방향과, ③ 이에 따른 교육개혁에 대하여 알아보고, ④ 구체적으로 학교경영의 전략에 대하여 예시해 보기로 한다.

교육세계화와 교육개혁과 학교경영전략을 연결시키기는 심히 어려우나 세계화를 염두에 두고 학교경영을 하자는 소박한 의도로 이 글을 읽어야 할 것이다. 세계화는 개혁을 수반하므로 학교경영에서 무엇을 어떻게 변화·혁신·개혁할 것인가를 모색해야 하는 것이다.

2. 세계화의 개념

이제 우리는 시간적으로 20세기에서 21세기로 바뀐 사회에 와 있다. 이러한 세기적 전환은 단순한 세기의 바뀜 그 이상의 많은 의미를 우리에게 던져주고 있다. 우리가 19세기에서 20세기로의 문턱을 넘어갈 때 새로운 20세기를 잘못 맞이하고 그것에 대한 준비를 하지 못하여 뒤떨어졌다는 점을 후회하였다. 개화기에 문호개방에 실패했기 때문에 우리는 지금까지 많은 시련을 겪었고, 지금도 그 시련은 계속되고 있다. 다행히 60년~80년대 산업화에 어느 정도 성공하여 뒤떨어졌던 것을 오늘날 수준으로 끌어올릴 수 있었던 것이다.

이제 다시 시작되는 세기적 전환기의 실패를 사전에 차단하고 성공적인 세기를 맞기 위하여 국가의 지도자가 내건 것이 세계화이다. 문민정부인 신정부는 초기에는 신한국, 신경제, 신교육이라고 하여 '신'자 돌림으로 신나게 나가더니 어느 날 갑자기 '국제화'로 말을 바꾸고 있다. 신한국과 국제화와 세계화는 어떤 관계인지, 왜 바꿔야 하는지 아무런 설명이 없는 것이 안타깝다. 1년, 2년 앞을 내다보지 못하고 바꿔야겠으면 솔직히 바꾼다고 했으면 차라리 깨끗할 텐데 많은 분야의 전국민이 꺼림칙하고 모호한 개념 속에서 정치 장단에 춤을 추어야 하는 데 문제점이 있다. 물론 신한국은 세계화해서 도달해야 할 나라라 하고, 국제화는 국가 중심의 외교·무역·경제교류 의미가 강하고, 세계화는 국가·지방·국민의 세계 제일지향을 의미한다고 구구하게 설명은 하고 있다. 많은 사람들이 입만 열면 '신한국 창조', '국제화'라는 말을 앞에 붙이더니 이제 '세계화'를 앞세워야 모든 일이 이루어지게 되었다.

이제 이러한 꼬투리는 모두 접어주고 국가의 지도자가 가리키는 방향으로 일치단결하여 집중 노력하는 것이 국가를 위해서나 개인을 위해서도 이익이 되겠다.

세계화를 영어로 'Globalization'(total globalization policy)이라고 하니까 외국사람은 우리의 생각과는 달리 (자기들에게 유리하게) 한국이 시장개방을 지향하는 것으로 이해(오해)하여 오히려 우리에게 불리한 입장이 되니까 정부에서는 세계화를 아주 한국 고유명사화하여 '세계화', 'Segyehwa'로 표기하기로 한다는 것이다.

대통령의 세계화 구상에서 세계화란 '세계중심국가'로의 도약을 위한 국가 발전전략이라고 하고 있다. 남한도 세계화하고 북한도 세계화하면 우리는 통일이 되어 '통일된 세계중심국가'가 되는데 이것이 바로 '신한국'이라는 것이다. 세계화는 국가발전의 하나의 전략이고, 이 전략, 즉 세계화에 의하여 도달해야 할 국가목표는 '통일된 세계중심국가'이다. 이것이 국가지도자의 비전이다. 이 비전이 환상이 아닌 분명한 목표로 나타나 이 목표를 향해 전심전력하여 목표가 실현되도록 하여야겠다.

그러면 이 '세계중심국가'는 어떠한 나라인가? "대외적으로는 다른 나라에 모범이 되고 존경을 받는 나라, 가보고 싶고 투자하고 싶고 살아보고 싶은 나라, 즉 모두가 동경하고 선망하는 나라'를 의미하고, "대내적으로는 국민 개개인의 삶이 풍요롭고 살기가 편안한 나라'를 의미한다고 한다. 우리가 60년~80년대 '공업화와 근대화'에 의하여 '세계조정국가'가 되었는데 앞으로 21세기 '정보화와 세계화'를 잘 대비하고 잘 맞이하여 '세계중심국가'로 부상하자는 것이다. 이 세계화가 등장하게 된 요인을 세 가지로 설명하고 있다.

첫째, 1917년 소련의 공산화로 시작된 치열한 공산과 민주의 체제경쟁이 1989년 공산의 맹주인 소련이 붕괴되고 연이어 주변 공산국가가 와해되면서 체제경쟁의 막을 내리고 이제는 체제통합으로 세계가 한 식구가 됨으로써 세계화하게 되었다.

둘째, 교통·통신·정보의 발달로 시간적 동시화와 공간적 지구촌화로 세계화가 등장하게 되었다.

셋째, 이제는 세계가 경제·문화·생활 등 모든 면에서 상호의존성이 필요하게 되어 세계화하지 않으면 안 된다. 가난, 환경, 공해, 인구, 모든 문제가 어느 한 나라의 문제가 아니라 전세계의 문제가 되고 있다.

이렇게 세계화는 대통령이 부르짖지 않았더라도 필연적인 지향 방향이 아닐 수 없다. 어차피 가야 할 길이라면 기꺼이, 즐거운 마음으로 일찍감치 떠나는 편이 좋을 것이다.

지금까지 많은 사람들이 지적하고 언급했듯이 세계화 시대에는 과거와 다른 여러 가지 새로운 현상들이 나타난다. 이미 그러한 징후는 나타나기 시작하고 있다.

첫째, 경제와 기술의 무국경화 현상이다. 정치적 국경은 민족별로 갈라져서 점점 더 단단해지고 높아지지만 경제적 국경은 완전히 허물어져 세계가 하나의 시장이 되고 있다.

둘째, 사회의 정보화와 지식화가 이루어진다. 사회의 모든 것이 정보화되고 지식화된다. 그래서 정보와 지식이 그 나라 최고의 자산이 되고 부가 된다. 정보와 지식을 축적하는 학습사회가 된다. 그래서 세계 여러 나라들이 정보고속도로 만들기 경쟁을 하고 있다. 우리는 교육열이 강했으니까 방법만 제대로 하면 이쪽에서 승산이 있다고 본다.

셋째, 문화와 의식의 지구촌화 현상이 나타난다. 교통·통신·정보의 고속화로 문화와 의식에 국경이 없이 공유하게 된다. 이미 위성 안테나에 의하여 외국 방송이 중계할 필요도 없이 안방에 깊숙이 들어오고 있으며 청소년은 나라에 관계없이 비슷한 의식을 갖고 있다. 문화식민지라는 말이 나온 지 이미 오래다. 문화식민은 정치적·군사적 식민, 경제적 식민보다도 더 완전한 식민이 되기 쉽다. 우리 문화를 지키면서도 세계 문화를 받아들이고 또 우리 문화를 세계로 뻗어나가게 해야 한다.

넷째, 행정과 정치의 분권화와 지방화 현상이다. 행정과 정치도 주민 가까이 내려와 피부에 와 닿는 것이어야 한다. 네이스빗이 말한 것처럼 대의민주제로부터 전원이 참여하는 참여민주제로 거대조류가 흘러가고 있다.

다섯째, 민의 다양성과 참여의식 증대를 들고 있다. 다문화, 다가치가 공존하고 상호존중하지 않으면 안 된다. 다양성 속에서 선택의 자유가 보장되어야 한다.

여섯째, 불확실성의 증대와 지구촌 문제의 대두가 심각해진다. 세계가 하나의 시장이 되고 지구가 하나의 부락이 되어 상호의존하게 되다 보니 언제 어떤 문제가 일어날지 예측이 곤란하며 항상 문제가 심각하게 벌어지고 있다. 네 문제 내 문제가 따로 있을 수 없다.

이러한 새 시대에 나타나는 현상에서 국가가 발전하려면 국가발전의 원리가 과거 산업시대와는 달라야 한다. 이것을 여섯 가지로 제시하고 있는데 이것이 바로 세계화해야 할 영역 또는 부문과도 연결된다.

첫째, 국가의 부와 삶의 질이 지식·정보에 의하여 결정되기 때문에 이들을 창출하는 교육이 세계화되어야 한다.

둘째, 법과 제도가 공정하고 투명해야 성장잠재력이 활성화되기 때문에 법질서·경제질서를 세계화해야 한다.

셋째, 정치적·사회적 통합으로 국민통합이 이루어져야 국가가 발전할 수 있기 때문에 통합을 위한 정치와 언론의 세계화가 요구된다.

넷째, 이제 정부주도만으로는 더 이상 국가가 발전할 수 없어 정부의 역할이 달라져야 하므로 행정과 지방을 세계화해야 한다.

다섯째, 자연과 사람이 공생하지 않으면 잘살 수 없으므로 환경을 세계화해야 한다.

여섯째, 의식과 관행이 합리적이고 질서가 생활화되는 문화가 바탕에 깔려야 튼튼하게 국가가 발전할 수 있으므로 문화와 의식을 세계화해야 한다.

그러면 세계화란 말은 과연 무엇을 의미하는가? 대통령의 세계화 구상에서는 다섯 가지로 제시하고 있다.

첫째 일류화를 의미한다. 이것은 곧 세계 최고가 되는 것이 세계화라는 것이다. 이것은 흔히 갖는 세계화의 의미와 통한다. 세계 제일, 세계적 존재가 되는 것을 세계화로 볼 수 있다.

둘째, 합리화를 의미한다. 이것은 아마도 세계적으로 통하는 보편적 가치를 의미하는 것 같다. 합리성은 다분히 서구적 가치이기는 하지만 합리적으로만 하면 문화가 다른 세계에서도 통하게 되므로 이를 세계화라고 본다.

셋째, 일체화의 의미를 포함하고 있다. 모두가 하나가 되는 것이 세계화로 가는 길이라고 보는 것이다. 우선 국내에서 일체가 되어 세계화하여 세계공동체로 가는 것이 세계화라고 보는 것이다.

넷째, 한국화를 의미한다. 얕게 보면 세계화와 한국화는 상호배치되는 것으로 보기 쉬우나 우리 것을 가꾸어 세계적인 것으로 만들고 세계의 것을 우리 것, 한국의 것으로 만드는 것이 곧 세계화이기 때문에, 깊이 또 멀리 보면 한국화가 곧 세계화이다.

다섯째, 인류화를 의미한다. 인간을 생각하고 인류를 복되고 행복하게 하는 것을 궁극적인 세계화로 본 것이다.

이것을 그림으로 요약하게 나타내려는 시도를 해보고자 한다. 세계화의 목표는 '통일된 세계중심국가'이고, 세계화는 이 목표를 달성하기 위한 국가발전전략이고, 여기에 여섯 개의 국가발전원리와 세계화의 대상·영역·부문이 있고, 여기에 다섯 개의 세계화의 의미가 담겨 있는 것으로 나타내면 될 것이다.

국가목표·비전　국가발전전략	국가발전원리	세계화 영역	세계화의 의미				
			1. 일류화	2. 합리화	3. 일체화	4. 한국화	5. 인류화
미래현상 시 ┌1. 정보화·지식화 　├2. 다양화 　└3. 불확실·지구촌 문제	1. 지식·기술·정보 창출　교육						
	2. 법·제도의 공정·투명　법·경제 질서						
통일된 세계중심국가 ─ 세계화	3. 정치·사회 통합　정치·언론						
대외:동경·선망의 나라 대내:풍요·편안한 나라 ┐원인	4. 정부의 역할 변화　행정·지방						
1. 체제통합 2. 동시화·지구촌화 3. 상호의존성	5. 자연과의 공생　환경						
공 ┌4. 무국경화 　├5. 지구촌화 　└6. 분권화·지방화	6. 의식과 관행의 합리　문화·의식						

〈그림 2-1〉 세계화 구상 개념

이러한 세계화의 개념을 어느 정도 파악했다면 이제부터는 세계화의 각 여섯 영역에서 일류화, 합리화, 일체화, 한국화, 인류화를 위해서 무엇을 어떻게 할 것인가를 그림의 빈칸에 행동으로 채워 넣어야 한다. 각 영역별로 이 다섯 가지 세계화 의미를 다 채워 넣어야 하느냐, 또 다 채워 넣을 수 있느냐 하는 문제는 더 연구해야 할 것이다. 분명한 것은 다 채워 넣되 못 채워 넣더라도 한 칸이라도 확실하고 분명하며 자신 있게 채워 넣고 실천으로 옮기는 일이 중요하다고 본다.

예를 들면 교육의 일류화, 합리화, 일체화, 한국화, 인류화를 위해서 무엇을 어떻게 할 것인가를 모색해야 하는데 이 다섯을 위해서 따로 따로 다 노력할 것이냐, 몇 가지만을 위해서 집중 노력해야 할 것이냐, 아니면 다섯을 위해서 종합적으로 노력해야 할 것이냐를 더 연구해야 한다.

정부는 교육의 세계화를 최우선 순위로 내세우고 있는데 "창의적이고 진취적인 차세대 국민을 양성하기 위해서 근본적이고 획기적인 교육개혁이 필요하다"고 보고 있다. 교육개혁의 방향으로는 ① 개인의 인성과 창의가 중시되고, ② 자유·자율과 경쟁원리가 존중되고, ③ 교육수요자의 선택 폭이 확대되고, ④ 평생학습사회로 만드는 방향을 제시하고 있다. 이러한 방향감을 갖고 교육의 세계화를 위한 일류화, 합리화, 일체화, 한국화, 인류화의 빈칸을 채워야 한다. 즉 〈그림 2-2〉의 빈칸을 채우는 과제를 수행해 내야 한다.

교육의 세계화를
위한 교육개혁
〈기본전제〉

1. 방향과 방법
2. 교육부자
3. 우수교원

교육개혁의 방향(필자 재구성)	일류화	합리화	일체화	한국화	인류화
1. 개인의 인성과 창의 중시 (다양화·개별화)					
2. 자율·자유경쟁 존중					
3. 교육 수요자의 선택권 확대 (기초교육 강조)					
4. 평생학습사회 보장					

〈그림 2-2〉 교육의 세계화 과제

3. 교육세계화의 방향

교육개혁의 방향으로 ① 개인의 인성과 창의를 중시하고, ② 자유·자율경쟁을 존중하고, ③ 교육수요자의 선택권을 확대하고, ④ 평생학습사회를 보장한다는 방향은 모두 옳은 방향임에는 틀림없다. 그러나 다만 방법이 잘못되면 부작용을 일으켜 원하지 않는 방향으로 갈 수 있다는 점을 경계하지 않을 수 없다. 그래서 첫째, 세계화 실현을 위해서는 반드시 올바른 방향설정과 함께 바른 방법이 수반되어야 한다. 방법이 없는 방향 제시는 아무런 의미가 없다.

둘째, 또 하나 중요한 것으로 교육투자가 전제되어야 한다. 현재 교육재정이 충분히 투자되고 있다고 해도 개혁을 하려면 돈이 들어가게 되는 것은 당연하다. 지금 현재도 절대부족인 상태에서 교육개혁을 하려면 엄청난 재정이 더 소요되게 마련이다. 그래서 교육개혁과 교육세계화는 교육투자가 전제되어야 한다. 교육투자가 따르지 않는 교육개혁은 공허하다. 우리나라에서 1985년 교육개혁심의회, 대통령교육자문회의 등 10여 년간의 교육개혁이 성과를 거두지 못하고(보고서) 종이와 시간과 정력만 허비하고 만 것은 교육개혁의 방향이 없거나 잘못 되어서도 아니고, 또 무슨 교육개혁의 과제를 정하지 못하거나 잘못 정해서가 아니라 전적으로 교육투자가 수반되지 않았기 때문이다. 이번의 교육개혁이나 교육세계화도 교육투자가 수반되지 않으면 100% 실패하게 마련이다.

셋째, 교육의 열쇠는 교원이 쥐고 있으므로 우수교원을 확보하지 못하고 교원의 사기가 바닥을 기고 있는 상태에서는 아무리 좋은 교육개혁안도 실패하게 된다. 우수교원 확보와 유인책은 교육개혁의 전제가 되거나 교육개혁의 최우선 과제가 되어야 한다. 결국 교육개혁은 사람(교원)에 의해서 이루어진다는 엄연한 사실을 정확하게 인지해야 한다. 우수교원을 확보하려면 교사존중과 대우가 따라야 하며, 이를 위해서는 앞에서 말한 교육투자가 뒷받침되어야 한다는 데 다시 귀착된다.

이러한 몇 가지 전제하에 교육개혁이 출발되었어야 한다. 최근에 개혁을 위한 개혁이 성과도 못 거두거나 오히려 현장을 혼란스럽게 하거나 개악으로 낙인찍히는 현상이 벌써 나타나고 있다. 개혁의 초점은 교육의 질을 향상시키고 아이들을 잘 가르치기 위한 데에 맞춰져야 한다. 그런 면에서 대학입시제도는 우선 개혁의 과제가 될 것이다.

세계화를 지향한 교육의 기본방향으로 관계자(예를 들면, 대통령비서실 교육비서관)는 ① 합리적 사고인 배양, ② 기본생활습관과 공동체의식 강조, ③ 기초학력과 학습방법의 학습강조, ④ 개성존중의 진로교육 강화, ⑤ 세계화 교육 강화 이 다섯 가지를 들고 있다. 세계화 교육의 내용으로서

① 세계화 시대의 의미에 대한 이해 심화, ② 한국전통문화교육으로 국제사회에서의 독특한 고유성의 강조, ③ 국제적 소양으로서 다른 문화의 이해와 존중, ④ 세계시민정신과 인류의 보편적 가치·국제기본예절·외국어의 일상 회화능력 등의 배양, ⑤ 국제적 능력에 관한 전문교육으로서 외국어의 전문구사능력·해외정보수집 및 해독력·국제적 협상 및 설득 능력 강조 및 지역연구의 강화 필요를 예로 제시한다.

이러한 기본방향에서 자율과 경쟁의 원리에 입각하여 수월성, 다양성, 자주성, 세계성, 형평성을 추구해 나가기 위하여 4개의 교육정책기조, 정책전환을 제시하고 있다.

첫째, 개개인의 잠재력을 극대화하는 데 중점을 두는 잠재력개발 모형적 정책기조로의 전환이 필요하다.

둘째, 교육공급자 위주에서 교육수요자 위주의 교육체제로의 전환이 필요하다.

셋째, 누구든지 언제나 공부할 수 있는 열린 평생교육체제로의 전환이 필요하다.

넷째, 교육기관의 교육효과에 대한 사회의 엄격한 평가체제의 구축이 필요하다.

4개의 교육개혁의 방향, 5개의 세계화 지향 교육의 기본방향, 4개의 교육정책 기조를 참고하여 교육세계화의 방향을 제시해보고자 한다.

첫째, 교육의 다양화와 개별화의 방향이어야 한다. 지금까지의 교육이 획일화, 집단중심이어서 개성과 인성이 무시되고 창의성이 싹트거나 존중될 수 없었다. 우리가 지금까지 열심히 교육을 해 왔지만 앞으로 세계화시대에서는 더 이상 먹혀들 수 없게 되어 있다. 다양한 교육 프로그램을 마련해 놓고 그중에서 학생 각자에게 맞는 것을 선택하게 하여 개인이 가지고 있는 잠재능력을 최고도로 발휘할 수 있도록 해주어야 한다. 이것이 수월성 추구이고, 질의 교육이며, 개성·인성존중교육이다. 이렇게 될 때 창의성 교육도 가능해지고 잠재능력개발 모형도 되는 것이다. 다양성 속의 개별성

인정과 존중이 되면 학생과 학부모, 교육수요자의 선택권 보장도 가능해진다. 교육장면에서 학생 한사람 한사람을 존중해주고 귀중하게 대해줄 수 있을 때 인간성 존중, 인본주의 교육(인류화)도 가능해진다. 개별화 교육이 가능해질 수 있을 때 소질과 적성, 특기를 살려 창의에 의하여 발명도 나오고, 진로교육도 제대로 되어 세계의 최고가 나올 수도 있다(일류화).

국가가 다양화와 개별화를 지향하려면 막대한 교육재정투자를 기꺼이 감수해야 한다. 다양한 지도, 다양한 학교, 다양한 교육 프로그램을 국민들에게 제공해주려면 세계화를 위한 교육개혁의 전제로 제시했던 교육투자가 선행되어야 한다. 현재의 선진국 교육과 우리의 교육을 비교해보면 우리의 교육은 교육이 아니라 학생 수용(소)에 불과하다. 교육투자 없이 세계적인 교육을 하겠다는 것은 말장난에 불과하다.

둘째, 교육의 자율화와 자유경쟁의 방향이 될 것이다. 정부 스스로가 탈규제 정책과 행정을 지향하겠다고 공언하고 있다. 분권과 참여라는 세계적 조류에 맞추어 교육도 자율화의 방향으로 가게 된다. 교육에 관한 한 자율적 결정을 하고 결정의 범위 내에서 책임을 져야 한다. 교육의 책임은 사회적 책무성(accountability)이고 이를 위해서 엄격한 평가체제가 필요한 것이다. 전문성이 높은 분야일수록 고도의 자율성과 책무성이 요구되는 것인데 교육이 바로 그런 분야이다. 지방자치와 교육자치, 학교단위 자율책임경영제가 강조되는 것은 세계적인 현상인 동시에 세계화를 지향하는 우리가 가야 할 방향이기도 하다. 학교단위에서 더 내려가 교사·학생들에게까지 자율성과 책임성이 확보되어야 한다.

공산주의, 사회주의 국가에서까지 자유시장경제원리에 의한 자유경쟁체제로 넘어가는 자유경쟁의 시대이다. 세계가 하나의 단일시장으로 하여 자유경쟁하자는 세계적 약속이 WTO로 이루어졌다. 우리도 교육국가 독점의 시대를 청산하고 자유경쟁체제로 넘어가지 않을 수 없는 것이다. 이것이 공급자(국가, 지방자치단체, 법인, 학교, 교사) 경쟁에 교육수요자(소비자) 선택체제로 전환하겠다는 것이다. 지금까지 교육공급자들은 거친 교육을 배급해도 교육소비자들은 감지덕지하고 그것으로 만족하거나 아니면 과외 등 사교육으로 발길을 돌렸던 것이다. 이제 소비자가 왕인 세상이 되었고, 교육개방으로 국제경쟁을 하게 되었고, 교육개방이 아니더라도 어쩔 수 없이 세계교육전쟁을 하는 운명이기 때문에 국내에서라도 교육공급자 경쟁으로 가지 않을 수 없는 것이다. 지금까지 우리들은 애매한 어린 아이들만 지독한 경쟁을 시키고 지옥에다 몰아넣고 어른들은 안일을 즐기고 있었던 것이다. 경쟁에 익숙지 못한 교육이 경쟁체제로 넘어간다는 것은 심히 겁나는 일이고 부작용과 역기능이 우려되기도 한다. 기업이 도산하듯이 학교와 교육이 부도를 내고 도산하는 일이 벌어지게 된다. 필자는 교육이 공공선택(public choice)에서 가정선택(family choice)으로 전환하는 세계적 현상을 조심스럽게 소개하였는데 국가가 충분한 준비 없이 이 체제로 넘어간다면 걱정이 된다. 자생력을 길러주면서 점진적 경쟁체제가 되어야 한다.

경쟁은 항상 강자에게 유리하고 약자에게 불리하다. 국가는 약자를 어느 정도 지원해주면서 경쟁에 부쳐야 할 것이다. 교육을 경쟁이라는 경제적 논리로만 설명할 수 없는 한계성을 인정해야 할 것이다.

자율과 경쟁, 선택은 세계화의 일류화, 합리화, 때로는 일체화에 도움이 될 것이다. 최고만이 경쟁에서 살아남게 되니 일류지향이고, 일류지향하자니 합리화해야 하고, 살아남기 위해서 일체화하지 않을 수 없다. 교육행정가, 교사, 학생, 학부모, 주민이 자발적으로 학교경영과 교육에 참여하여 일체가 될 때만 살아남게 될지도 모른다. 지금도 폐교 당하는 학교는 생존을 위한 몸부림을 치고 있다. 앞으로 학생 수가 줄어드는 지방에서는 어차피 생존을 위한 경쟁을 하지 않을 수 없다. 그러나 문제는 공립학교에서 누구도 학교, 교육에 대한 주인의식, 소유의식을 갖지 않고 모두 떠돌이(순환근무제)라는 데 있다. 학교와 교육이 내 것이라고 할 때 경쟁이 의미가 있다. 도시에서는 인구이동이 많아 세금을 내는 주민들마저도 내 학교라는 의식이 없다. 자율과 경쟁에는 공정한 게임규칙이 마련되어야 한다. 규제를 완전히 풀어놓는 것도 좋지만 반칙을 하지 못하도록 하는 게임규칙은 여전히 필요하다. 그것이 평가체제로 대치되더라도 규칙은 필요하고 규칙이 잘 지켜지는지 확인할 필요가 있다. 소유의식이 있을 때 평가도 의미가 있다.

셋째, 기초교육 강조의 방향을 잡아야 한다. 세계화는 튼튼한 기초 위에서 가능하다. 기초는 어느 나라에서나 공통이 되며 튼튼한 기초를 바탕으로 하여 세계 제일을 꽃피울 수도 있다. 그런데 우리는 지금까지 급한 나머지 너무나 기초를 무시하고 표면적·형식적·응용적인 면에서 세계경쟁무대에 서려다 한계에 부딪혔다. 이제 원점으로 돌아가 착실하게 기초부터 다시 시작해야 한다. 읽기, 쓰기, 셈하기, 수학, 과학, 외국어, 컴퓨터의 기초학력, 기초체력, 기초기능, 학습방법의 학습의 기초를 튼튼히 하여 여기로부터 세계화로 뻗어 나가야 한다. 기초생활습관과 기초적 도덕과 윤리, 공동체의식 교육이 그동안 너무나 등한시되어 세계화는 고사하고 사회개발 자체가 흔들리기까지 하고 있다. 인간으로서 살아가는 데 가장 기초가 되는 것을 바탕으로 일류화도 가능하고, 합리적 사고력을 길러 세계보편의 합리화도 가능하며, 공통된 기초를 가질 때 일체화가 이루어지며, 한국화를 형성할 수 있다. 기초야말로 인류공통이 되며 인간다운 삶을 영위할 수 있게 해준다. 기초부터 다시 시작하는 것은 결코 늦게 가는 길이 아니라 오히려 빨리 가는 길임을 인식해야 한다.

넷째, 평생교육기회의 보장을 생각할 수 있으나 여기서는 학교교육에 초점이 맞춰졌으므로 생략하기로 한다.

국가가 제시하고 있는 국가경영목표나 전략도 신한국→국제화→세계화로 흔들리거나 모호했고, 또 세계화 교육의 방향도 제시하는 것마다 통일되지 못하고 약간씩 겹치거나 산만한 점이 있으나 여러 정황으로 미루어 보아 ① 개인의 인성과 창의성 중시, ② 자율과 자유경쟁과 교육선택권 보장의 방향만은 분명한 것 같다. 필자는 교육세계화, 또는 세계화교육의 방향으로 ① 다양화와 개별화, ② 자율화와 자유경쟁, ③ 기초교육 강조, ④ 평생교육기회 보장 넷으로 묶었다. 이러한 방향감을 갖고 구체적으로 학교경영전략을 모색해 보기로 한다.

4. 교육개혁의 기초

1) 교육개혁의 개념

교육개혁의 유사개념으로서 교육혁신, 재구조화, 교육개혁이 있다.

교육혁신

교육혁신(innovation)은 비교적 덜 광범한 변화를 의미하는데, 부분적이고 대개 학교의 하나의 특별한 측면에만 영향을 주는 변화에 해당된다. 예를 들면 새로운 교육과정과 수업전략, 새로운 공학, 융통적인 스케줄이나 팀티칭과 같은 특별한 조직상의 변화가 혁신에 해당된다.

"① 교육개선을 위하여 ② 의도적으로 ③ 새로운 변화가 시도될 때, 그리고 그 변화가 교육체제에 ④ 광범위하고 비교적 ⑤ 영속적인 변화를 가져올 때"[8] 우리는 교육혁신이라고 한다. 여기에는 교육혁신의 다섯 기준이 들어 있다.

첫째, 교육혁신은 교육개선을 가져오는 변화이다. 교육의 목적·내용·제도에서 개선을 가져오지 못하면 교육혁신이라고 할 수 없다.

둘째, 교육혁신은 의도적인 변화를 말한다. 교육 자체가 계획적인 활동이듯이 교육혁신도 계획적이고 의식적인 활동에 의한 변화를 의미한다. 저절로 무의식적으로 일어나는 변화를 교육혁신이라고 할 수는 없다.

셋째, 교육혁신은 새로운 시도를 의미한다. 지금까지 없었던 또는 시도되지 않았던, 지금까지 해 오던 것과는 다른 새로운 것을 시도한다는 의미가 포함된다. 다른 나라에서는 이미 실시되었던 것이라도 우리나라에서 새로운 것이라면 혁신의 범주에 들어간다.

---

8) 김영호. "한국교육혁신의 방향", 김영호 외, 교육혁신 보급에 관한 이론적 기초.(한국교육개발원, 1973) p.9.

넷째, 교육혁신은 다음에 말할 개혁보다는 좁지만 비교적 광범한 변화를 가져와야 한다. 변화의 범위나 깊이로 보아 교육체제 전체에 의미 있는 변화를 가져올 때 교육혁신의 범주에 들어간다.

다섯째, 교육혁신은 비교적 영속적인 변화이다. 일시적으로 큰 변화를 가져오는 듯하다가 언제 그런 일이 있었느냐는 듯이 사라지는 변화는 혁신의 범주에 들어갈 수 없다.

교육개혁

보다 근본적이고 변화의 잠재가능성을 갖고 있는 광범한 변화를 교육개혁이라고 한다. 1990년의 미국 켄터키 교육개혁법(Kentucky Education Reform Act, 1990)이나 1988년의 영국교육개혁법(Great Britain's Education Reform Act, 1988) 등을 예로 들 수 있다. 1983년 이후 미국의 교육개혁운동, 일본의 임시교육심의회 활동, 한국의 교육개혁심의회 활동 등도 이에 포함된다.

교육재구조화

이것도 교육개혁처럼 광범한 구조 자체의 변화를 말하는데 최근에 나타나기 시작하는 것으로 특정의 것에 초점을 맞춘 개조라고 할 수 있다. 예를 들면 미국에서 최근에 일어나고 있는 학교현장경영제(School-based management, 학교자율책임경영제), 수업과 의사결정에의 교사역할 증대, 재구조화된 프로그램과 시간계획과 협동적 근무문화와 교수-학습의 새로운 설계, 개인교수와 코치, 이외의 교사의 다른 지도력 부여와 같은 새로운 역할 등이 이 재구조화에 속한다. 최근 미국에서 미국교육개혁의 제2의 물결로 학교 재구조화(School restructuring), 학교개혁(School reform)이 강력히 대두되고 있다.

이론적으로는 이들 3자가 구별되지만 교육개혁과 교육혁신을 엄격히 구별하기 어렵고 대개 교육개혁 속에 교육혁신을 포함시켜서 사용할 수 있다.

여기서도 혼용 내지 포함관계로 사용하고자 한다.

　변화는 변화추진세력과 저항세력의 균형에서 추진세력이 강할 때 일어난다. 변화계획자, 개혁자는 이 저항세력을 어떻게 극복하느냐를 연구해야 한다. 계속적인 변화는 불안하다. 안정체제를 유지했다가 다시 변화를 시도해야 한다. 그림과 같이 안정→융해→변화의 순환적 과정을 거치면서 발전해야 한다.

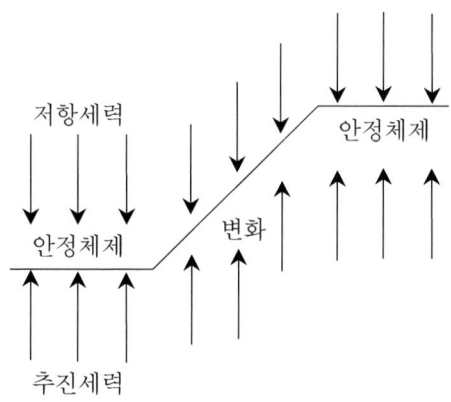

〈그림 2-3〉 변화의 과정

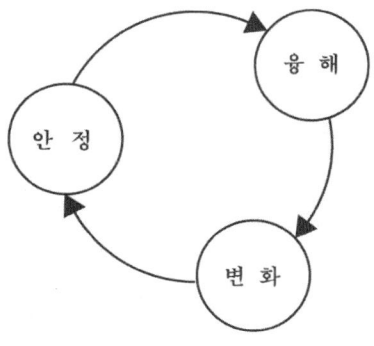

〈그림 2-4〉 3단계 변화과정

2) 교육개혁(혁신)의 과정

교육혁신 또는 개혁도 모형에 따라 적절한 단계와 과정을 밟아야 용이해
진다. 이 모형에는 정책결정모형, 연구개발모형, 일선전파모형, 채택결정모
형 등 여러 가지가 있을 수 있다.

교육혁신 전파의 정책결정모형

교육개혁과 혁신을 위한 정책결정을 핵심으로 하고 정책결정체제를 투
입-과정-산출의 체제적 과정으로 분석한다. 이 모형은 〈그림 2-5〉와 같
이 요약된다.

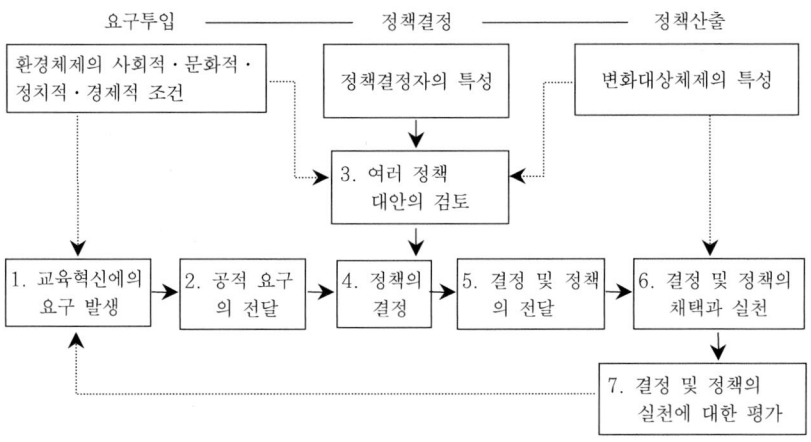

〈그림 2-5〉 교육혁신의 전파의 정책결정모형

(자료) 이상주, 교육혁신 전파의 과정: 세 가지 모형

김영호 외, 교육혁신 보급에 관한 이론적 기초(한국교육개발원, 1973), p.34.

환경으로부터 사회적·문화적·정치적·경제적 조건의 변화로 ① 교육혁
신에의 요구가 발생한다. 이러한 요구에 여러 이익집단과 전문가집단의 압

력이 가해지기도 한다. 이러한 요구가 ② 교육개혁을 위한 공적 요구의 전달로 정책결정체제에 들어가게 된다. 이러한 요구에 대응할 수 있는 여러 정책대안들을 개발하여 그 하나하나의 ③ 정책대안들을 검토하게 된다. 이때 정책결정자의 특성이 작용하게 된다. 정책결정자의 사적 이익의 수준을 넘어서 충분한 시간을 갖고 검토할 수 있어야 한다. 여러 정책대안들 중에서 ④ 최선안을 선택하여 정책결정을 한다. 이때 가능한 한 많은 사람이 참여하는 것이 좋겠다. ⑤ 이 결정과 정책은 그 대사체제에 전달된다. ⑥ 변화대상체제가 결정이나 정책을 채택하고 이를 실천한다. 이때 그 대상체제의 특성에 따라 채택과 실천에 차이가 생긴다. 혁신을 채택·실천하였으면 ⑦ 실천에 대한 평가가 따라야 하고 이 평가결과는 곧 ① 교육 혁신에의 요구에 피드백되어 재투입되어 발전하게 된다.

연구개발모형

새로운 지식을 연구하고 개발하여 일선에 보급하고 마침내 채택하여 활용하게 하는 과정을 모형으로 만든 것이다. 과거에는 연구·개발에 그쳐 R & D 모형이라고 했으나 연구개발해도 일선 현장에 알려지지 않고 알려졌더라도 최종적으로 채택되지 않으면 연구·개발의 의미를 잃게 된다. 최근에는 연구(research)—개발(development)—전파(diffusion)—채택(adoption) 까지 책임지려는 모형으로 발전하였다. 이는 〈그림 2-6〉과 같이 9단계를 밟게 된다.

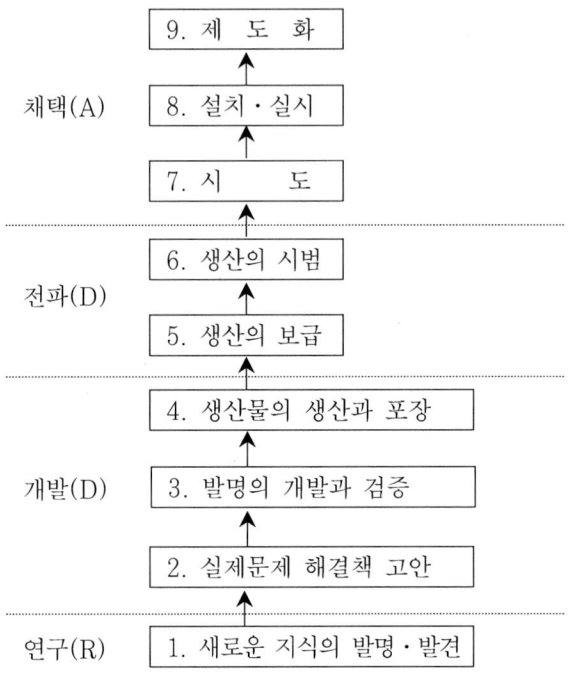

(자료) Robert G. Owens, *Organizational Behavior in Education*, 3rd ed.

(Englewood Cliffs, N. J. Pretice-Hall Inc., 1987), p.211.
기본적인 모형은 ①필요／문제점→②연구(기초연구와 응용연구)→③ 개발→④상품화→⑤보급과 채택→⑥결과라고 할 수 있는데①~(6) 전체가 필요한 연구의 범위가 된다.

일선전파모형

이 모형은 일선 교육자들이 일상과업 수행과정에서 곤란을 인지하여 새로운 것을 창안하고 실시하여 시범을 보임으로써 타교사나 타학교로 전파시키는 과정을 모형으로 나타낸 것이다. 핵심은 곤란-창안-시범-전파로 〈그림 2-7〉과 같이 나타낼 수 있다.

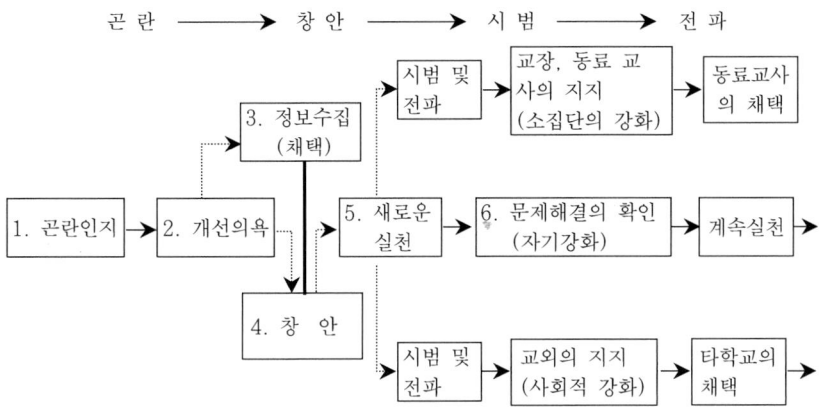

〈그림 2-7〉 교육혁신의 일선전파모형

혁신채택결정단계의 모형

혁신에 대한 채택여부의 결정의 과정을 모형으로 제시한 것이다.

① 지식은 한 개인(또는 다른 의사결정단위)이 혁신의 존재와 혁신의 기능이 어떻게 일어나고 있는지 이해할 때 일어난다. ② 설득은 한 개인(또는 다른 의사결정단위)이 혁신에 대한 호의적 태도 또는 비호의적 태도를 형성할 때 일어난다. ③ 결정은 한 개인(또는 다른 의사결정단위)이 혁신을 채택하거나 거부하는 선택에 이르는 활동에 들어갈 때 일어난다. ④ 실행은 한 개인(또는 다른 의사결정단위)이 혁신을 활용할 때 일어난다. ⑤ 확정은 한 개인(또는 다른 의사결정단위)이 이미 결정된 혁신채택결정을 강화하지만 혁신에 대하여 갈등을 일으키는 메시지에 노출되면 이전의 결정을 뒤집을 때 일어난다.

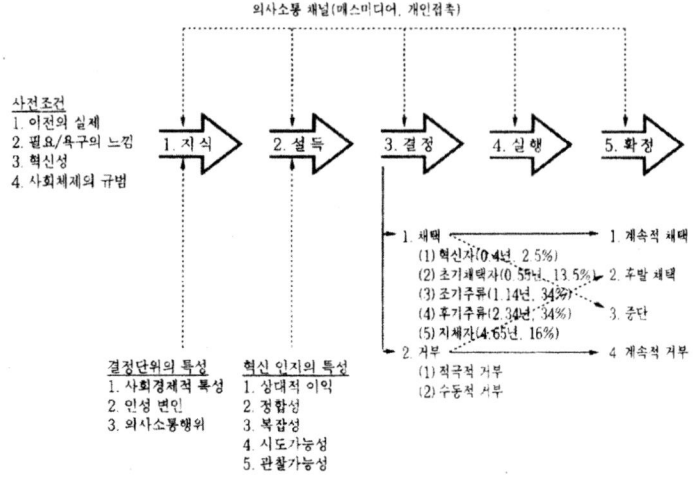

〈그림 2-8〉 혁신 – 결정 과정의 단계 모형
(자료) Everett M. Rogers, *Diffusion of Innovations* 3rd ed.
(N.Y.: The Free Press, 1983), p.165.

3) 외국에서의 교육개혁

여기서는 미국, 영국에서의 최근 교육개혁의 개략만을 다루고자 한다.

미국

미국은 1960년대 개혁채택기에 스푸트니크 충격으로 PSSC 등 교육과
정 개혁과, 공학적 혁신, 조직변화 등 국가가 교육에 관심을 보이기 시작하
고, 1970년대는 실천문제가 심각하게 대두되고 실패한 실행에 초점이 맞
춰졌다. 그래서 혁신은 나쁜 이름을 갖게 됐다. 1980년대는 복합적 혁신
의 시기로 70년대 주정부의 재정지원 40%에서 80년대는 50.7%로 증대
되고, 지방정부의 몫 42.5%로, 연방정부와 지원은 68%로 주의 역할이
강조되었다. 많은 주와 지방에서 재구조화 전략으로 학교에 권한부여라는

개혁을 하기 시작하였다. 학교자율책임경영제와 공동의사결정(shared de-
cision making: SDM)이 퍼져나가게 되었다. 1989 시카고개혁법
(chicago reform act of 1989)에서도 중앙교육위원회로부터 학교운영
위원회(local school councils: LSC, 6명의 학부모, 2명의 교사, 2명
의 지역사회대표, 교장, 고교의 경우 학생 1명으로 구성)로 책임이 넘겨지
고 각 학교는 학교개선계획(school improvement plans: SIP을 수립
하게 하였다.

1990년대의 체제적 개혁은 보다 종합적인 개혁운동이다. 예를 들면 평가,
교육과정과 수업, 직원발전, 인사선발과 승진, 주 / 교육구 / 학교의 조치를 종
합적으로 연결시키려 하고, "미국 학교의 새세대(The New Generation
of American Schools)" 모임은 교육과정과, 학교와 지역사회, 구조와
의사결정, 공학과 평가를 통합하는 전략을 세우고 있다.

최근에 미국은 교육개혁 제3의 물결로 학교문화를 형성하고 개혁해야 제
대로 이루어진다는 내용의 문화개혁을 제시하고 있다. 미국은 이러한 교육
개혁운동을 통하여 다음 여덟 가지의 변화에 대한 교훈을 얻었다.

① 무엇이나 강요할 수는 없다.

② 변화는 청사진이 아니라 여행이다.

③ 문제점은 우리의 친구이다.

④ 비전과 전략적 기획은 나중 일이다.

⑤ 개인주의와 집단주의는 동등한 힘을 갖는다.

⑥ 집권도 분권도 둘 다 안 먹혀든다.

⑦ 보다 광범한 환경과의 연결은 성공을 위한 비판이다.

⑧ 모든 사람이 다 변화촉진자이다.9)

---

9) Michael Fullan, "Innovation, Reform, and Restructuring
    Strategies" Gordon Cawelti (ed.) Challenges and Achievements
    of American Education(Alexandria, VA:ASCD, 1993), pp.125~
    130.

영국

영국은 1988 교육개혁법에 의하여 한편으로는 중앙정부의 역할을 증대시키고 또 다른 한편으로는 학교에 많은 권한을 위양하고 있다. 국가교육과정을 만드는 일은 중앙으로의 권한집중현상이고, 나머지 학교에의 재정권 위양, 학교운영위원회의 권한과 의무 확대 등은 학교로의 권한이양현상이다. 교육개혁의 요지는 다음 여덟 가지로 압축된다.

① 국가교육과정과 평가
② 자유등록(카운티 학교와 자율학교에 자유입학 허가)
③ 학교에 재정권 위양(직원임명권도 학교에)
④ Grant-Maintained 학교(중앙의 직접 재정 부여)
⑤ 고등계속교육의 재정배분을 지방에서 중앙으로(UFC, PCFC)
⑥ 지방재정지원과 계속교육기관의 재정과 관리
⑦ Inner London Education Authority 폐지
⑧ 학교운영위원회의 권한과 의무

영국 외에 호주, 캐나다, 스칸디나비아 여러 나라들도 학교운영위원회 설치로 학교자율책임경영제를 강조하고 있다. 일본은 임시교육심의회의 개혁을 통하여 개성의 중요성과 위신을 강조하고 일본인 의식을 심어주고 평생교육을 강조하려 하였다.

5. 세계화 지향의 학교경영전략

앞에서 말한 ① 세계화 개념, ② 교육세계화의 방향 및 ③ 교육개혁의 기초에 근거하여 이제 학교경영 전략을 짜야 할 입장이다. 학교경영의 전략

은 이러한 방향감을 갖고 학교장의 철학에 의하여 짜여져 나와야 한다. 그러므로 제시되고 있는 것은 학교장 각자의 철학이 안 들어가고 또 학교의 상황변인이 고려되지 않았으므로 하나의 예시라고 보아야 할 것이다.

경영의 목표는 "자율과 참여에 의한 교육의 질 향상" 쯤으로 잡아 본다. 경영에서 자율력을 길러야 하고, 참여 없이 자율이 보장되기 어렵고 자율과 참여 없이 교육의 질이 향상되기 어렵다. 참여 속에는 교육행정가는 물론 교사, 학생, 학부모, 주민의 참여가 포함되며 동시에 교육선택권의 의미까지 포함시킨다. 그리고 학생 개개인의 인간성이 고려되어 질 높은 교육이 산출되는 것을 경영의 최종목표로 생각해본다. 학교에서 자율과 참여 자체가 최종목표가 될 수는 없다. 자율을 위한 자율, 참여를 위한 참여가 되어서는 안 된다.

교육세계화를 위해서는 세계적인 교육의 질을 가지고 세계시장에서 경쟁을 하여야 할 것 아닌가? 세계화도 세계화를 위한 세계화가 아니라 교육의 질 향상을 위한 세계화이어야 할 것이다. 학교는 세계화를 위해서 존재하는 것이 아니라 학생을 잘 가르치기 위해서 존재하는 것이다. 전략 이전에 생각할 것은 교육의 정상화이다. 정상적인 교육 속에서 전략을 짜야 한다는 점을 먼저 말하고 싶다.

자율과 참여에 의한 교육의 질 향상의 목표를 달성하기 위한 몇 가지 전략을 생각해보아야 할 순서가 되었다.

첫째, 자율과 참여의 학교경영을 생각할 수 있다. 우선 학교장에게 주어진, 허용된 권한과 권리의 한계 내에서는 양보하거나 눈치 보지 말고 최대한 자율적 학교경영을 해야 한다. 지금까지 보면 학교장에게 법적으로 주어진 권한까지도 지시를 받아서 움직이는 경우가 많았다. 정부 스스로 탈규제 정책으로 간다고 하니 계제에 유보되었던 교장의 권한을 찾아야 한다. 그 대신 교사의 자율성도 인정해 주어야 한다. 자율학교 운영에서 중요한 것은 학교장의 인사권과 재정권인데 이것이 확보되는 만큼 자율화의 목표는 비례하여 달성되는 것이다. 교사의 자율성뿐만 아니라 학생의 자율성까지 강조하는 학교경영을 모색할 필요가 있다.

자율적인 학교경영을 위해서는 구성원의 참여가 필연적이다. 교사의 자율적 참여, 학생·학부모의 참여, 지역주민의 협조적 참여가 요구된다. 그래서 자율과 참여는 실과 바늘처럼 같이 붙어 다니는 개념으로 보아야 한다. 학교운영위원회에 의한 학교운영을 학교장 주도하에 활용하는 방안을 연구할 필요가 있다. 이것을 피해의식으로만 받아들일 필요는 없다고 본다. 교육과 학교경영의 전문가와 책임자는 어디까지나 교장임을 재확인할 필요가 있다. 현재의 육성회와 기성회도 대단한 학교운영에의 학부모 참여로 볼 수 있다. 학교장 측에서 빨리 연구하여 운영시안이나 규칙을 내놓고 환영의 표시를 할 수도 있다. 학교단위 자율경영제를 택하는 미국, 영국 등에서 이런 방향을 취하고 있는데 역사와 문화가 다른 우리나라 실정에 맞게 도입하면 될 것이다. 어쨌든 인사·재정까지 학교자율에 맡겨진다면 교육위원회를 대신할 수 있는 성격의 운영위원회는 필요할 것이다.

교육부에서 제시한 방학 날짜나 정하고 수업일수와 수업시간을 학교장에 따라 조금 다르게 한다고 해서 이것을 자율학교로 생각하는 것은 큰 잘못이다. 가장 큰 것은 인사와 재정권이 어느 정도 학교로 넘어오느냐에 달려 있다. 자율과 참여에 의한 학교경영은 학교의 독특성, 특색 있는 학교경영, 학교경영의 효율성과 효과성도 동시에 의미한다. 자율과 참여에 의한 학교경영을 하면 교육의 질이 높아질 수 있다는 전제하에 출발한다는 것을 잊어서는 안 된다.

자율과 참여에 의한 학교경영은 교육의 질에 대한 독특성에 의한 세계화의 일류화 추구이고, 학교경영의 합리화이며, 학교장·교사·학생·학부모·주민의 일체화와 연결된다고 볼 수 있다.

둘째, 다양한 교육 프로그램의 마련(개발)과 운영을 세계화의 학교경영 전략의 하나로 삼아야 할 것이다. 학생의 소질과 적성, 능력의 차별화·개별화, 잠재능력의 최고도 개발을 위해서는 교육 프로그램이 다양해야 한다. 우선 다양한 학급편성과 학생의 학급 선택을 생각할 수 있다. 학급담임제,

교과담임제, 부분교과담임제, 열린교육체제 등 학급 메뉴가 달라지는 것이다. 과외활동, 특별활동의 다양한 메뉴가 마련되어야 한다. 다양한 학교행사와 문화 보급도 부수되어야 한다. 여기서 창의성, 개성 신장, 적성에 의한 자연스런 진로교육이 가능해진다.

장애자나 영재아 등 특수아에 대한 고려와 배려도 이런 다양한 교육프로그램 속에 포함되어야 한다. 이러한 특수한 학생도 학교가 다 소화하여 능력을 발휘하도록 도와주지 못하면 세계의 '세'자가 부끄러운 것이다. 다양성과 선택권 보장은 필연적인 교육재정 투자가 따라붙고, 행정의 복잡화로 전문성이 요구되며, 행정의 과학화가 부수된다.

셋째, 능력본위 학교경영전략을 모색할 필요가 있다. 자율·자유경쟁의 개념이 학교경영 속에 스며든다면 자연히 능력인정·능력본위로 옮겨가지 않을 수 없다. 잘 가르치는 사람, 학교경영에 협조하고 공헌한 사람에게 교장은 뭔가 줄 것이 있어야 한다. 열심히 근무하라고 해놓고 근무평정은 나이 먹은 사람이 가져가고, 표창장도 다른 사람이 가져가면 열심히 근무할 필요가 없다는 것을 행동으로, 몸으로 증명하는 것이다. 열심히 노력한 사람과 그렇지 않은 사람을 교장은 반드시 구별해 줄 수 있어야 한다. 이것이 인사권과 재정권이다. 골고루 돌아가며 편하게 지내자는 식이 되면 세계화와는 거리가 멀어진다. 능력본위에 의한 선의의 경쟁체제와 협동과 참여에 의한 일체화는 약간의 갈등을 일으키게 된다. 여기에 원칙과 조화가 있어야 하는데 이것도 경영자의 경영기술에 속한다.

능력본위 보상체계가 교사·학생의 동기유발과 연결되어야 한다. 교사의 내적 동기와 외적 동기 없는 세계화와 교육개혁은 허상 바로 그것이다. 그래서 앞에서 말한 것처럼 사람을 키우는 곳에서 사람변인인 교원의 사기·자긍심, 교원의 우수성이 전제가 되어야 한다고 했던 것이다.

세계화 지향의 학교경영에서 교장·교사의 주인의식·소유의식은 중요하다. 내 학교 의식이 없으면 세계제일을 만들겠다는 의욕은 떨어질 수밖에 없다. 잠시 머물다 갈 철새가 평생 살 집을 짓지는 않을 것이다. 한 학교의 교육이 일생을 바친 사업이 되고 작품이 되어야 한다.

그래서 공립학교의 순환근무제는 재고되어야 한다. 신규채용에서부터라도 희망하는 사람에서부터라도 최소한 교육청 단위 임명, 가능한 한 학교단위 임명이 되어야 한다. 이것은 교사초빙제, 교장초빙제의 개념과도 통한다. 권태와 나태는 합법적 절차에 의하여, 학교운영위원회나 임명권자에 의하여 면직되어야 마땅하다. 자유경쟁과 세계화는 지원과 동시에 냉혹함도 감수해야 한다.

넷째, 기초책임교육의 전략이다. 교육과정 측면에서는 모든 사람이 반드시 통과해야 할 것만 뽑아 기초교육으로 하여 교사로 하여금 책임지게 하는 것이다. 학생의 선택은 앞에서 언급한 다양화로 넓게 펼쳐져 학생에게 맞는 것을 골라 먹게 하는 것이다. 예를 들면 한글해득이나 구구단 등 기초는 해당 학년 교사가 책임져주어야 한다. 기초생활습관, 기초도덕이나 예절은 모든 것에 우선하여 철저히 책임져주지 않으면 안 된다.

인간성교육, 도덕성교육, 시민교육, 법질서·규칙준수교육 등에 철저하지 못하고는 세계화와는 멀어질 수밖에 없다. 그때그때 필요할 때마다 그것이 교육과정에 반영되어 지금의 교육과정은 누더기가 되고 있다. 인구교육, 소비자교육, 자연보호교육, 새마을교육, 환경교육, 민주시민교육, 국제이해교육, 이제는 세계화교육까지 뒤범벅이 되어야 할 판이다. 이런 것들을 모두 영에서부터 출발하여 인간으로서 살아가는 데 가장 필요한 요소만을 뽑아 기초교육으로 하여 단계별로 책임지는 책임교육체제를 구축하는 것도 고려할 수 있다. 그래서 앞에서 언급한 자율성과 함께 선의의 경쟁과 엄격한 평가의 개념이 조화를 이룰 수 있도록 경영전략을 짜야 할 것이다.

다섯째, 수업과 행정을 분리하여 교사로 하여금 수업에만 전념할 수 있도록 행정지원체제를 강화하는 전략을 모색할 필요가 있다. 교장, 교감, 서무직원이 대부분의 행정지원적인 일을 떠맡아 처리해서 교사를 교무분장이란 데서 해방될 수 있도록 해야 한다. 교사들이 가르치는 일에만 전념하게 해도 우리의 교육여건은 세계화와는 거리가 너무 멀다. 학생 수도 많고 교육시설 설비도 세계수준에서는 뒤떨어져 있다.

부장교사를 반(半)행정가-반(半)수업자 수준으로 만들어 행정가 경험을 맡겨 행정가로 양성하고 대신 평교사의 행정과 사무를 떠맡게 하는 방안도 고려할 수 있다. 부장을 교과전담으로 하여 수업시간을 줄여주고 나머지 시간을 행정업무를 떠맡게 함과 동시에 행정가로 진출하는 보상을 얹어주게 하는 방안도 정교사를 사무에서 해방시키는 한 방안으로 강구될 수 있다.

여섯째, 교육, 행정, 경영의 과학화를 꾀해야 한다. 다양한 프로그램을 돌리고, 교사를 사무로부터 해방시키려면 행정의 과학화가 시급하다. 학교를 기업경영 하듯이 하기는 어렵지만 사기업경영에서 절약과 효율, 효과를 배워와야 한다. 교장이 교감, 서무직원, 부장까지도 인사권을 행사할 수 있어야 한다. 현재 직원업무의 2배, 3배의 몫을 해낼 수 있는 직원을 교장이 얼마든지 골라 쓸 수 있어야 능률과 과학화도 가능해진다. 대신 교장은 학교경영의 결과에 대하여 책임을 져야 한다. 말할 것도 없이 세계화를 거론하는 마당에 수업의 과학화, 수업매체의 과학화, 첨단정보의 활용은 세계화의 필수이다.

일곱째, 학교경영전략으로서 가장 중요한 것은 학교교육의 정상화전략이다. 학교교육을 정상화시키지 않고는 아무리 많은 변화와 개혁·혁신을 한다고 제도를 고치고 법을 고쳐도 의미가 없다. 현재의 상태에서라도 초·중등교육에서 정상적인 교육만 이루어지면 어느 정도 가능성은 아직 있다. 개혁전략 이전에 교육정상화 전략이 앞서야 한다.

우선, 학교교육에서는 교육부 시간배당기준령에 의하여 정확하게 교육과정을 운영해야 한다. 보충학습, 자율학습으로 학생들을 더 이상 학교에 잡아둘 필요가 없다. 학교가 법을 안 지키면 이 세상에 누가 법을 지키겠는가? 교과목 시간표를 정확하게 지킬 필요가 있다. 입시에서 덜 중요한 과목도 최소한 제 시간은 확보해 주어야 한다. 유럽의 여러 국가에서는 고등학교 수준에서 교양교육을 마치기 때문에 대학에서는 전공과목만 공부한다.

특별활동도 최소한 제몫은 찾아주어야 한다. 오히려 더 강화해야 할지 모른다. 학교·학급행사, 클럽활동, HR도 정확하게 실시하여 기준령을 어기는 범법자가 되지 않도록 다 같이 전략을 짜야 한다.

학교교육의 정상화를 위해서는 먼저 학교장들이 단결하고 비장한 결심을 해야 한다. 그리고 교육부의 의지를 확고히 해야 하고 교사의 협조를 얻어내야 한다. 교사의 협조는 비교적 용이하게 얻어낼 수 있을 것으로 본다. 다음으로는 학생을 설득하여 협조를 끌어내야 한다. 그리고 학부모의 춤장단에 놀아나지 말고 오히려 그들에게 법을 지키겠다고 선언해야 한다. 입시는 개인의 문제로 돌리고 중학교는 중학교, 고등학교는 고등학교의 교육목표에 충실해야 한다고 설득해야 한다. 인문고등학교도 대학의 예비학교나 부속학교가 아니라는 것을 분명히 해야 한다.

교육정상화는 초등학교에서 어느 정도 가능해졌다. 중학교가 먼저 초등학교처럼 정상 운영하고 고등학교도 당당하게 실천으로 옮겨야 한다. 전국 교육감만 단결해도 가능해진다. 교육정상화의 실천을 위해서라면 지시를 하고, 감독을 하고, 확인·강제·엄격한 처벌이라도 해야 한다.

이러한 학교교육 정상화의 노력 없이는 아무리 좋은 교육세계화와 교육개혁도 의미가 없다. 학교에서 더 이상 변칙과 불법이 통하지 않도록 해야 한다. 특히 이것만은 사립학교에서 자율의 명목하에 예외가 인정되지 않도록 해야 한다.

너무 많은 전략은 전략이 없다는 것과 마찬가지이다. 그래서 세계화 지향의 학교경영전략으로 우선 ① 자율과 참여, ② 다양한 교육프로그램, (3) 능력본위, ④ 기초책임교육, ⑤ 수업과 행정 분리, ⑥ 과학화. ⑦ 학교교육 정상화의 일곱 가지만 예시하였다.

6. 요약 및 결론

세계화는 국가발전전략으로 '통일된 세계중심국가'를 달성하기 위한 것으

로 각 부문에서 일류화, 합리화, 일체화, 한국화, 인류화 하자는 의미를 내
포하고 있다.

  교육세계화의 방향으로 필자는 여러 가지를 종합하여 ① 교육의 다양화
와 개별화, ② 교육의 자율화와 자유경쟁, ③ 기초교육, ④ 평생교육의 방
향을 제시하였다. 그리고 교육개혁의 기초로 ① 교육개혁의 개념, ② 교육
개혁의 과정, ③ 외국에서의 교육개혁 노력을 살펴보았다.

  세계화 지향의 학교경영의 목표로 "자율과 참여에 의한 교육의 질 향상"
을 예시하고, 전략으로 ① 자율과 참여, ② 다양한 교육 프로그램, ③ 능력
본위, ④ 기초책임교육, ⑤ 수업과 행정 분리, (6) 과학화, ⑦ 학교교육
정상화의 일곱만을 제시하였다.

  교육의 세계화에는 반드시 ① 올바른 방법이 제시되어야 하고, ② 획기
적인 교육투자가 전제되어야 하고, ③ 사기충천한 우수교원의 힘에 의해서
만 가능하다는 점을 강조하였다. 이 세 가지가 어떻게 변화하는지 지켜보면
세계화의 성공 가능성을 미리 충분히 점치고도 남는다. 구호로 그치고 말
세계화인지 실현의지가 있는 세계화인지 지켜보아야겠다.

  세계화 지향의 학교경영을 하려면 모두가 바쁘고 골치 아플지도 모른다.
그러나 그 과정과 결과에서 보람을 찾을 수 있고 교육자의 사명을 다하는
길이 된다. 무기력한 국가보호에 안주하려는 사람에게는 세계화가 또 하나
의 소음이 되고 행정공해, 언어공해가 될지 모른다. 그러나 뭔가 해보려는
사람에게는 좋은 기회가 될 것이다.

  이제 교장은 바빠져야 할 뿐만 아니라 동시에 전문성이 요구된다. 교장
이 할 일을 교사에게 떠맡기는 시대는 가고 있다. 교사가 수업에 전념할
수 있을 때 수업경쟁력은 생긴다. 고도의 기술과 판단을 요구하는 행정에서
전문성을 필요로 한다. 세계적인 교장이 되기 위해서는 공부하고 머리를 써
야 한다. 우리의 경쟁상대인 선진국의 세계적인 전문행정가 교장들이 우리
의 도전을 기다리고 있다.

  또 교육세계화가 되었든 아니면 교육개혁이 되었든 중요한 것은 교육가

족을 세계화와 개혁의 중심무대로 끌어올려야 한다는 점을 유의해야 한다. 지금까지 보면 자리바꿈한 높은 사람들만 춤을 추려고 했고 조직구성원들이 즐거운 마음으로 신나는 춤을 추게 하는 데 실패했기 때문에 조령모개나 구호로 그치고 말았다. 나라의 대통령이 되고, 교육부장관, 교육감, 교육장, 교장, 무슨 요직에 앉은(힌) 사람들은 뭔가 춤을 추고 싶고, 앉혀준 사람에게 춤을 추는 모습을 보여주고 싶을 것이다. 마치 어린이가 부모님 앞에서 노래나 춤을 보여줘 즐겁게 해 드리고 싶은 심정일 것이다. 그러나 분명한 사실은 교육에서 교사를 중심무대로 끌어들여 춤을 추게 하지 못하고 교사를 구경꾼·방관자로 방치하는 한은 세계화도, 교육개혁도, 학교경영 혁신전략도 모두 실패한다는 점이다. 대통령과 장관, 교육지도자는 솔로춤, 나홀로 춤을 추려고 해서는 안 된다. 교육자들로 하여금 저절로 춤을 추게 만드는 일부터 해야 한다.

그래도 국민들로 하여금 살맛나게, 일맛나게 했던 성공적인 케이스는 '새마을운동'과 '88올림픽'이었다고 본다. 그 전략은 이제 상황이 바뀐 이 시대, 이 상황에는 안 맞을 것이다. 모든 것이 바뀌었기 때문이다. 이제 세계화와 교육개혁에서 새로운 전략을 개발해야 할 것이다.

지금 교육계는 계속 사기가 떨어지고 있다. 도대체 신날 리가 없다. 가시적인 경제와 기업체에만 중시하고 정신적인 교육에는 국가의 지도자들이 관심을 갖지 않기 때문이다. 교사들도 교장들도 열심히 할 필요를 느끼지 않고 있다. 열심히 한다고 하다가는 오히려 다칠 염려가 있다는 것을 모두 잘 알기 때문이다.

교장임기제로 잘하는 사람까지도 8년이면 잘라 낸다니 일찍 교감되고 교장 되기 위해 노력할 필요도 없게 되었다. 그래 놓고 이제 다시 30대 교장론, 40대 교장론을 들고 나오니 세상이 어떻게 돌아가는지 모르겠다. 교육전문직까지도 잘라 내겠다는 세상에 일반직 안 된 것을 후회하지 않으려야 않을 수 없다.

교원들에게 신바람을 일으키는 전략을 함께 써야 할 것이다. 교장으로서도 교사들이 무엇을 원하고 있는지 정확히 파악하여 그들을 중심무대로 끌어올려 손을 붙잡고 그들과 함께 교육세계화 춤을 출 전략을 세워야 한다. 상부의 지시에 의해 맹목적 춤을 추다가는 구경꾼들에게 노리갯감이 되고 만다. 춤을 추려면 소신과 신념을 갖고 교사·학생·학부모·주민이 모두 동참하는 신나는 춤을 춰야 한다. 이것이 세계화의 일체화일 것이다. 교육세계화에 더 이상 구경꾼, 비웃음꾼은 있을 수 없다. 세계 다른 나라 사람들로 하여금 부러움의 눈총으로 바라보는 구경꾼이 되게 하는 것은 백번이고 좋다. 88올림픽 때처럼 신나는 세계화 지향의 학교경영전략을 모색해야겠다.

참고문헌

김영호 외(1973). **교육혁신 보급에 관한 이론적 기초**, 한국교육개발원.

Cawelti, Gordon(ed.)(1993). *Challenges and Achievements of American Education*, Alexandria, VA:ASCD.

Owens, Robert G.(1987). *Organizational Behavior in Education* Englewood Cliffs, NJ: Prentice-Hall Inc.

Rogers, Everett M.(1983). *Diffusion of Innovations* 3rd ed. N.Y.: The Free Press.

제3장
학교경영의 세계화 방안*

1. 서 론

문민정부의 대통령이 국가경영의 목표를 '세계화'로 잡자 모든 분야에서 세계화를 지향하는 것은 너무나 당연하다. 21세기의 우리나라 국가목표는 "통일된 세계중심 국가"이고 이를 달성하기 위한 국가발전전략은 "국가경영의 각 부분을 세계화하는 것"이라고 하였다. 국가발전의 원리는 모든 부문에서 생산성과 유연성을 높이는 것으로 압축된다는 것이다. 교육부문에서는 "획기적 교육개혁과 평생학습사회 구현을 통한 교육의 세계화"라고 표현하였다. 여기서 '교육개혁'과 '평생학습사회'는 '교육의 세계화라는 (상위)목표를 위한 방법과 수단인 동시에 하위목표라고 할 수 있다. 획기적인 교육개혁은 창의적이고 진취적인 차세대 국민을 양성하기 위한 것이어야 한다. 그러면 '세계화'란 무엇인가? 이는 ① 일류화, ② 합리화, ③ 일체화, ④ 한

* **서울교육**, 95 봄호, 서울시교육연구원.

국화, ⑤ 인류화를 의미한다고 하였다. 결국 교육에서 일류(최고)가 되고, 교육이 합리적으로 이루어지고, 일체화가 실현되고, 한국적 독특성이 발휘되고(한국화), 세계 인류를 위한 인류화가 이루어지면 교육에서 세계화가 이루어졌다고 말할 수 있다. 이 다섯 측면으로 나누어 보면 교육의 세계화라는 그 의미가 어슴푸레 떠오르게 된다.

교육의 세계화까지는 그런대로 통할 것 같으나 "학교경영의 세계화"라고 하면 너무나 확대되고 과장되어 실현 불가능할 것 같이 보인다. 그러나 주어진 주제인 관계로 임의로 바꿀 수도 없고 하여 학교경영을 통하여 교육의 질 개선으로 교육의 세계화에 이바지하는 길을 염두에 두고 학교경영의 질 개선(일류화, 합리화)과 특수성 및 독특성의 실현(한국화)에 초점을 맞춰 보기로 한다. 또 세계화란 거창한 이름을 붙이지 않더라도 새로운 세기를 앞두고 어느 방향으로 학교경영을 개혁해야 할 것인가를 다루어 보는 것으로 해도 좋을 것이다. 세계화는 곧 변화를 의미하기 때문이다.

변화 또는 개혁의 방향을 잡기 위해서는 철학 또는 가치의 변화를 생각해야 한다. 가치가 행동의 방향을 결정짓기 때문이다. 인간은 사회적 동물이기도 하지만 가치추구의 동물이다.

2. 가치의 변화

교육과 교육행정에서 추구하는 가치에는 여러 가지가 있겠지만 (1) 효율성, ② 선택의 자유, ③ 평등성, ④ 수월성으로 요약하기도 한다(주삼환, 1994). 이 네 가지 가치가 교육행정에서 추구하는 핵심 가치이면서도 이들 가치간에 경쟁을 하고 또 갈등을 일으킨다. 효율성을 추구하다 보면 다양한 선택의 자유를 보장해 주기 어렵고, 반대로 다양성에 의한 선택의 자유에 가치를 더 두면 효율성의 가치가 떨어지기 쉽다. 또 평등성을 강조하여 교육 기회의 확대에 열을 올리다 보면 교육의 수월성이 떨어지고, 수월성을 강조하여 질을 추구하다 보면 평등성에 의한 양의 확충이 결여되기 쉽다.

그러나 우리가 과거에 기초적인 효율성과 평등성에 기울어졌다면 이제부터는 교육에서 선택의 자유와 수월성의 가치에 더 비중을 두어야 할 시점이라고 본다. 이것이 국민적 욕구충족에 더 노력하는 길이며 동시에 선진국과의 교육경쟁을 준비하는 길이라고 본다.

이것이 현시점에서 필요한 가치의 변화라고 본다. 이러한 가치의 변화에 맞게 국가 차원에서 교육정책도 변해야 하고, 교육개혁도 이루어져야 하며, 이에 맞추어 학교수준에서 학교경영의 혁신이 이루어져야 한다. 이것이 곧 학교경영의 세계화의 한 부분적 방향이 될 것이다.

현대 조직에 있어서도, 또 지도력에 있어서도 가치의 변화가 요구되고 있다. 패터슨(Jerry L. Patterson, 1993)은 『내일의 학교를 위한 지도력(leadership for tomorrow○'s schools)』에서 변화하는 내일의 가치로 (1)참여에의 개방, (2)다양성의 개방, (3)갈등에의 개방, (4)반성에의 개방, (5)실수에의 개방의 다섯 가지를 들고 있다. 이 다섯 가치에 맞추어 또 실현하는 지도자가 미래의 훌륭한 지도자가 될 것이다.

① 오늘날까지는 조직의 지도자에게 순종하고 귀 기울여 듣고 시키는 대로 하기만 하면 됐지만 앞으로는 조직구성원이 토의와 의사결정에 적극 참여하는 데 더 가치를 둔다. 또 ② 지금까지는 조직의 대체적 방향을 맞추는 데 가치를 두었지만, 앞으로는 조직의 현실과 의사결정에 관한 풍부한 지식을 좀더 깊게 이해하기 위하여 다양성에 더 가치를 둔다. 다양성의 가치는 앞에서도 이미 언급되었다. ③ 지금까지는 집단의 조화와 평안의 풍토를 추구했지만 앞으로는 복잡하게 얽힌 문제를 깨끗하게 해결하는 건전한 방법으로 갈등을 해결하는 데 더 가치를 둔다. ④ 지금까지는 결정의 분위기를 만들고, 결정되면 뒤돌아볼 필요 없이 실천하기만 하면 됐지만 앞으로는 보다 나은 조직의 결정을 위하여 자신과 타인의 생각을 되씹어보고 반성하는 데 더 가치를 둔다. 마지막으로 ⑤

가능한 한 실수를 하지 않고 효율적으로 일하기 위하여 집중하는 데 가치를 두었지만 앞으로는 실수를 인정하고 실수로부터 배우는 데 더 가치를 둔다.

적어도 세계화를 말하려면 이러한 조직에서의 가치의 변화에 맞게 학교경영에서 지도력을 발휘하려고 해야 한다는 시사를 받을 수 있다. 신봉하는 가치가 변하지 않았다면 개혁은 필요 없고 또 일어나지도 않는다.

좀더 구체적으로는 미국 14개 우수기업에서 뽑은 공통점의 하나로 가치지향을 들 수 있었는데(Peters & Waterman, 1982) 이들 가치는 학교경영에도 적용될 수 있을 것이다. 우수조직의 공통적인 일곱 가지 가치는 (1)최고가 될 수 있다는 신념, (2)실천과 집행의 상세화의 중요성에 대한 신념, (3)개인으로서의 사람을 인정하는 중요성의 신념, (4)최우수의 질과 봉사에 대한 신념, (5)전원이 혁신자가 될 수 있고 그래서 기꺼이 실패를 지지해 주어야 한다는 신념, (6)의사소통 증진을 위한 비형식성의 중요성에 대한 신념, (7)경제적 성장과 이익의 중요성에 대한 인정과 신념이다. 이들 일곱 가치에 대하여 상세히 설명할 여유가 없어 안타까우나 학교경영의 일류화를 지향하려면 최소한 우수기업에서 신봉하는 가치를 면밀히 검토하여 가능한 것은 실천으로 옮길 필요가 있다.

우수한 학교경영을 위해서는 앞에서 열거한 가치의 변화에 적응하거나 새로운 가치의 창출에 지도력을 발휘해야 할 것이라는 시사를 받을 수 있다. 새로운 가치에 맞춰 학교경영에도 혁신이 있어야 한다. 이러한 혁신이 세계화로 가는 길이 된다.

3. 학교경영의 세계화를 지향하여

학교경영의 세계화를 지향한 혁신을 위해서는 몇 가지 요소가 복합적으로 이루어져야 한다. (1)사람이 바뀌고, (2)조직과 구조·문화가 바뀌어야 하고, (3)경영의 핵심인 교육 내용과 방법이 바뀌고, (4)재정적 뒷받침이 이루어져야 한다.

1) 사람과 지도력

먼저, 경영책임자인 교장 자신이 바뀌어야 한다. 종래와 다른 사고로 책임지고 21세기를 주도할 국민을 길러 내겠다는 확고한 의지와 목표의식과 비전이 있어야 한다.

다음엔 이 비전을 모든 구성원들과 공유하고 이 비전을 중심으로 한 덩어리로 묶을 수 있어야 한다. 교사, 직원, 학생, 학부모, 지역사회인, 동창들의 협조 없이는 비전이 실현되지 못하고, 그야말로 환상의 비전으로 끝나 버리기 쉽다. 교환적 빠타제(bartering)의 지도력을 넘어서 무엇인가 형성(building)하고 만들어 주는 수준을 뛰어넘어 한 덩어리로 결합·접착시켜 주는(bonding) 지도력이 발휘될 때 비전의 공유와 실현으로 세계적인 학교로 만들 수 있게 된다.

뭐니 뭐니 해도 교장이 먼저 실력을 길러야 한다. 전문경영지식과 기술·능력을 길러야 한다. 미국의 교장 대부분은 박사학위 소지자이다. 이들과 세계무대에서 경쟁하려면 우리의 교장도 실력이 있어야 한다. 기업체의 생존전략을 배워 와야 한다. 교장을 아무나 할 수 있다고 생각하는 사람들에게 쐐기를 박으려면 자질과 능력·실력을 길러야 한다. 일반직도, 대학 교수·부교수도 교장을 할 수 있다는 발상은 교장을 깔보아 우리 교육을 망칠 사람들이다.

교사도 세계적인 교사로 양성하고 연수하여 사기충천하도록 해주어야 한다. 그러려면 최고의 대우를 해주어야 한다. 밖에서 대우 못 받더라도 경영자만이라도 교사에게 최고의 존경을 보내 주어야 한다. 최근에는 리더십 훈련 못지않게 팔로우어십(followership) 형성에 노력하고 슈퍼 리더십이라고 하여 자기지도성(self-leadership)을 강조하고 있다.

교사의 동기유발 없이는 모든 개혁적 노력은 물거품으로 사라진다. 최근에 교사들을 실망시키는 개혁적 노력은 모두 백안백실이 될 것이다.

학부모와 지역사회인을 바꿔놓지 못하면 세계적인 학교를 만들기는 어렵다. 입시 과외를 위한 자율·보충학습 요구의 춤장단에 놀아나는 교장은 세계화와는 역행하는 학교의 '지옥화'를 촉진하는 사람들이다. 학부모의 무리한 요구를 차단하고 설득할 수 있는 용기와 실력이 있어야 한다. 지금도 교육부시간배당기준령을 엄격하게 지켜 정규수업시간만 정상수업할 수 있는 교장과 교사만 있다면 세계화의 시동은 걸릴 수 있다.

세계화를 지향하려면 자신을 포함하여 먼저 사람을 확인하고 바꾸는 일부터 해야 한다. 교육(학교)은 인간이 인간을 길러 내는 인간봉사체제(human service delivery system)이기 때문이다.

2) 조직·구조·문화

사람을 묶는 틀인 조직과 구조의 밑바닥에 깔려 있는 문화를 바꾸고 새로운 문화를 형성해야 한다. 굳어져 있는 현재의 교사조직, 학생조직을 가지고는 세계 최고의 교육을 할 수 없다. 교사가 가지고 있는 모든 잠재능력을 최고도로 발휘할 수 있도록 조직되어야 한다. 능력 본위로, 가능한 한 소규모 조직, 계층을 줄인 수평조직, 그물망조직, 임시조직, 과업조직(task force)으로 바꿔야 한다. 교사들의 팀 정신을 살리고 팀 정신이 발휘될 수 있도록 팀을 형성하고, 상호간에 협동할 수 있는 기회를 만들어 주어야 한다. 그런데 최근에 교사 조직과 전문적 조직에 무슨 이상한 이름을 붙여 계층을 더 만들어 내려는 생각은 분명히 세계화에 역행하는 처사임을 알아야 한다.

학생조직도 유연해야 한다. 학생들이 능력과 적성, 소질에 맞추어 찾아다닐 수 있도록 구안되어야 할 것이다. 대집단, 소집단, 큰방, 작은방, 다양성이 인정되고 장려된다.

건물구조도 다양성, 융통성을 살릴 수 있게 재구조화되어야 한다. 획일적인 건물구조는 공룡시대의 유물임을 알아야 한다.

시간구조도 융통적이어야 한다. 굳어져 있는 40분 수업, 50분 수업은 의미가 없다. 현대는 시간 싸움이고, 인간의 삶과 생명은 시간이다. 학생과 교사가 학교에서 또는 가정에서 어떤 시간을 어떻게 보내게 하느냐는 세계화의 중요한 지표가 될 것이다. 흥분하고, 열광하고, 만족하고, 행복한 삶을 살 수 있도록 해 줄 책임이 학교경영자에게 있다. (입시)지옥학교, 콩나물이나 길러지는 교실에서 세계적인 사람을 길러 낸다는 것이 가당한 말인가? 미래를 위해서 현재의 행복을 미루어 달라는 말은 어른답지 않은 속임수이다.

3) 경영과 교육의 과정과 내용

학교경영은 곧 가르치기 위한 것이다. 무엇을 어떻게 가르칠 것이냐가 경영의 핵심이 될 것이다.

첫째, 개성존중의 교육을 꼽고 싶다. 사람을 한 개인으로 존중해 주는 교육을 말한다. 이것이 선택의 자유의 가치와도 합치될 뿐 아니라 그래야 인성교육도 가능해지고, 창의성 발휘도 가능해진다. 각자 가지고 있는 능력도 최대한 발휘되어 수월성의 가치도 추구될 수 있다. 개성을 존중해 주려면 경영자는 학생의 편에서, 교사의 편에서, 학부모와 주민의 편에서 교육과 경영을 보고 생각해야 한다. 지금 당장 공부 못한다고 하는 학생도 소중하게 존중해 주어야 한다. 물론 교사의 개성도 존중되어야 한다. 어린이가 존중되는 나라가 세계 최고의 나라로 보장받을 것이다. 선택의 자유가 보장되어야 개성이 신장될 수 있다. 학생과 학부모가 교육을 선택할 수 있게 다양한 메뉴를 만들어야 한다.

둘째, 교육의 질, 경영의 질에 초점을 맞춰야 한다. 양질의 교육서비스,

경영서비스를 제공할 책임이 최고경영자에게 있는 것이다. 세계화의 척도는 질의 척도라고 해도 과언이 아니다. 기업경영을 본떠서 학교에 질 관리 팀 (Quality Circle, S-team(esteem))을 만들어 불량품 생산을 사전에 막고 세계적인 질을 보장하는 것도 한 방안이다.

고객만족운동도 생각해 봄직 하다. 우리나라 기업체 상품은 그런대로 현대의 소나타 차 정도는 되는데, 교육상품은 리어카 정도에 비유되고, 정치상품은 다 없어지다시피 한 지게에도 못 미치고 있다. 교육의 질을 높이려면 교육과정의 양을 줄이고 대신 완벽과 철저를 기해야 한다. 무결점운동 (Zero-defect)이야말로 인간교육에서 필요하다.

결과보다는 과정을 중시해야 한다. 결과를 놓고 아이들만 경쟁시켜 점수벌레를 만들어놓고 또 무엇이 서운한지 선생님들까지 인사 점수벌레로 만들어 놓았다. 그것도 소수점 이하 인생으로 만들어 놓은 것이다. 소수점 이하 점수벌레가 세계화의 주역이 될 수 있겠는가? 이렇게 해 놓고도 무감각하고 무신경이니 속이 터질 지경이다. 영리한 어린 점수벌레들은 자살까지 하고 있는데도 둔한 어른 인간들은 눈도 꿈쩍 않고 있다. 살아가는 과정, 공부해 나가는 과정을 행복하게 해주는 학교경영을 시도해야 한다.

4. 결론: 교육재정의 제도적 확보

성공은 우연한 사고가 아니다. 저절로 이루어지는 것이 아니다. 세계화는 말로 떠들고 글로 쓴다고 이루어지는 것이 아니다. 엄청난 투자를 먹고 세계화는 싹트고 자란다. 최근에 투자에는 인색하고 말로만 법으로만 개혁하려는 것은 안타까운 일이다.

학교경영의 세계화도 재정 확보나 외부의 제도적 보장 없이는 불가능하다. 앞에서 열거한 것들은 모두가 엄청난 재정적·시간적·정력적 자원의 투자를 전제로 하는 것이다. 또 학교 밖에서 제도적으로 뒷받침이 되어야 하는 것들이다. 학교경영자의 자율권과 동시에 능력이 보장되고 확보되어야 세계화의 시도가 가능한 것이다. 자율권 확보와 동시에 교장의 실력을 기르는 일이 병행되어야 할 것이다.

국가 전체적으로 GNP 대비 5%만 교육에 투자하면 뭐 크게 달라질 것 같이 생각하기 쉬우나 필자는 GNP 5%로는 이미 늦었다는 판단이다. GNP 자체가 우리와 비교도 안 될 만큼 높은 선진국에서도 6%, 8%까지 투자하면서도 국제경쟁력을 잃었다고 하는 판인데 5% 가지고 무슨 세계화의 기치를 내걸 수 있겠는가?

미국의 우수기업이 가지고 있는 공통적인 특성은 학교경영의 세계화에 시사하는 바 크다.

첫째는 행동지향이다. 소집단으로 만들어 행동으로 보여주는 것이다. 둘째, 소비자와의 밀착이다. 소비자의 문제해결에 순수한 관심을 기울이고, 그들의 욕구 충족에 노력하고, 그들과 장기적 관계성을 유지한다. 셋째, 자율성과 실험정신의 고취이다. 실험과 실패의 자유, 분권과 자율권의 창의성 챔피언, 새로운 아이디어의 변호자, 자발적 혁신자가 우수 조직의 특성이다. 넷째, 사람을 통한 생산이다. 직원을 아이가 아닌 성숙한 어른으로 신뢰하고 인정하고, 정보를 나누어 팀 정신을 길러야 한다. 사람이, 직원이 주인이 되어야 한다. 다섯째, 가치의 공유이다. 조직의 가치에 명백한 비전이 있어야 한다. 조직의 신화와 이야기가 전승되는 맥이 이어져야 한다. 여섯째, 날줄과 씨줄의 상호관계성이다. 일곱째, 단순한 형태, 적은 수의 참모의 특성이다. 습관파괴의 축과, 안정성의 축, 실험 정신의 축이 조화를 이루고 최고책임자와 직거래 할 수 있어야 한다. 여덟째, 느슨과 엄격의 동시성이다. 느슨할 때는 느슨하고 타이트할 때는 타이트해야 한다.

충분한 혼돈도 허용되는 속에서 발전한다. 거북이는 목이 나와야 앞으로 나아간다. 교장을 무시하고 처벌하면 누가 혁신하려고 하겠는가?

제4장
학교의 교육계획 수립*

　새해 새학기가 되면 모두가 새로운 결심과 각오를 하게 된다. 결심과 각오는 좀더 구체적인 계획을 필요로 한다. 교육자로서는 새학년, 새학기부터 새로운 출발을 하지만 새해부터 새 학년도 구상을 하여 학교교육계획을 수립해야만 새 학년도부터 계획대로 힘찬 출발을 할 수 있게 된다. 여기서는 계획의 과정에 대해 평소에 생각하고 있던 점을 몇 가지씩 강조하고자 한다.

　먼저 한두 사람이 형식적인 학교교육계획서를 작성하던 관례를 깨고 학교구성원 전원이 참여하도록 하고 주도적 구실을 하는 "학교교육발전 계획위원회" 같은 위원회를 구성하기를 권고한다. 과거에 보면 흔히 연구부장이나 교무부장 혼자서 책상 위의 작업을 하게 되니까 형식적인 계획서가 되어 종이와 돈만 낭비하는 경우가 많았다. 둘째, 학교교육계획은 교장이 지도적 역할을 해야 한다. 학교교육계획은 하나의 기관을 이끌고 갈 항해사의 항해도와 같은 것이기 때문에 지도자인 교장이 학교교육계획에 무관심해서는 안 된다. 셋째, 충분한 자료를 가지고 현실성, 실현가능성, 실용성 있는

* **새교육**, 95. 1. 한국교총.

계획서를 작성하도록 노력해야 한다. 그래서 학교 교육계획서를 1년 내내 하나의 바이블처럼 학교구성원 모두가 옆에 놓고 참고하고 활용할 수 있도록 계획되어야 한다.

1. 문제의 파악

교육부와 교육청의 당해 년도의 목표나 방침, 사회와 지역사회의 요구, 학부모와 학생의 요구, 교직원의 요구가 무엇인가를 정확하게 조사하여 파악하는 일이 다음 단계인 목표설정에 도움이 될 것이다. 그리고 전년도의 교육계획과 실천에 대한 정확한 평가자료를 기반으로 삼아야 한다. 계획이란 불확실한 미래에 대한 합리적인 지적 예측이므로 과거－현재－미래를 연결시키기 위한 정확한 과거와 현재의 문제파악과 분석이 필요하다. 우리 속담에 '시작이 반'이란 말이 있듯이 정확한 문제의 파악, 규명, 정의만 이루어질 수 있다면 학교교육계획의 반은 이루어진다고 할 만큼 중요하다.

2. 목표설정

학교의 장기목표, 교육청·교육부의 방침이나 목표, 교육과정상의 목표에 기반을 두어 당해 년도에 도달해야 할 목표를 설정해야 한다. 목표는 구체적이고 분명 명료할 때 그 도달 가능성이 높다고 한다. 그러므로 1년 단위 교육목표는 추상적이기 쉬운 오류를 피하여 가능한 한 명백한 표현이 되도록 권고한다.

또 목표설정에 전 구성원의 참여를 권고한다. 전 구성원이 참여해야 설정된 목표가 모든 구성원 자신의 것이라는 의식(소유의식)이 생겨 목표에 대한 애착을 갖고 목표달성에 최선의 노력을 바치게 된다는 것을 알아야 한다.

그리고 학교교육목표에는 교장의 철학·교육적 신념이 함축되어야 한다. 이것 때문에 교장은 교장을 하는지도 모른다. 철학도 신념도 없다면 교장을 하면서 고생할 필요도 없다. 지도자의 방향감, 목표의식은 독선이라고 할 수 없으며 전 구성원의 단결을 위한 시멘트로 작용하여 달성 가능성을 높여준다. 학교 공동의 목표가 설정되면 구성원 각자가 이 목표를 쪼개어 나누어 갖는 하위목표 설정이 가능해진다. 구성원 각자가 1년간 도달해야 할 목표를 더 구체적으로 세워야 한다. 지위에 따라, 학년에 따라, 교과에 따라 더 구체적인 목표로 갈라져야 한다. 이것이 다음 단계에 이어질 활동계획에 나타나게 된다.

학교의 모든 활동은 목표로부터 나오게 된다. 다음에 이어질 평가계획도 목표달성의 정도를 재는 쪽으로 이루어지게 된다. 예를 들면 교사·직원의 근무평정도 사실은 이 목표달성 정도에 초점을 두어야 한다. 법정근무평정 양식이 있지만 구체적인 평가기준은 이 설정된 목표에 근거하기를 권하고 싶다.

3. 조직계획

문제가 파악되고 비전과 목표가 설정되었더라도 이 목표를 달성할 수 있는 조직이 없으면 학교교육계획도 무의미하게 된다. 무슨 일을 하든지 그 일을 추진할 수 있는 조직이 있어야 조직적이고 체계적으로 목적을 달성할 수 있다. 앞에서 말한 (학교교육 발전계획) 기획위원회를 비롯하여 행정조직, 교무분장조직, 교육과정 운영조직, 교사조직, 학생조직, 학부모조직 등 여러 조직을 생각할 수 있다.

여기서 강조하고 싶은 것은 유명무실한 여러 조직을 막연하게 늘어놓기 보다는 간단하면서도 유기적인 살아 생동하는 조직을 만들 수 있도록 구안 되어야 한다는 점이다. 또 굳어진 계층적인 피라미드 조직을 흔히 생각하는 데 수평적인 그물망 조직, 임시특별조직 등 융통적인 조직을 창안하는 것도 좋겠다. 학부모 조직 등 대외조직을 활용하고 학교와 밖을 연결시켜 목표달 성에 협동할 수 있도록 끌어들이는 방안을 강구해야 할 것이다.

필요할 때는 전문운영위원회를 만들어 해당분야 전문가를 활용하여 효과 성을 높일 수 있을 것이다. 다른 조직도 마찬가지이지만 이 전문위원회는 가지고 있는 전문성을 학교 목표달성을 위해서 봉사하는 봉사조직으로 생각 해야 할 것이다.

4. 활동계획

두 번째 단계에서 설정된 교육목표를 달성하기 위한 구체적인 세부 활동 계획을 말한다. 학교에서의 주요 활동계획은 말할 것도 없이 교육활동이 된 다. 교육활동은 교육과정 운영계획으로서 구체적으로는 학교에서의 교육 프 로그램의 운영계획이 중심이 되어야 한다. 교과운영, 특별활동운영, 생활지 도 활동계획이 주요 활동으로 다루어져야 한다. 그 다음으로 교사의 연구·연수활동이 구체적으로 나타나야 하고, 이런 모든 활동을 지원하기 위한 행 정·재정·시설계획이 수반되어야 한다.

활동계획은 말할 것도 없이 설정된 목표달성을 위해서 구체적으로 무슨 활동을 어떻게 해야 할 것인지 알 수 있도록 명확하게 표현하도록 노력할 것을 우선적으로 권고한다.

또 활동계획에는 담당조직(부서)과 사람, 재정·예산이 동시에 나타나야 한다. 과거의 학교교육계획에서 보면 예산은 비밀에 붙여지거나 학교교육계획서 따로 예산서 따로 놀아 계획의 실현성 없는 형식적인 제출용, 일회용 휴지조각으로 전락하는 경우가 많았다. 이번 계획서에서는 이런 오류가 보완되길 기대한다.

교육과정 운영계획에서는 7차 교육과정에서 학교교육과정의 편성과 운영의 일부가 학교에 맡겨졌으므로 이에 관한 계획에 신중하여 개별학교의 특성이 잘 나타나도록 해야 한다. 교육과정운영은 구체적으로 시간계획·시간배당으로 나타나게 된다. 또 연간계획, 학기별 계획, 월간계획, 주간계획, 시간표로 나타나야 한다.

학생의 적성과 소질개발을 위해서는 특별활동계획이 강조되어야 한다. 입시준비교육에 치우쳐 특별활동이 경시되지 않도록 계획·실천되었으면 좋겠다.

생활지도와 상담활동계획도 강조되어야 할 것이다. 인성교육과 인간적인 교육을 위한 적극적인 계획, 아니면 복잡한 현대생활에서 몰인간성·비인간화 현상을 막기 위한 소극적 계획의 어느 쪽이 되었든 금년도의 계획에서는 이 점이 소홀하게 다루어지지 않았으면 좋겠다. 특히 생명존중교육·안전교육·건강교육이 특별히 강조되어야겠다. 오늘날 너무나 사람이 하찮게 죽고, 사고가 빈발하고 있다. 이는 미봉책으로 처방하려 해 가지고는 해결되지 않는다. 근본적·원천적으로 교육을 통해서 처방되어야 할 우리나라 교육에 있어서 최우선 과제라고 본다. 이 세상에 생명·안전·건강보다 더 중요한 것은 없다.

시설·설비·교구·교재에 관한 계획, 앞에서 이미 언급한 예산과 재정계획, 기록보존 사무관리 계획도 여기에 포함되어 명실상부한 1년간의 종합계획서로 학교교육활동의 지침서 역할을 할 수 있도록 주의를 기울였으면 한다.

5. 평가계획

무슨 일을 하든 계획-실천-평가(plan-do-see)의 연속이라고 할 수 있다. 여기서 마지막 단계인 평가를 어떻게 할 것인가에 관한 평가계획까지도 학교교육계획에 포함시켜야 한다는 것이다.

여러 가지 평가계획이 있을 수 있겠으나 궁극적으로는 제2단계에서 설정된 목표가 어느 정도 달성되었는지에 귀착되어야 한다. 투입-과정-산출의 측면에서도 평가할 수 있고, 활동영역별로도 평가를 계획할 수도 있다. 학급-학년-학교의 수준별로도 평가계획을 고려할 수도 있다. 평가결과를 어떻게 활용할 것인가도 고려되어야 한다. 그러나 분명한 것은 평가를 위한 평가가 되어서는 안 된다는 점이다.

21세기 지식정보사회의 새해가 밝았다. 사람들은 흔적도 없이 다가오고 또 흘러가는 시간을 토막 내어 시점이 바뀔 때마다 새로운 각오도 하고 또 때로는 후회도 한다. 이 점이 동·식물과 인간이 다른 점이다. 이러한 새로운 결심과 반성을 통해서 인간은 인간다운 삶을 살고 또 발전하게 되는 것이다. 계획 없이 살아가는 것보다는 계획 있게 살아가는 것이 나을 것이나 계획이 계획으로 끝나 버리는 것은 여러 면에서 아까운 일이다. 금년에는 좋은 계획을 세워 이를 실천하여 1년 후 이 시점에서 좋은 평가가 나오길 기대한다. 인간은 계획과 희망·꿈이 있을 때 살맛이 난다. 맛있는 삶이 되길 빈다.

제5장
교육수월성을 위한 교육시설[*]

1. 서 론

동네에서 벽돌로 지은 멀쩡한 집을 부수고 새로운 집을 짓는 것을 흔히 보게 된다. 한 집에서 부수기 시작하면 유행처럼 한 동네가 모두 부수고 새로 짓는다. 20년만 되면 재개발한다고 부수는 것을 보면 아깝게 느껴진다. 외국에서 200년, 300년이 지난 오래된 집이 까딱 없이 서 있고 오히려 오래된 것을 자랑하는 것을 보면 가난한 나라일수록 낭비가 심한 것을 알 수 있다. 영국 런던 교외에 있는 한 대학은 200년 전에 200명의 여학생에게 방 2개씩(공부방1, 침실1)을 주는 규모로 지었는데 학교 건물이 온통 조각작품으로 되어 있는 것을 보았다. 그런데 그동안 수리한 것이라곤 난방시설만 바뀌었다는 것이다. 유명한 영국 이튼(Eton)학교는 500년~600년 가까이 되는 건물을 그대로 사용하고 있다. 우리나라도 이런 나라들

[*] **새교육**, 95, 한국교총.

처럼 장기적 전망에서 짓든지 아니면 우리나라 집이나 아파트를 부수고 다시 짓듯이 새롭게 짓든지 둘 중에 하나는 해야 할 것이 아닌가? 공터에는 멀쩡한 가구가 버려져 있고, 또 멀쩡한 보도블록이 자주 바뀌는 것을 본다.

그런데 우리의 학교시설은 외국에서처럼 장기적 전망에서 설치되지도 않고 또 사회나 가정처럼 자주 바뀌고, 고쳐지고, 재개발되지도 못하고 있는데 문제가 심각하다. 어른들이 근무하는 사무실은 현대식 건물과 사무기구에 냉·난방이 되는데 어린 학생들이 공부하는 학교는 낡고 춥고 덥다. 겉으로는 교육을 중시한다고 하면서 교육이 소외되고 방치되고 있는 기분이다. 집안의 가구나 사무실의 사무기구를 바꾸는 만큼은 학교의 교구도 바뀌어야 할 것이 아닌가?

교육은 ① 교육환경과 시설 속에서 교재를 가지고 ② 교사와 ③ 학생사이에서 ④ 교육과정을 중심으로 하여 상호작용하는 것이다. 교육시설과 환경·교재는 교사와 교육과정과 함께 교육(수업)을 이룩하는 가장 중요한 교육기본요소의 하나이다.

이제 우리는 우리의 교육시설을 심각하게 생각해 보아야 할 시점이다. 우리의 교육시설은 기본적 요건에도 미치지 못하고 있다. 교육의 수월성 추구에 걸맞지 않은 것은 너무나 뻔한 사실이다. 미래를 위한 교육을 해야 할 교육시설이 시대에 처져서 뒤따라가기에도 너무나 바쁜 실정이다.

2. 기본요건에도 미치지 못하는 교육시설

학생들이 학교에 와(가)서 공부도 하지만 공부 이전에 그들의 삶을 학교에서 살고 있는 것이다. 학생들이 학교에서 지내는 시간을 하루 6시간으로 잡아도 인생의 1 / 4의 시간을 학교에서 살고 있는 것이다. 따라서 학생들이 학교에서 살 수 있을 만치 충분한 공간을 갖추고, 또 안전하고 건강하게 생활할 수 있어야 한다. 학생들은 학교에서 사는 동안도 행복해야 한다.

1) 수용력

근본적으로 우리의 교육시설은 학생들을 충분히 수용하지도 못하고 있다. 한 학급에 하나의 교실도 다 마련해 주지 못하고 있는 실정이다. 특히 도시에서는 초등학교의 2부제 문제도 해결 못하고 있다. 전국 평균을 가지고 어떻다고 하는 것은 의미가 없다. 당장 내 자식이 다니는 학교에 학급당 한 교실이라도 가지고 있느냐가 중요한 것이다.

학급당 학생 수가 많은 것도 문제이다. 이것은 교사수, 교실수 양쪽에서 따질 문제이지만 1인당 국민소득 1만 달러 운운하는 나라에서 1994년 통계로 평균 유치원 29명, 초등학교 38명, 중학교 49명, 고등학교 48명이라는 것은 부끄러운 일이다. 이것도 전국 평균이 이렇지 개별 도시학교에서는 이를 훨씬 상회하게 된다.

한 학교당 학급 수와 학생 수가 많은 것은 학교시설의 측면에서도 큰 문제이다. 학교에 집단 수가 많고 학생 수가 많다는 것은 학생들을 그만큼 거칠게 수용하고 가르치고 있다는 의미가 된다.

우리의 교육시설은 교육을 따지기 이전에 기본적으로 학교에 학생을 수용하기(잡아 두고, 묶어 두기)에도 부족하다고 할 수 있으니 그 이후 문제는 더 따질 필요도 없을 정도일 것임을 짐작할 수 있다. 우선 수용하기에 적절한 넓이의 공간과 최소한 필요한 만큼의 교실을 마련해 주는 일부터 해결해 놓고 볼 일이다. 적절한 수와 절절한 규모의 공간부터 확보하는 일이 선행되어야 한다.

2) 안전·건강·편안함

학교는 어린 많은 수의 학생을 수용하고 있기 때문에 우선 안전해야 하고, 건강을 지킬 수 있어야 하며, 가정처럼 아니면 그 이상으로 편안함을 느낄 수 있어야 한다. 그런데 우리의 학교는 항상 안전에 위협을 받고 있으며 학생들의 건강을 증진시키기는 고사하고 오히려 건강을 해치고 있으며, 그들에게 불안과 긴장을 고조시키고 있다.

날림 건물, 노후 건물이 많아 비가 새고 때로는 붕괴 위험이 따라 불안에 떨고 있는 교장이 많다. 5~6년밖에 안 된 최신식 건물인 백화점이 무너지고, 다리가 끊어지고, 아파트가 무너지고, 지하철과 가스가 폭발하고 있는데 학교건물이라고 안전할 수 있겠는가? 사고가 있을 때마다 필자는 학교를 걱정해 왔다. 학교처럼 인구가 집중되고 또 보호받아야 할 어린이들로 구성된 취약집단을 수용하고 있는 건물도 드물다. 실지로 유치원과 학교에 불이 나고 담이 무너지는 일이 있었는데 아찔아찔한 순간들이 많다. 학교의 부실공사도 예외가 아니다. 불량배, 정신이상자가 침입해 올 여지도 충분히 있다. 가스폭발, 자동차 출입에 의한 사고의 여지도 많다. 이제 학교 밖의 사고 못지않게 학교 안의 사고 예방에 철저를 기해야 한다. 소방훈련, 소화기구 비치에도 빈틈이 없어야 한다. 학교에서의 안전은 공부 이전의 문제이고, 학교 안의 안전은 학교 밖 안전 이전의 문제이다.

학생들은 학교에서 건강을 유지하고 증진시킬 수 있어야 한다. 학교가 소음에 시달리는 경우가 많다. 이를테면 도로의 교통소음, 공장소음, 장사·생활소음으로 청각장애를 일으키고 수업에 방해를 받는 경우가 있다. 심지어는 비행기 소음, 군사작전 소음에 노출되기도 한다. 외곽 방음벽, 실내 방음시설이 제대로 이루어지지 않아 애로를 토로하기도 한다. 심지어는 옆 교실의 수업으로 다른 교실의 수업이 방해를 받는 경우도 있다. 충분한 밝기와 채광이 문제가 되기도 한다. 어쨌든 안경을 쓰는 학생 수는 계속 늘어나고 있다. 조명이 제대로 안 된 지하실에서 아이들의 눈을 버리는 경우도 있다.

먼지와 분진에 시달리는 학교도 있다. 매연이 심한 경우도 있을 것이다. 옛날에는 경치 좋은 곳에 학교의 터를 잡았으나 이제는 좋든 나쁘든 학교 부지를 구하기 어렵게 되었다. 새로운 도로로 학교 운동장과 건물이 잘려나가기도 한다. 도로로 학교가 잘리는 나라는 지구상에 우리나라밖에 없을 것이다.

전국에 학생들이 음료수를 싸가지고 다니지 않는 학교가 몇이나 되는지 조사해볼 필요가 있다. 학생들이 학교가 제공해 주는 물을 못 먹는 나라가 얼마나 될 것인가? 급식시설도 계속 세인의 주목을 받고 있다. 거리마다 어른들의 호화 갈빗집이 늘어서도 어린이를 위한 학교급식은 국가로부터 외면당하고 있다.

대한민국에서 제일 춥고 더운 건물은 아마 어린이들이 있는 교실일 것이다. 어느 사무실도, 공장건물도 교실에서처럼 추위에 떨고 더위에 땀 흘리는 곳은 없을 것이다. 이런 상황에서 우리나라의 장래를 보장받을 수 있겠는가?

신체검사, 건강기록, 예방접종도 거칠고 부정확하다. 보건교사, 간호사의 도움과 보건진료도 제대로 봉사받지 못하는 실정이다.

대부분의 시간을 책상 앞에서 지내는 학생들의 책걸상도 규격에 맞지 않는다고 한다. 결국 학생들은 학교에서 편안함을 느낄 수 없다. 하루 종일 긴장하라고 하고 주의집중하라고만 한다. 모든 교사가 다 자기 과목이 중요하다고 하고 또 모두 시험문제에 나온다고 위협을 준다.

정신적·심리적 상담을 할 만한 전문가도 없고 그럴 틈도 없다. 건강과 편안함은 고사하고 쉴 곳도 쉴 시간도 없고, 질식하지 않으면 다행이다. 학교에서 병이 안 생기고 문제아, 범죄가 안 생기는 것이 오히려 이상할 것이다. 우리나라가 선진국이 되려면 지금 그 주역이 살고 있는 학교부터 선진이 되고, 교육시설부터 선진이 되어야 한다. 학교는 이 세상에서 가장 안전하고 안락하며 한 사람 한 사람의 건강을 보장받는 곳이어야 한다.

기본적으로 장래를 짊어질 어린 학생들을 안전하고 편안한 곳에 건강하게 충분히 수용할 수 있는 공간과 시설을 우선 확보해 놓고 나서 그 다음에 교육의 문제, 교육의 수월성을 위한 교육시설의 문제를 따져 보아야 할 것이다. 어른들은 최소한 자기가 살고 근무하는 가정과 근무처와 비슷한 수준의 학교시설에서 자기 자녀가 공부하고 있는지 한번 확인해 봤으면 좋겠다. 학부모들은 자기 자녀가 안전한 곳에서 시간을 보내며 살고 있는지 확인하고 나서 안심해야 할 것이다.

3. 교육의 수월성 경쟁을 해야 할 교육시설

학생들을 안전하고, 건강하고, 편안하게 충분한 수와 넓이의 공간에 수용한다고 저절로 좋은 교육이 이루어지는 것은 아니다. 학생을 수용만 하게 되면 학교가 아니라 수용소에 불과하게 된다. 학교는 학생을 가르쳐야 하기 때문에 교육시설은 교육적이어야 한다. 수용의 문제를 해결했다면 학생을 잘 가르치고 배우게 해야 한다. 즉, 교육시설이 교육의 목적을 가장 효과적·효율적으로 달성할 수 있는 교육시설이 되어야 한다.

국제적으로 심각하게 교육의 질 경쟁을 하고 있는 현시점에서는 교육시설도 교육의 수월성 추구에 초점을 맞추지 않으면 안 된다. 수월성이란 개인이나 조직이 가지고 있는 능력의 한계선까지 발휘하게 하는 것이다.

학생을 모아 놓고 글이나 가르치고 암송이나 시키던 시절에는 수용시설만 있으면 되었다. 그래서 학교는 큰 성냥갑처럼 짓고 똑같은 크기(20평) 직육면체로 갈라놓기만 해도 됐다. 건축전문가나 교육자의 협조 없이도 일반직이란 사람들이 설계하고 짓고, 관리해도 문제 될 것이 없었다. 그런데 현대는 교육의 수월성을 보장받기 위해서 교육시설도 따라서 수월성을 추구해야 한다. 그런데 우리는 아직도 상자갑 학교를 같은 크기, 직육면체 교실로 칸막이 하는 것으로 교육시설을 끝내고 있는 실정이다. 교육수월성과 관련지어 교육시설의 개선점을 찾아보기로 한다.

소속감과 안정감

학생들이 소속감과 안정을 가질 때 교육의 효과는 올라갈 수 있다. 서로 사귀고 사회성을 기를 수 있는 집단활동 장소를 마련해 주어야 한다. 다양한 클럽활동실이 있어야 하고, 혼자 있을 수 있는 방, 쉬고 생각할 수 있는 방, 안정되게 상담할 수 있는 방이 있어야 한다. 공식활동과 동시에 비공식활동을 할 수 있는 시설도 요구된다.

집단유사성과 개인차

연령, 성별, 지역, 취미, 소질에 따라 유사성도 있어 이들 활동을 위한 시설도 있어야 하지만 개인차, 독특성이나 특수성을 고려한 교육을 위한 교육시설도 마련되어야 한다. 학생들의 장기목표, 능력, 인성, 사회성 등 모든 것이 다르다는 전제 하에 교육시설이 고려되어야 한다. 개인차를 고려한 다양한 수준이 교수자료와 정보자원 센터, 시청각자료, 컴퓨터, 괘도, 모형, 상담실, 양호실, 언어교정실, 보충학습실, 작업실 등이 준비되어야 한다. 다양한 집단규모와 다양한 학습규모에서 교수가 가능하도록 시설되어야 한다. 다양한 크기의 방이 있어야 하고 크기를 가변적으로 조정할 수 있도록 신축성과 융통성이 있어야 한다.

다양한 자극에 의한 학습파지 향상

1회 이상 자극이 적용될 때, 여러 종류의 자극이 적용될 때 학습의 파지는 향상된다. 시청각, 촉각, 후각, 미각 등 다자극 시설을 동원할 필요가 있다. 5관(감)에 의한 입체적 수업이 가능하도록 시설이 따라 주어야 한다. 멀티컴퓨터도 그중의 일부가 될 것이다.

학교 밖과 학습사태가 비슷해야 전이 용이

학교 밖의 상황과 학습상황이 비슷해야 학습의 전이가 쉽게 된다. 그래서 학교에서는 모의상황, 모의학습방법을 잘 활용한다. 가사실습실은 가정과 같이 꾸미고, 사무실과 같은 학교의 방, 여러 가지 숍과 똑같은 학교의 작업장에서 학생들이 워크숍을 할 수 있게 되어야 한다. 각종 과학실험실, 공학실험실, 비서학실험실 등이 현장과 같이 되어야 한다. 그리고 모든 방이 항상 개방되어 개인활동이 보장될 수 있어야 할 것이다.

새로운 학습사태에의 노출

학생들은 배우고 싶을 때 잘 배울 수 있다. 무학년제, 열린 교육, 팀티칭이 가능하도록 융통성이 있는 시설이 되어야 하고, 하고 싶을 때 할 수 있도록 개인독서실, 과제실, 음악감상실 등이 발길 닿는 대로 갈 수 있도록 되어야 한다.

호기심과 동기유발

동기유발이 될 때 학습은 효과적으로 일어난다. 특히 내적 동기에 호소해야 효과가 크다. 지적 호기심을 자극하는 시설, 개별학습이 가능한 시설, 컴퓨터 내장의 마련, 각종 교육적 보너스, 과학기구의 전시, 기구 옆의 설명게시, 각종 사건의 게시 등은 호기심과 동기유발에 도움이 될 것이다. 예를 들면 잘 정리된 학교의 보일러실이나 전기시설을 보고도 과학과 공학, 실업에 어떤 동기를 유발하게 될지도 모른다.

기타 학습을 위한 시설

개별학습의 한 방법으로 학생과 교사간의 계약에 의한 학습도 있을 수 있다. 이에 따라 다양한 수준의 자료가 준비되어야 할 것이다. 시범-탐구 수업 방법은 교사가 일단 시범을 보이고 나서 학생 각자가 탐구해 나가는 수업방법이다. 이에 따른 시설이 지원되어야 한다. 모듈학습은 예를 들면 20분 단위 모듈로 다양한 시간의 학습이 가능하게 된다. 이렇게 되면 학생의 이동이 빈번하므로 이동통로가 자유스러워야 한다.

특수교육시설

교육의 수월성 추구는 결국 개개인의 소질과 적성, 능력에 맞는 교육에서 출발한다. 개인차는 더 벌어지게 된다. 장애자·지체아는 그들대로 능력을 최대한 발휘해야 하고, 영재아도 영재아대로 그들의 능력을 최대한 발휘할 수 있도록 교육이 되어야 한다. 장애아도 영재아도 수월성을 추구할 수 있는 교육시설이 뒷받침되어야 한다.

결국 교육시설도 학생 개개인에 맞추어야 하는데 이를 위해서는 우선 다양한 시설을 전제로 해야 한다. 학교의 크기와 형태도, 교실의 크기와 형태도, 교구와 교재도 학생 한 사람 한 사람에게 맞추기 위해서 다양해야 한다. 이러한 다양한 시설을 미리 예상하여 가능한 한 미리 준비되어야 한다는 데 어려움이 증폭된다. 미리 준비하지 못하면 특수 사정이 발견된 즉시 마련되어야 할 것이다.

교육의 수월성 경쟁을 위해서는 교육시설의 수월성(질) 경쟁에서 이겨야 한다. 낡은 획일적 시설, 규격품 시설만 가지고는 교육의 수월성을 보장할 수 없게 된다. 교육시설의 다양화, 질 확보를 위해서는 어쩔 수 없이 또다시 교육투자에 귀착하게 된다.

질 높은 교육시설을 위해서는 교육재정의 투자와 교육을 위한 정성스런 투자를 즐거운 마음으로 해야 한다.

4. 결론: 다양화·개별화를 위한 시설

교육의 수월성 보장을 위해서는 다양한 교육 프로그램과 교수방법에 의하여 다양한 학생의 필요와 요구에 맞추어 개인의 능력을 발휘할 수 있게 되어야 한다. 그러기 위해서는 첫째, 교육시설도 다양성을 유지해야 한다. 방의 크기, 모양, 색깔 등이 우선 다양해야 할 것이다. 시설이 다용도로 활용되고 융통적·신축적으로 활용되도록 가변적으로 계획되어야 할 것이다.

둘째, 교육의 개별화, 자율적·자주적 학습이 가능하도록 시설이 계획되어야 수월성 추구가 가능할 것이다. 인성교육, 창의성교육도 개별화를 전제로 한다.

셋째, 정보에 의한 수업을 위해서는 최신의 정보와 자료, 교육공학적 시설·설비·교재가 마련되어야 수월성에 의한 21세기 주도의 선진국에 진입할 수 있게 된다. 마련된 정보에서 학생들이 스스로 필요한 정보를 찾아 독자적으로 학습해 나가게 되어야 한다.

넷째, 시설과 자료에서 하드웨어 쪽도 더욱 확충해야겠지만 이에 못지않게 중요한 것이 소프트웨어 측면이다. 소프트웨어를 위해서는 교사에 의한 자료의 제작에 기대를 걸어야 하는데 이에 따른 지원체제가 병행되어야 한다. 교사들이 수업에 정력과 시간을 다 투자하게 되면 소프트웨어적 정보와 자료의 연구와 제작에 노력을 기울이기 어렵기 때문이다.

다섯째, 교육시설은 특히 다른 시설과 달리 장기적 전망에서 미리 앞당겨 투자하는 식이어야 한다. 60년, 100년을 내다보고 앞당겨 투자해야 하는 것이다. 서울의 어느 일제시대에 지은 초등학교에 이미 그 당시 수영장과 실내 수세식 화장실을 지었고 보일러를 설치했다.

여섯째, 교육시설은 전천후 시설이어야 경쟁력이 생긴다. 날씨가 추워서 수업을 못하고 학생들의 야외활동도 하기 어려운 긴 겨울방학을 갖게 되는 신세라면 국제수월성 경쟁을 하기 어렵다. 교육시설만큼은 에너지 절약도 좋지만 냉·난방이 완벽해야 한다. 군인들에게 춥다고 긴 휴가를 줄 수는 없지 않은가?

일곱째, 교육의 수월성을 위한 교육시설을 하려면 최소한 교육시설 전문 건축가, 교육자, (돈을 대는) 교육위원회가 협동하는 예술작품을 만들어 내야 한다.

교육시설 때문에 세계 교육수월성 경쟁에서 지고 있다는 원망만을 듣지 않게 미리 투자되어야 한다. 최소한 1인당 국민소득 1만 달러 수준에 버금가는 교육시설은 유지되어야 한다. 우리 민족 우리 국가의 장래가 달린 어린이·젊은이가 살고 있고 또 그들을 위한 교육이 이루어지고 있는 학교가 더 이상 사각지대로 방치된다면 반드시 후회하게 될 것임을 경고한다.

제2부
교내장학

제6장
장학의 발전방향과 장학담당자의 역할*

1. 서 론

가히 우리는 변화의 시대를 맞고 있다. 급변하는 시대에 적응하지 못하면 생존에 위협을 받기까지 한다. 국가가 쉽게 해체되거나 자치·분리·독립하여 새로 생겨나기도 한다. 기업체도 잘못하면 쉽게 망하기도 하고 망하는 기업의 숫자 이상으로 새로 생겨나기도 한다. 가정도 옛날에 비해 쉽게 파괴되어 뿔뿔이 흩어지는 경우가 많아진다. 조직이나 기관 내 부서가 쉽게 없어지거나 생겨나는 것도 흔히 있는 일이다.

교육에서도 학부모에게 학교선택권을 주는 나라에서는 망하는 학교가 생겨난다. 망하는 학교의 교사와 교장, 직원은 일자리를 잃게 된다. 국제사회에서나 국가사회에서나 구석구석에서 야생의 법칙·정글의 법칙, 자유시장

* 1995. 7. 1. 한국교육개발원 교육정책 포럼 Ⅸ, "장학기능 개선방안 탐색" 주제 원고.

경제의 원칙이 적용되고 있다. 무한경쟁 속에서 살아남기 위해서 몸부림치지 않을 수 없다. 현대사회에서 가장 중요한 가치는 생존의 가치이다. 공산주의·사회주의국가에서까지 그들이 신봉하던 이념을 버리고 자유시장의 경제원리를 적용하고 있다.

이런 상황이니 교육도 경쟁원리에서 예외가 될 수 없다. 조직 내 부서도, 학교도 살아남기 위하여 생존전략을 쓰지 않을 수 없게 되었다. 행정가의 제1의 법칙은 자신이 담당하고 있는 조직이나 기관·부서를 이 지구상에 생존시키는 일이다.

장학도 철학의 변화, 환경의 변화에 맞추지 못하면 흔적도 없이 사라지거나 무용지물이 되고 심지어는 오히려 장애물이 될 수도 있다. 변화에 적응하여 살아남아야 하는 동시에 변화의 파도를 타고 성장·발전해야 한다. 변화의 시대는 장학의 위기인 동시에 호기도 된다. 자신이 담당하고 있는 조직이나 기관·부서를 생존·유지하고(제1법칙) 나서 성장·발전시켜야 하는 것은 행정가 제2의 법칙이다.

본 장에서는 변화하는 시대의 장학의 새로운 방향을 모색해 보고자 한다. 먼저 장학의 철학과 본질에 대하여 살펴보고, 장학환경 변화를 열거해 보고, 철학과 환경변화에 따른 새로운 장학의 방향을 모색해 보는 순서로 글을 전개하기로 한다.

2. 장학의 철학과 본질

모든 행동의 밑바닥에는 철학이 깔려 있다. 행정과 장학은 교육철학과 교육적 신념, 소신이 겉으로 튀어나온 것이다. 그러므로 철학은 장학행위의 이유라고 할 수 있다. 철학은 동그라미를 그리는 컴퍼스의 중심에 해당되고 장학은 움직이는 연필에 해당된다(김영식·주삼환, 1993. pp.37~38). 강조하는 철학도 시대와 장소에 따라 변하고 철학이 변하면 장학도 변해야 한다. 여기서는 변화하는 철학과 장학의 개념과 본질에 대하여 확인하고자 한다.

1) 장학의 철학

여기서 철학은 엄격한 학문적 의미의 철학이라고는 보지 않는다. 장학에 영향을 주는 기본전제, 이론 등이 모두 이에 포함된다.

첫째, 우리나라 장학은 권위주의적 장학으로부터 민주장학으로의 전환과 정에 있다. 흔히 행정이론은 (1)과학적 관리시대, (2)인간관계시대, (3) 행동과학시대, (4)상황적응론·체제론·인본주의 인간자원론의 과정으로 발전해 왔다고 한다. 그리고 외국에서는 장학도 ① 시학과 강제적 장학, ② 과학적 장학, ③ 관료적 장학, ④ 협동적 장학, ⑤ 교육과정개발장학, ⑥ 임상장학, ⑦ 경영으로서의 장학·인간자원장학, ⑧ 지도성으로서의 장학으로 발전해왔다고 하나(김영식·주삼환, 1993, pp.15~20), 우리나라에서는 이러한 과정을 다 거쳤다고 볼 수는 없다. 단지 관료적 권위주의적 장학으로부터 민주적 장학으로 가는 과정에서 오히려 장학력 약화에 처해 있다고 볼 수 있다. 미국에서 민주장학은 인간관계론 시대에 해당하는 것으로 수평적 장학, 참여장학, 협동적 장학과 거의 같은 것으로 보고 있다. 인간관계장학은 많은 약속을 하였으나 얻은 것이 별로 없었던 것으로 평가되고 있다. 장학의 효과를 얻기보다는 친구를 얻는 것으로 그쳤다는 것이다.

그러나 우리나라에서는 확실히 인간관계장학이 있었다고도 할 수 없고 권위주의장학에서 민주장학으로 확실히 전환 또는 변신하지도 못하고 그 와중에 장학부재 현상, 자유방임적 장학포기 현상이 나타나고 있다.

권위주의 시대는 장학자는 상급자 관료였는데 이제 민주장학으로 변신하려면 수평적 전문가로 자타가 인정하고 존중할 수 있어야 한다. 민주주의 철학에 철저하면서 동시에 장학적 기능과 임무를 완성하기 위해서는 전문성을 갖춰야 할 과제를 안고 있다.

장학에 있어서 민주주의 철학은 다음과 같다.

① 장학은 인성이나 인성 간의 개인차를 존중하며 서로의 독특한 인성을 가장 훌륭하게 표현할 수 있는 기회를 제공하고자 한다.

② 장학은 교육종사자들이 성장가능성을 갖고 있다는 가정에 근거를 두고 있다.

③ 장학은 민주적 양심, 즉 민주주의는 권리뿐만 아니라 의무까지 포함한다는 인식을 발전시키고자 노력한다.

④ 장학은 협동적으로 정책과 계획을 수립할 수 있도록 완벽한 기회를 제공하며, 모든 영역에서의 자유로운 의사표현과 기여를 환영하며 또 이를 활용한다.

⑤ 장학은 개인의 의무를 덜어 주는 동시에 모든 성원들 편에 서서 개인의 자발성·자신감·책임감을 촉진시킨다.

⑥ 장학은 권위 대신에 지도성을 발휘한다.

⑦ 장학은 필요에 따라 성원들의 조직을 실용적으로 재편성하여 협동적으로 기능조직화하고 충고가 필요하다면 외부전문가를 영입하기도 한다(주삼환, 1987, pp.14~15).

둘째, 인간자원철학에 바탕을 둔 장학으로 가야 할 입장이다. 우리가 민주장학이라고 부르는 인간관계장학이 변질되어 학교조직의 목표달성을 위해서 교사를 장학에 참여시키고 그들을 수평적으로 대하여 참여장학, 수평적 장학, 협동적 장학이라고 했던 것이다. 극단적으로는 교사를 학교목적달성을 위하여 수단시했다는 것이다.

여기에 반기를 들고 인간자원장학론이 나왔는데 인간자원장학론은 교사를 수단시하지 말고 목적시하자는 것이다. 인간관계론에 바탕을 둔 민주장학이 변질되지 않고 그대로 실현된다 하더라도 교사를 목적시하고 행복하게 해주자는 데 강조점을 둔 인간자원장학의 철학은 앞으로 지향해야 할 것이라 본다. 장학자도 교사도 인간자원장학의 철학으로 바뀐다면 동반자적 장학(Partnership Supervision)이 되어 교사가 장학에 대하여 부정적 태도를 가질 필요가 없게 될 것이다. 동반자적 장학은 장학자와 교사 간에 전문직적 대화를 하게 되는 것을 의미한다. 인간자원장학론에 의하여 교사를 위해서, 교사의 잠재능력을 개발해 줄 목적으로, 교사의 자아실현을 도와주기 위한 장학을 한다면 교사 자신이 장학을 필요로 하여 장학을 요청하여 스스로 성장하고자 하는 바람직한 상태가 될 것이다. 교사는 다 써먹지 않고 남겨놓은 잠재능력을 가지고 있다는 전제 하에 인간자원장학은 출발한다. 교사는 자신의 능력을 최대한 발휘할 때(이것을 우리는 자아실현이라고 하는데) 행복하다. 교사의 행복을 위한 장학을 할 필요가 있다.

인간자원론의 기본전제는 다음과 같이 요약된다.

① 교사는 가치 있는 목표달성을 위하여 효과적으로 그리고 창의적으로 기여하고자 한다.
② 대부분의 교사는 현재의 직무나 환경이 허용하는 범위 그 이상으로 주도적으로, 책임 있게, 창의적으로 직무를 수행할 수 있다.
③ 장학자는 교사로 하여금 학교목표달성을 위하여 그들이 가지고 있는 모든 재능을 발휘할 수 있도록 도와주어야 한다.
④ 장학자는 교사로 하여금 일상적인 결정에는 물론이고 중요한 결정에 참여할 수 있도록 격려해야 한다.
⑤ 장학자와 교사가 학교 내 존재하는 모든 통찰과, 경험, 창의적 능력을 모두 사용할 수 있을 때 결정의 질은 향상될 수 있다.
⑥ 교사들은 자신이 이해할 수 있고 또 창조하도록 도움을 받은 가치 있는 목표의 달성을 위하여 책임 있는 자기지시, 자기통제를 할 것이다(Miles, 1965, p.153).

이러한 기본전제 하에 장학이 출발한다면 우리의 장학은 즐겁고 긍정적인 장학이 되고 장학의 효과도 높아질 것으로 본다.

셋째, McGregor의 Y이론에 바탕을 둔 임상장학방법에 중점을 두어야 할 것이다. Y이론은 교사를 긍정적으로 보고 장학하는 관리철학으로서 교사들은, 동기유발만 되면 일하기를 좋아하고 기꺼이 책임을 진다는 것이다. Y이론이 만병통치약은 아니지만 기왕이면 교사를 긍정적으로 보고 장학할 필요가 있다.

Y이론에 바탕을 둔 장학이 임상장학이다. 임상장학은 "교실현장에서 교사와 장학자의 친밀한 일 대 일의 관계 속에서 계획협의회→수업관찰(과분석) 피드백 협의회의 순환적 과정을 거치면서 교사의 전문직적 성장과 교수기술 향상을 위하여 집중적으로 협동 노력하는 하나의 장학대안"이다.

임상장학의 기본전제도 인간자원장학의 기본전제와 비슷하다.

① 교육과정과 교수내용의 구성이 변함에 따라 교사의 행동도 변해야 한다.
② 장학담당자는 교사의 교사가 아니라 장학자와 교사가 수업에 대하여 동시에 책임을 지는 협동적 과정이다.
③ 교사의 능력을 믿고, 교사의 능력개발과 자아실현으로 교사를 행복하게 해 주어야 하고 또 해 줄 수 있다.
④ 교사는 발전할 수 있고 또 현 상태를 개선할 수 있는 조건이 있다.
⑤ 교사는 다 소모하지 않고 남아 있는 잠재능력과 기술을 갖고 있다.
⑥ 교사들은 일에 도전함으로써 만족을 얻을 수 있다.

임상장학은 교사의 필요와 자발성에 의하여 스스로 장학적 도움을 받고자 하는 교사중심장학이라고 할 수 있는데, 우리나라 교사들도 장학풍토·문화·여건만 형성되면 임상장학을 기꺼이 수용하게 될 것으로 본다. 임상장학은 지시적 장학으로부터 상호작용적 장학으로, 권위주의적 장학으로부터 민주적 장학으로, 장학자중심 장학으로부터 교사중심 장학으로 바뀌는 일대 전기를 마련해줄 것으로 본다.

넷째, 장학은 유지와 변화의 이중가치를 추구한다. 교육과 수업이 학생을 변화시키는 것이라면 장학은 교사를 변화시키는 것이라고 할 수 있다. 이 글의 서론에서도 유지(생존, 제1법칙)와 성장(발전, 제2법칙)에 대하여 언급했지만 장학에서도 유지해야 할 것은 먼저 유지해야 한다. 장학의 목적과 유형, 참여, 과정, 산출을 유지해야 한다. 동시에 개선(변화)할 것은 개선해야 한다. 역시 장학의 목적, 유형, 장학과정에의 참여, 과정, 산출을 변화시켜야 한다(Krey & Burke, 1989). 유지시킬 것은 유지시키고, 변화·개선시킬 것은 개선시켜야 한다는 장학의 이중성을 갖고 있다. 교육의 질도 일정 수준에서 유지·관리해야 하고 한편으로는 질을 최고도로 향상시켜야 한다.

그런데 교육현장에서 유지해야 할 것이 없어지고 변화시켜야 할 것이 그대로 남아 있는 경우가 있을 수 있다. 학습지도안, 수업연구 등은 교사의 전문직적인 일로 당연히 유지·발전시켜야 할 것인데 민주화 물결과 함께 귀찮은 것으로 간주되어 사라지는 현실은 안타까운 일이다. 앞으로 유지시킬 것과 개선시킬 것을 엄격히 구별해주는 일이 필요하다.

다섯째, 장학에 있어서 교사를 도와주는 일과 평가해야 하는 일 간에 갈등의 문제가 있다. 이 문제는 동서양을 막론하고 계속된 고질적인 문제이면서 동시에 어느 하나를 택하고 다른 하나를 포기할 수 없는 갈등요인의 하나이다. 외국에서는 그래도 장학 중에 얻은 자료가 가장 신뢰할 수 있는 평가자료가 되기 때문에 도와준 자료를 평가자료로 써서 이 양면성을 유지하고 있다. 이를 지킬 박사와 하이드 씨에 비유한다. 우리나라에서는 장학을 통해서 교사를 평가하려고 하면 교사는 평가를 잘 받기 위한 행동을 하게 되기 때문에 진정한 의미의 장학을 할 수 없게 된다. 그래서 필자는 임상장학에서만이라도 교사평가 문제는 유보해 달라고까지 했다. 교사평가와 상관없는 동료장학이 진정한 수업장학으로 가게 될 것이다.

여섯째, 행정의 주요 가치 중 장학에서는 어떤 가치를 선택할 것이냐는 이 시점에서 중요한 문제이다. 행정에서 추구해야 할 중요한 가치의 하나는 평등성·공정성·기회균등이다. 모든 사람에게 공정하게 균등한 기회를 주려면 우선 교육기회를 확대하고 양을 늘려야 하며 다음에는 차별하지 않도록 노력해야 한다. 우리는 그동안 초등교육을 의무화하고 전원 취학시켰으며, 고등학교까지 거의 완전취학에 가깝게 되었으며, 대학의 문도 세계 최상위 수준으로 열려 있다. 이제 공부할 마음만 먹으면 고등교육까지 누구나 받을 수 있게 되었다. 또 이렇게 한 결과 평등성의 측면에서 한국교육은 비교적 성공을 거두었던 것도 사실이다. 물론 내용적으로는 아직도 불평등의 요소가 아주 없는 것은 아니다.

우리는 교육행정이나 정책에서 평등성과 갈등을 일으키는 두 번째 가치인 수월성(excellence)을 동시에 추구해야 한다. 같은 돈·시간·노력·자원을 갖고 교육기회와 양을 확대하다 보면 수월성의 질을 놓치게 된다. 그런데 이제는 정치·경제·사회·문화·교육 모든 면에서 질을 추구하게 되었다. 장학에서도 어느 정도 평등성을 유지하면서 수월성의 가치를 추구하여 교육의 질 경쟁에서 승자가 되어야 할 입장이다.

또 교육행정에서 세 번째 가치인 효율성(efficiency)의 가치를 추구하지 않을 수 없다. 효율적·효과적으로 행정을 하기 위해서는 중앙집권적 관료제를 채택하게 된다. 관료제를 떠받치고 있는 세 기둥이 합법성, 합리성, 효율성이기 때문이다. 우리가 해방과 6·25의 난관을 극복하면서 짧은 시간에 적은 돈으로 이런 정도의 교육을 할 수 있었던 것도 한편으로는 중앙집권적 관료제의 덕이라고 하지 않을 수 없다. 물론 관료제의 병리와 역기능이 많았던 것도 인정하면서 말이다.

교육에서는 이 효율성과 갈등을 일으키는 다른 가치인 제4의 선택의 자유 가치도 추구해야 한다. 특히 모든 사람들의 입맛이 변하여 획일적인 중앙집권적 관료제로는 만족할 수 없게 되었다. 다양성 속에서 자유로이 선택하여 개별화를 보장해야 할 시점에 이르렀다고 본다. 장학에서도 이제 어느 정도 효율성을 유지하면서 다양성에 의한 선택의 자유를 보장해 주어야 한다. 이것을 그림으로 나타내면 〈그림 6-1〉과 같다.

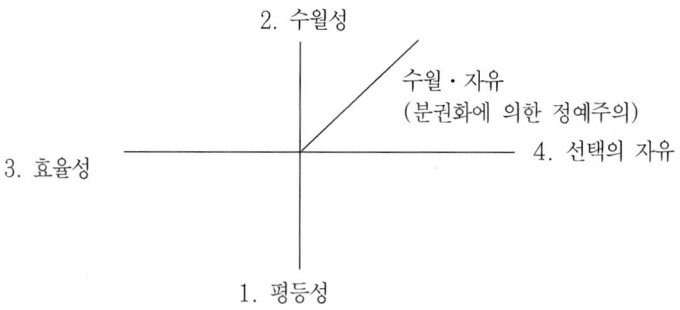

〈그림 6-1〉 (행정)장학에서 추구해야 할 갈등하는 네 가치

장학에서도 질을 추구하고 다양한 장학 프로그램에 의한 선택의 자유를 보장하도록 노력해야겠다. 선택적 장학체제, 교사의 필요에 의한 장학모형이 이에 해당된다고 할 수 있다. 다양한 장학 프로그램에 의한 장학이 개별화에 접근하면 자연히 장학의 질은 올라가게 되어 있다. 그래서 X축과 Y축이 다른 방향인 것 같지만 결국은 서로 통하는 같은 방향(대각선)이라고 볼 수 있다.

일곱째, 장학자가 어떤 철학과 신념을 갖고 장학을 하느냐는 중요한 문제이다. 장학행위는 장학자의 철학이 겉으로 튀어나온 것이기 때문이다. 본질주의(essentialism), 실험주의(experimentalism), 실존주의(existentialism) 중 장학자가 어떤 철학을 갖느냐에 따라 지시적 장학(directive supervision), 협동적 장학(collaborative supervision), 비지시적 장학(non-directive supervision) 행위로 달라질 것이다.

장학자가 어떤 철학과 신념을 갖고 장학행위를 하느냐도 중요하지만 교사의 발달수준에도 맞아야 하고 또 어떤 면에서는 교사의 철학과도 서로 맞아야 한다. 교사의 발달수준에 맞는 장학을 하여 교사를 발전시키고자 하는 장학을 발전장학(Developmental Supervision: Glickman, 1985)이라고 한다. 발전수준이 낮은 교사에게는 지시적 장학을 하고 발전수준이 높은 교사에게는 비지시적 장학을 해야 할 것이다.

장학의 철학과 관련하여 ① 외국에서는 철학의 변화에 따라 여러 단계로 행정이론이 변화해왔지만 우리의 장학에서는 권위주의에서 민주장학으로 넘어오는 과정에서 장학력이 약해졌다는 점과, ② 교사의 능력을 개발해 주어 자아실현을 도와줌으로써 교사를 행복하게 해주자는 인간자원장학론으로 가야 한다는 점, ③ Y이론에 바탕을 두어 교사를 긍정적으로 보고 장학하는 임상장학의 방향추구, ④ 장학에서 유지할 것은 유지하고 변화시킬 것은 변화시켜야 한다는 점, ⑤ 장학에서 교사를 도와주는 행동과 평가하는 행동 사이에 갈등을 일으키는데 우리나라 현시점에서 평가적 기능을 줄이거나 유보하고 도와주는 기능에 강조점을 두어야 한다는 점, ⑥ 앞으로의 장학에서 더 강조해야 할 가치를 수월성과 선택의 자유라 하고 장학의 다양화·개별화로 장학의 질을 높여야 하고, ⑦ 마지막으로 장학자의 철학에 따라 장학행위가 달라지는데 교사의 철학과 교사의 발달수준에 맞아야 한다고 하였다.

2) 장학의 본질

장학이라는 개념을 시대와 장소에 따라, 학자에 따라 강조점과 시각을 달리하기 때문에 각각 다르게 정의하고 있다. 법규적·기능적·이념적으로 정의한 사람도 있고, 행정적·경영적·인간관계적·교육과정·수업·지도성의 측면에서 각각 정의하려고 한 학자들의 집단으로 나누어진다. 이렇게 장학을 다르게 정의하고 다르게 접근하고 있지만 장학의 핵·장학의 궁극적 목적이 수업개선에 있다는 점에는 대체로 이의가 없이 의견이 일치하는 것 같다.

수업개선의 목적을 달성하기 위해서는 수업을 이룩하고 있는 주요 요소에 어떤 변화를 주어야 한다. 수업이란 어떤 환경 속에서 교사와 학생 사이에 교육과정이라는 교육내용을 놓고 상호작용하는 것이라고 할 수 있다. 그래서 '교사', '교육과정', '학습환경과 교재', '학생'은 수업의 주요 요소이다. 이들 수업변인과 가장 밀접한 관련을 갖고 있는 교육활동의 하나가 바로 장학, 그중에서도 특히 수업장학이라고 할 수 있다. 수업장학을 통해서 수업의 질, 즉 교육의 질을 개선하고 향상시켜야 한다. 그래서 최근 교육의 질 경쟁을 위해서 교육개혁을 하고 있는 여러 나라에서 장학에 대한 관심을 더 많이 갖게 되는 것이다.

이러한 관점에서 장학이란 "① 교사의 교수행위에 영향(변화)을 주고, ② 교육과정(교육내용)을 개발·수정·보완(영향·변화)하고, ③ 학습환경과 교육자료(교재)를 제공·개선(변화)해주어, ④ 학생의 학습행위에 변화를 주어, ⑤ 학습성취(학습결과)를 향상시키기 위한 교육활동"이라고 정의한다. 이것이 곧 장학의 본질이고 동시에 본질적 장학의 정의라고 할 수 있다. 이것을 〈그림 6-2〉와 같이 나타낼 수 있다.

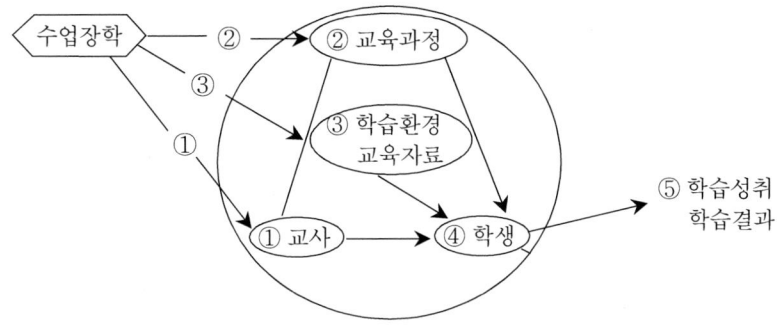

〈그림 6-2〉 주삼환의 장학개념 정의(장학의 본질)

이러한 장학의 본질과 개념으로부터 장학과업을 끌어낼 수 있다. 이 그림에서 교사변인과 관련하여 ① 직원발전(staff development, 직원연수), ② 교수효과성(teaching effectiveness)을 위한 (주로) 임상장학, ③ 교사평가 및 수업평가, 교육과정과 관련하여 ④ 교육과정 개발, 학습환경과 관련하여 ⑤ 학습환경 개선, 모든 변인과 관련된 것으로 ⑥ 학교효과성, 또는 학교개선, 학생산물로, ⑦ 학생성취도 평가를 장학의 본질적 과업이라고 할 수 있다. 이외에도 교육시설 제공과 개선, 교사인사 대외관계 등이 주변적 과업이 될 것이다.

여기서 제시한 장학의 본질과 개념은 앞에서 언급한 장학의 철학과도 크게 어긋나지 않는다고 볼 수 있다. 인간자원장학, 임상장학, 민주장학, 유지와 변화의 균형, 도움과 평가, 수월성 추구와 다양성에 의한 선택의 자유 보장, 장학자의 철학 등 앞에서 언급한 최근의 장학철학과도 일치된다.

3. 교육내외 장학환경 변화

철학과 이론, 관점도 변하지만 교육 내외의 장학환경도 급변하고 있다.

이러한 장학환경 변화에 우리의 장학이 제대로 맞추지 못한 점도 있다. 장학이 변화를 주도하기도 해야 하지만 먼저 변화하는 장학환경에 맞추어야 한다. 또 변화에 맞추기 위해서는 먼저 변화를 인식해야 한다. 교육 내외의 몇 가지 변화를 확인해 본다.

1) 교육 내 장학환경 변화

첫째, 학생 수 감소, 교육재정투자 미흡, 경기침체 등의 이유로 교직정체 현상이 계속되고 있다. 교직의 이직률이 떨어지고 신규임용의 자리가 극히 제한되어 교사로 양성된 자의 극소수만 채용되고 있다. 이러한 교원적체 현상은 쉽게 풀리지 않을 전망이다.

교직 이동률이 적으면 장학에서는 유리한 것으로 생각하기 쉬우나 그 반대이다. 교직에 만족하지 못하는 사람들이 교직에 많이 남아 있고, 신진대사가 되지 않아 적체현상이 일어나고 동기유발이 떨어지는 것은 그만큼 장학적 부담이 늘어나고 장학적 필요성이 증대되는 것을 의미한다. 신규임용이 적다는 것은 나이 많은 교사가 많아진다는 의미가 된다. 동기유발이 적은 나이 많은 교사의 장학을 어떻게 할 것인가가 하나의 과제이다.

둘째, 교직에서 승진기회의 제한으로 미리 승진을 포기한 교사가 늘고 있는데 이에 대한 장학도 하나의 과제가 된다. 소수 교사는 승진을 포기하고 순수한 의미로 가르치는 일에 전념하기도 하나 승진을 포기함으로써 자포자기돼 비슷한 태도로 근무하는 교사들이 교사적체와 함께 늘어나게 된다. 이들을 장학으로 동기유발시키는 것이 장학적 부담이 된다. 교사들이 교실에서 행복할 수 있도록 문제를 해결해야 한다. 이는 장학으로 동기유발시킬 수 있는 좋은 기회도 되고 반대로 장학하기 어려운 처지도 된다.

셋째, 교육과정의 변화, 새로운 교육공학의 도입, 정보화 시대의 도래 등으로 교사개발·교사연수의 강화 필요성이 절실해지고 있다. 대체로 교직이 보수적 성향인데 이들에게 많은 새로운 것이 요구되어 새로운 것에 대한 거부감으로 교직을 포기하는 사례까지 늘기 시작하고 있다. 교육과정과 교육내용이 자주 바뀌고, 컴퓨터에 의한 학습 등 새로운 교수방법과 공학이 도입됨에 따라 계속적인 교사연수가 요구된다. 교사연수에 대한 장학적 필요도 증대된다. 낡은 연수여건과 방법을 가지고 새로운 것을 연수시켜야 한다는 모순도 안고 있다.

교육과정의 경우 국가교육과정에서 학교중심교육과정으로 옮겨가면서 시·도, 시·군 교육청과 학교수준에 교육과정 전문가가 없다는 점이 문제이다. 교육과정전문가 양성을 위한 연수도 절실하다.

넷째, 학생의 생활지도문제의 심각성과 함께 그동안 관심을 기울이지 못했던 교사에 대한 상담의 필요성이 늘어나고 있다. 학생지도는 일단 교사와 상암교사에게 맡긴다 하더라도 교사에 대한 상담은 장학적 책임이다. 현대사회가 복잡해지면서 교사의 상담이 중요해지는데 지금까지 이 문제는 비공식적으로 처리되었으나 앞으로는 공식적인 장학에서 담당해야 한다. 이에 대한 공식적 장학 기구와 전문가를 필요로 한다.

다섯째, 특수교육(영재교육 포함), 직업기술교육, 성인교육, 열린 교육, 유아교육 등 특수영역의 장학 필요성이 증대되고 있다. 보통교육, 평등교육에 밀려 목소리를 못 내던 이런 특수영역이 목청을 높이고 수요가 증대되는데 교육서비스, 장학서비스는 이에 맞추지 못하고 있다. 기구와 전문가는 태부족이고 장학적 태세도 갖추지 못하고 있다. 예를 들면 특수교육 교사는 전문교육을 받았는데 특수교육 담당장학사는 비전문가이고 이에 대한 관심도 없고 애착도 없다면 문제가 아닐 수 없다.

여섯째, 인성·창의성·도덕성 교육에 대한 강조의 요구가 늘면서 최소의 기초 필수와 최대의 선택보장의 교육다양성 요구가 강하게 일고 있다. 다양화와 개별화, 질의 교육 요구를 장학을 통해서 어떻게 충족시켜 줄 것인가를 연구해 내야 한다. 이제는 이러한 요구를 받는 것으로 그쳐서는 안 되고 대응을 해 주지 않으면 안 된다.

일곱째, 가장 중요한 변화는 교장임기제로 교장의 지도력 발휘가 어려워 장학력이 상당히 약화된 점이다. 임기가 남아 있는 교장은 어려운 여건에서 뭔가 한다고 하다가는 교사들과 충돌하기 쉽고 말썽이 나는 것을 피하고 싶을 것이고, 정년이 얼마 남지 않은 교장도 말썽 없이 임기를 마치고 싶을 것이다. 교내장학이 중시되는 때 교장도 사기와 의욕을 잃고, 교사들도 다른 여러 이유로 신나는 직무수행을 못하고 있다. 교사들이 편해지고 근무여건이 좀 나아진다고 해서 일에 보람과 재미를 느끼는 것은 아니다. Herzberg의 이론 그대로이다. 교장은 환경변화로 교사에게 불만족의 요인을 만들어 주고 교사에게는 직무동기 유발을 시키지 못하고 있다.

많은 교장이 눈치 보는 입장이 되고 있는데 눈치 보는 교장은 학생교육을 할 수 없다. 젊은 교감 중에서 일찍 교장이 되어 의욕적으로 일하고 싶어도 임기제 때문에 교장이 되는 것을 기피하고 있다. 교장 자리를 기피하게 만들어 놓고 교장을 움직여 장학을 하고, 교장을 움직여 교육개혁을 하고, 교육세계화를 하기는 어렵다.

교장임기제로 지도력이 약화된 상태에서 40대 교장론을 들고 나온 것은 모순이다. 교육개혁위원회의 교장초빙과 임기제한 폐지안이 성공을 거두어 교장 사회에 활기를 불어넣게 되길 기대한다.

여덟째, 장학의 질 약화로 장학에 대한 회의가 높아져 장학이 거부당하고 있다. 엄격한 장학사 발탁체계, 양성·연수체계가 없고, 과거의 전문성 없는 관료적 장학으로 현재의 장학은 철저히 외면당하고 장학부재현상이 벌어지고 있다. 교사들은 자신을 전문직의 전문가로 보는 대신 장학자를 관료적 상급자로 보고 있다. 이제 장학은 포기할 것인가 아니면 새로운 장학을 시작할 것인가의 기로에 서 있다.

장학 내부에서도 전문성 없는 잦은 인사이동은 장학불신을 부채질했다. 교사·교감·교장에서 장학직으로, 장학직에서 교원직으로, 장학직 내에서의 잦은 이동으로 전문성이 축적될 틈이 없었다. 이로 인해 장학은 불신을 받았으니 어떤 측면에서는 스스로 저지른 업보를 지금 받고 있는 셈이다.

장학직이 대우와 처우가 낮음으로써 장학권위도 확립되지 못한 점이 있다. 장학에 새바람을 불어넣지 못하면 효과를 거두기 어렵다.

2) 교육 외부의 장학환경 변화

첫째, 정치적으로 민주화의 물결과 문민정부의 출현으로 많은 변화를 몰고 왔다. 과도한 욕구의 분출이 민주화로 호도되기도 한다. 편하고 제멋대로 하는 것이 자유이고 나누어 먹기식이 민주로 착각되기도 한다. 안 될 것과 될 것이 구별되지 않기도 한다. 침묵하는 다수의 원칙적 교사들보다 소수의 목청 높은 극단론자의 논리가 먹혀들기도 한다. 그래서 당연히 교사가 해야 할 학습지도안 작성이나 수업연구 등이 필요 없다는 분위기에 휩쓸리기도 한다.

둘째, 교육이 질에서 밀리(저하되)는데도 경제계에서는 양질의 일꾼을 길러 달라는 요구와 압력을 가해 오고 있다. 더 이상 교육이 경제를 뒷받침해 주지 못한다는 불만이다. 경제가 교육을 뒷받침해 주지 못한 것은 뉘우치지 못하고서 말이다. 변화하는 세계에 맞는 새 기술을 가르쳐 보내 달라고 요구하고 있다. 장학은 이러한 요구를 교육으로 풀어 주어야 한다.

셋째, 분권화와 참여, 직접민주주의의 세계적 거대조류가 교육에도 밀려오고 있다. 권한이 계속 밑으로 내려가고 중요한 일에 구성원들이 참여해야 하고, 대표자들의 대변에 만족하지 못하고 직접 결정에 참여하고자 하는 세계적 물결이 교육에도 불어 닥쳐왔다. 자연 장학도 이 물결에 따라 변해야 한다. 분권화에 의하여 학교자율경영제, 교내장학이 활성화되어야 하고, 더 내려가 교사의 자율성, 학생의 자율성이 강조되어야 한다. 또 장학에 교사가 참여해야 하고, 교사가 장학의 파트너로서 존중되어야 하며, 때로는 장학의 주인, 소유자가 되어야 한다. 기분 좋은 장학춤을 추기 위해서는 장학 파트너인 교사도 장학에 대하여 알아야 장학스텝을 밟을 줄 알게 된다.

넷째, 전세계적으로 교육개혁의 열풍이 불고 우리나라도 예외가 아니어서 전반적인 개혁안이 발표되었는데 이것을 장학으로 풀어야 하는 압력을 받고 있다. 교육개혁안도 결국 교실에서 수업으로 옮겨져야 하는데 교육개혁위원회와 교사의 중간에서 장학지도자가 교육개혁안 또는 교육정책을 장학으로 번역해야 한다. 특히 교육개혁이 교육의 질 향상이란 산출물로 나오지 않으면 개혁은 의미가 없다.

다섯째, 교육소비자의 불만과 욕구가 압력으로 작용하고 있다. 기초단위까지 교육자치제가 발달한 나라에서도 교육위원회에 의한 간접적 교육 참여에 만족하지 못하고 학교운영에 학부모와 주민이 직접 참여하고자 하며, 여기에도 만족하지 못하여 학교를 마음대로 선택하여 원하는 학교에 가게 하자는 것이다. 이러한 바람이 한국에도 불어와 95년 교육개혁안 속에 들어 있다. 자율과 자유경쟁, 선택과 평가, 책무성 요구가 중심 단어로 나타난다. 여기서 교사장학의 어려움은 가중된다. 교육소비자에게 양질의 교육서비스를 제공해 주기 위한 장학의 과제가 떨어져 있다.

여섯째, 지방자치제와 교육자치제의 폭풍이 불어 닥치고 있다. 지난 3년간도 그 영향을 받아왔으나, 교육자치제의 구조 자체가 바뀌는 문제가 교육개혁에서 들먹이고 있다. 어떤 형태로든 바뀔 전망이다. 이러한 변화는 곧 장학의 변화로 연결되게 되어 있다. 장학이 고달픈 쪽으로 변하지 편하게 변하지는 않을 것이다. 상부 시·도의 교육자치와 하부학교의 자율경영제 사이에서 모순과 갈등을 줄이고 소비자만족과 교육의 질 향상을 꾀하느냐가 교육개혁에서 장학적 과제가 된다.

일곱째, 기업경영적 기법이 교육경영, 학교경영에 압력으로 도입될 것이다. 이번 교육개혁의 기본원리가 경영에서 들어 왔다. 자유시장경제의 원리에 의한 경쟁과 선택이 바로 그것이다. 분명 교육조직과 기업조직은 성격상 다름에도 불구하고 경영기법에 압력으로 작용할 것이다. 여기에 장학적 고민이 있게 마련이다. 교육이 생존에 위협을 느끼고 살아남기 위하여 교육하게 되면 교육적 의미와 효과는 많이 퇴색하게 될 것이다.

이외에도 많은 변화세력이 있을 것이나 이것만 예시로 제시하기로 하고, 이러한 철학적 변화와 장학환경 변화에 따라 장학이 어떻게 변해야 하는지에 대하여 언급하기로 한다.

4. 철학과 장학환경 변화에 따른 새로운 장학의 방향

장학의 철학적 변화, 장학환경의 변화 등으로 우리나라 장학은 지금 전환기를 맞고 있다. 권위주의적 장학으로부터 민주적-전문적 장학으로 확실히 변신하지 못함으로써 겪는 일종의 진통이라고 할 수 있다. 앞에서 조금씩 언급되었지만 우리나라 장학이 나아가야 할 방향을 몇 가지로 묶어서 제시한다.

첫째, 인간자원장학관과 장학문화의 형성을 들고자 한다. 장학자와 그 파트너인 교사의 장학관(文見)이 교사의 잠재능력개발로 자아실현을 돕고자 하는 것으로 확실하게 바뀌어야겠다. 말대로만 그치게 되면 교사가 장학에 대하여 더 이상 거부감을 가질 필요가 없다. 교사가 장학을 당연한 것으로 수용하고, 나아가 자기발전을 위하여 장학을 필요로 하고 요청하는 장학문화가 형성될 것이다. 장학자도 억지로 장학을 하려고 하기 전에 먼저 이러한 건전한 장학문화를 형성해야 한다. 장학을 통해서 스스로 배우고, 성장하고자 하는 (1)자율의 문화, (2)학습의 문화, (3)신뢰와 지원의 문화를 모두 장학문화에 포함시키고 싶다.

둘째, 장학자 양성에 의한 장학의 전문화로 장학의 질을 먼저 향상해야 한다. 일정한 교직경력을 가진 사람 중에서 선발하여 교육행정대학원 석사와 박사의 중간과정으로 장학자·교육행정가·교장 양성과정을 따로 두어 장학·행정전문가를 양성하고 평생 장학전문직에서 봉사할 수 있도록 전문화해야 질 높은 장학을 할 수 있게 된다. 장학자 중에서도 교장·교감 과정, 교과별 교육과정 장학과정, 초·중등 단계별 장학과정, 특수교육·직업기술교육·유아교육 등 특수영역별 장학과정, 연구·연수장학과정 등 전문과정별로 양성교육을 하여 전문장학자격증을 부여하여 장학의 질을 향상시키는 방향으로 가야 할 것이다. 이렇게 양성한 다음 전문코스간에 이동하지 않고 평생을 한 분야에서 장학하도록 되어야 한다. 물론 전문성에 해당하는 만큼 보수와 권위 등 대우를 해주어야 한다.

셋째, 장학조직별로 기능을 분화·분담하는 방향으로 가야 할 것이다. 예를 들면 교육부는 장학기능을 살려 국가교육의 방향을 설정하고 교육의 질을 관리하는 기능을 하고, 시·도, 시·군 교육청의 장학은 지방교육정책과 행정, 교육과정개발, 교원양성과 연수, 연구에 관한 기능을 분담하고, 학교에서는 수업장학에 초점을 맞춘 장학을 하는 식이다. 교육대학과 사범대학에서도 수업장학에 초점을 맞춰야 한다.

넷째, 다양한 장학프로그램으로 장학의 개별화에 노력하여 각 교사에게 맞는 장학을 해야 한다. 임상장학, 마이크로티칭, 동료코치, 자기장학 등 다양한 장학프로그램을 개발하여 교사의 요구에 맞춰줘야 효과를 거둘 수 있다. 이제 더 이상 획일적인 장학으로는 장학 자체가 성립될 수 없다. 장학의 개별화는 인간화를 위한 것이기도 하고 장학의 질 향상을 위한 것이기도 하다. 또 장학의 다양화는 장학의 중심이 학교·교실·교사에게로 이동하는 결과도 된다.

다섯째, 장학은 교사의 자율성과 자발성에 근거해야 한다. 교사의 권위도 인정해 주고 전문영역 내에서 자율적 결정을 하고 책임을 지고 자발적으로 참여하도록 동기유발되어야 한다. 교사의 필요에 의한 장학모형을 따르고 새로운 지식과 기술을 위한 연수에 스스로 참여하고 교사 서클, 교사 센터에서 스스로 성장하기 위해 노력하게 하는 분위기를 만들고 또 제도화시킬 필요가 있다.

여섯째, 장학프로그램에 참여하고 스스로 노력한 교사에게는 반드시 보상을 해주어야 한다. 그래서 자기성장을 위해 노력한 사람에게 장학적 보상체계가 따라 주어야 한다. 그러나 무능하면서도 노력하지 않은 사람은 스스로 교직을 떠나야 한다. 장학은 노력하는 자와 노력하지 않는 자를 구별해 주어야 할 장학적 책임을 지고 있다. 장학에 참여하는 교사에게 장학적 혜택을 주는 방안을 강구해야 한다.

일곱째, 장학에서도 교육의 질·교육의 수월성 추구에 모든 노력을 집중해야 한다. 모든 교육활동은 수월성 추구에 초점을 맞추어야 하는데 장학은 더욱 그렇다.

이러한 방향이 옳다면 이제는 더 이상 말로 끝나지 말고 실천으로 옮겨야 한다. 전혀 새롭지 않은 것도 있으나 그동안 실천이 안 되어 반복 제시된 것도 있다. 이제 이러한 장학의 방향에서 장학자가 어떤 역할을 담당해야 할 것인가에 대하여 잠깐 언급할 필요가 있다.

5. 장학담당자의 역할

장학담당자의 역할도 다양하다. 장학담당자가 누구냐에 따라 역할은 서로 다르고 다양하다. 교육감(장), 장학사, 교장, 부장교사에 따라 역할이 다르다. 또 같은 사람이라도 하는 일에 따라 역할이 달라질 수 있다. 예를 들면 수업개선, 교육과정개발, 직원연수, 교사평가 등 하는 일에 따라 역할은 달라진다. 여기서는 장학담당자의 일반적인 역할에 대하여 언급하면서 새로운 장학의 방향에 맞추어 수행해야 할 역할에 대하여 약간씩 강조하려고 한다.

첫째, 지도자의 역할이다. 장학 전체를 지도력으로 설명할 정도로 장학에서 지도자의 역할이 강조된다. 다른 사람에게 영향을 주어 조직의 목표를 달성하는 것을 지도성으로 본다. 장학자는 교육과정개발, 직원발전, 수업에 있어서 지도력을 발휘해야 한다. 1980년대를 미국에서는 지도성의 연대라고 할 만큼 장학에 있어서 지도력이 강조되고 있다. 지도력의 요소는 (1)비전을 제시하고, (2)주도적이고, (3)자원이 되어야 한다. 테크닉, 인간관계, 교육, 상징성, 문화·도덕의 기술에서 지도력이 나온다고 설명하기도 한다. 최근에는 지도력 못지않게 추종자의 자발성과 주도성을 강조하기도 한다.

둘째, 촉진자와 조력자의 역할이다. 교수행위를 촉진해 주고 여러 면에서 교사를 도와주고 조력하는 사람의 역할을 장학담당자는 수행해야 한다. 장학의 주요기능이 '도움'이라면 조력자가 되고 조력의 위치를 잡아야 할 것이다.

셋째, 변화대리자(change agent)의 역할이다. 장학 자체가 변화를 위한 것이기 때문에 변화대리자가 되기도 해야겠지만 특히 최근에 교육개혁, 교육혁신이 강조되기 때문에 장학자는 이러한 개혁과 혁신을 추진하여 교사와 학생을 움직여야 할 역할을 맡아야 한다. 교육개혁안은 발표로 끝나는 것이 아니다. 장학으로 풀어 나가야 한다.

넷째, 코치(coach)의 역할이다. 어원에서 나오는 장학의 감독의 역할에서 코치의 역할로 바뀌는 것이다. 코치는 운동팀의 코치를 생각하면 좋을 것이다. 운동 코치를 수업 코치로 바꾸면 된다. 최근에는 동료코치가 강조되고 있다. 동료교사끼리의 코치를 동료코치라고도 하지만 교장과 교감이라도 코치라는 정신으로 교사를 수업 코치하면 동료코치가 된다.

다섯째, 상담자의 역할이다. 교사의 심리적 고민을 들어주고 해결해주는 일이 필요한데, 지금까지 이 역할담당자가 없었으나 앞으로는 교사상담을 공식화·제도화하여 활성화시켜야 한다. 특히 전문직적 상담에 중점을 두어야 하고, 상담자의 역할을 하려면 장학자가 고도의 상담전문교육과 훈련을 받아야 한다.

여섯째, 조정자의 역할이다. 상하조직 사이의 조정, 수평적 영역과 분야 간의 조정 등이 장학자에게 필요하다. 미국에는 학교와 교육청에 조정자라는 이름의 장학자리를 두고 있는 경우가 많다.

일곱째, 전문가 역할이다. 장학을 하기 위해서는 각각 전문분야의 전문가 역할을 수행해야 한다. 미국에서는 교과담당 장학자와 특수교육 등 전문영역담당 장학자를 스페셜리스트라는 자리로 이름을 부른다. 예를 들면 초등국장, 중등국장 등은 일반장학직이다. 영국의 HMI도 '참모시학관(Staff Inspector)'이라는 고도의 전문성을 가진 전문가를 채용하고 있다.

여덟째, 자문자(consultant) 역할이다. 장학자는 많은 부분에서 자문 또는 조언의 역할을 해야 한다. 자문이나 조언은 우리나라의 입장에서 보면 모두 간접적 장학의 느낌을 갖게 한다.

아홉째, 자원자(resource)의 역할이다. 장학자는 다른 사람이 필요로 할 때는 자원이 되어야 한다. 지적 자원, 기술적 자원이 되어야 한다. 실지로 미국에는 '자원교사'라는 이름의 장학직이 있다. 장학자는 교사가 필요로 하는 자원을 가지고 있어야 도와줄 수 있을 것이다.

열째, 연구자의 역할이다. 장학자는 계속 연구해야 도와줄 수 있고 때로는 교사의 문제, 수업의 문제, 교육과정의 문제를 해당자와 공동으로 연구하거나 연구를 도와줄 수 있어야 한다.

열한째, 장학자는 모범자의 역할을 담당해야 한다. 장학자는 교사의 모델이 되고 존경의 대상이 되어야 한다. 교사가 동일시하고 참조하는 대상이 될 때 장학지도력은 강력한 힘을 갖는다. 교사에게 도덕적 지원을 해 주고 도덕적·윤리적 지도력을 발휘할 때 장학자는 가장 강력한 힘을 갖는다.

이외에도 새로운 장학자에게 더 많은 역할이 예시될 수 있다. 장학자는 너무나 많은 새로운 모자를 써야 한다. Blumberg와 Greenfield(1980)는 교장의 역할로 ① 행정가, ② 조직자, ③ 가치판단자, ④ 진정한 도우미, ⑤ 브로커, ⑥ 인본주의자, ⑦ 변화촉매자, ⑧ 합리주의자, ⑨ 정치자를 들면서 『효과적 교장(effective Principal)』이란 책을 구성하고 있다. 한 사람의 교장이 이런 많은 역할을 수행하게 된다.

열두째 관리자와 평가자의 역할도 중요한 역할인데 지금까지 우리나라의 장학에서는 일반적으로 부정적으로 비쳤던 역할이다. 그러나 이것도 피할 수 없는 역할임에 틀림없다. 또 지시하고, 명령하고, 확인하는 일과 역할도 장학에서 전혀 필요 없는 것은 아니다. 필요할 때에는 이런 역할을 해야 한다. 과거의 장학을 무조건 잘못된 것으로 매도하는 것 자체도 잘못이다.

다만, 역할과 기능의 강조점이 점진적으로 변화되도록 노력해야겠다.

앞으로의 장학은 확실히 교사에게 도움이 되어야 한다. 교사에게 실질적인 도움을 주지 못하면 장학은 무의미하게 되고 또다시 존재이유에 위협을 받게 된다. 교사에게 실질적 도움이 되는 것에서 한 발짝 더 나아가 실지로 수업개선과 교육의 질 향상에 기여해야 한다. 아무리 많은 역할을 수행해도 교사에게 도움이 되지 않고 교육의 질 향상에 기여하는 바가 없으면 이름뿐인 장학이 된다. 새로운 장학의 방향에 맞는 새로운 장학역할이 기대된다.

6. 요약 및 결론

변화하는 시대에 모두가 살아남기 위해서 노력하고 있다. 장학의 철학도 변하고 장학환경도 변하고 있다. 이러한 변화에 따라 우리나라 장학도 새로운 방향을 찾아야 한다. 새로운 장학이라고는 하지만 사실은 원래 그랬어야 할 제자리를 찾는 것인지도 모른다. 즉 장학의 본질을 추구하는 것이다. 앞에서 논의된 것을 〈그림 6-3〉으로 요약하면 다음과 같다.

장학의 철학과 장학환경의 변화와 함께 첫째, 우리의 장학은 우선 장학 본래의 자리, 본질로 돌아가야 한다. 우리의 장학이 그동안 본질을 제쳐 두고 엉뚱한 곳에서 헤맸는데 이제 제자리를 찾아야겠다.

둘째, 본질을 추구하고 국제적인 교육의 질 경쟁에서 우위를 차지하기 위해서는 장학이 더 활성화되고 강화되어야 한다.

셋째, 그러기 위해서는 장학이 전문화되어야 하고 장학전문가를 양성해야 한다.

넷째, 교사들이 장학을 당연한 것으로 받아들이고 적극적으로 활용하여 성장·발전하고자 하는 장학문화 형성에 관련자 모두가 노력해야겠다.

장학철학	장학환경 변화	장학의 방향	장학의 본질
1. 권위주의 → 민주장학 2. 인간자원론 3. Y이론에 의한 임상장학 4. 유지와 변화의 이중성 5. 도움주기와 평가의 양면성 6. 수월성과 선택의 자유추구 7. 장학자의 철학	가. 내부환경 1. 교직적체 2. 승진포기자 3. 연수필요증대 4. 교사상담 5. 특수장학필요 6. 다양성요구 7. 장학지도력 약화 8. 장학의 질 약화 나. 외부환경 1. 민주화 물결 2. 양질인력 요구 3. 분권·참여조류 4. 교유개혁 열풍 5. 교육소비자 불만 6. 교육자치 7. 기업경영방식	1. 장학관과 문화 형성 2. 장학자 전문양성 3. 장학조직별 기능분화 4. 다양한 장학프로그램 5. 교사의 자율성·자발성 6. 장학 보상체제 7. 교육수월성 추구	1. 교수행위 2. 교육과정·수업 3. 학습환경 개선 4. 학습행위 5. 학습성취

장학담당자역할
1. 지도자 2. 촉진자 3. 변화대리자 4. 코치 5. 상담자 6. 조정자 7. 전문가 8. 자문자 9. 자원자 10. 연구자 11. 모범자 12. 관리자 13. 평가자

〈그림 6-3〉 장학의 발전방향과 장학담당자의 역할

참고문헌

김영식·주삼환(1993), **장학론**, 서울: 한국방송통신대학.

주삼환(1987), **인간자원장학론**, 서울: 배영사.

Glickman, Carl D.(1985), *Supervision of Instruction*, Boston: Allyn & Bacom.

Krey, Robert D., & Peter J. Burke(1989), *A Design for Instructional Supervision*, Springfield, IL: Charles C. Thomas, 1989.

Miles, Raymond E.(1985) "Human Relation or Human Resources." *Harvard Business Review* 43. 4: 153. Sergiovanni, Thomas J.(1982), "The Context for Supervision" in Thomas J. Sergiovanni, *Supervision of Teaching*, Alexandria, VA:ASCD, p.110.

제7장

수업개선을 위한 장학의 발전과제*

이 책을 읽는 분들 중에는 이미 장학에 종사하고 있는 분들이 있기 때문에 좀 더 높은 수준을 다루어야 하나, 개인차가 있고 또 장학론 강의 수강 없이 장학직에 들어올 수 있어 1, 2, 3의 기초적인 것을 스스로 읽어 보도록 하고 강의는 주로 4, 5에 집중하고자 한다.

1. 장학의 개념

장학의 개념은 시대와 장소, 학자에 따라 각각 다르게 정의되고 있다. 이것은 곧 장학의 개념도 변하고 있다는 것을 의미한다. 또 강조점과 관점에 따라서 여러 측면에서 장학을 정의할 수 있다는 뜻도 된다. 실지로 장

---

* 경북교원연수원 교감자격연수 원고. 1995.

학을 법규적·기능적·이념적 세 측면에서 정의하기도 하고(김종철), 행정, 경영, 인간관계, 교육과정, 수업, 지도성의 측면에서 각각 정의하려고 했던 학자들도 있다. 우리나라에서는 장학을 주로 행정적 측면에서 다루어 왔던 것 같다. 우리나라 장학자들이 주로 행정적인 일을 하고, 장학론 강의도 주로 교육행정학 분야에서 다루어 왔다. 그러나 미국에서는 교육행정, 교육과정과 수업이론 양쪽에서 장학론을 강의하고 있다. 이제 우리나라에서도 최근 장학의 관점이 많이 변하여 온 것도 또한 사실이다.

장학을 어느 측면에서 접근하든 장학의 '핵'은 '수업개선'이라는 데는 누구도 이의를 제기하지 않는다. 행정적 접근을 하든, 경영적·인간관계적·교육과정적·수업적·지도성 측면에서 접근을 하든 궁극적으로 수업개선이라는 목적에는 이의가 있을 수 없다. 그러나 수업과 멀리 떨어진 접근보다는 밀접한 가까운 접근이 수업개선의 목적달성에 효과적이고 유리할 것이라는 사실은 짐작하고도 남는다. 그렇다고 수업과 멀리 떨어진 행정적·경영적·인간관계적 접근이 전혀 필요 없다는 뜻은 아니다. 그것도 필요하기 때문에 수십 년 동안 우리나라에서 지금까지 해온 것이다. 이것에 더하여 수업과 가까이서 접근하는 장학적 노력도 강조하자는 논리가 먹혀들고 있는 것이다.

장학의 목적이 수업개선에 있다면 수업을 이룩하고 있는 요소에 직접 변화를 주어야 한다. 수업이란 압축해서 말하면 '학습(수업)환경' 속에서 '교육과정(교육내용)'을 놓고 '교사'와 '학생' 사이에서 상호작용 하는 것이라고 할 수 있다. 학습환경에 교육자료와 교재도 포함시킨다. 수업개선을 하려면 '교사', '교육과정', '학습환경'에 변화를 주어 마지막으로 '학습'을 변화(개선)시켜야 하는 것이다. 이것이 바로 장학이다. 그래서 주삼환은 수업장학의 측면에서 장학을

① 교사의 교수행위에 영향(변화)을 주고,

② 교육과정(교육내용)을 개발·수정·보완(영향, 변화)하고,

③ 학습환경과 교육자료(교재)를 개선·제공(변화)해주어,

④ 마지막으로는 학생의 학습행위에 변화를 주어, 학습성취를 높이자는

것으로 보고 있는데

이러한 장학의 정의를 그림으로 나타내면 〈그림 7-1〉과 같다.

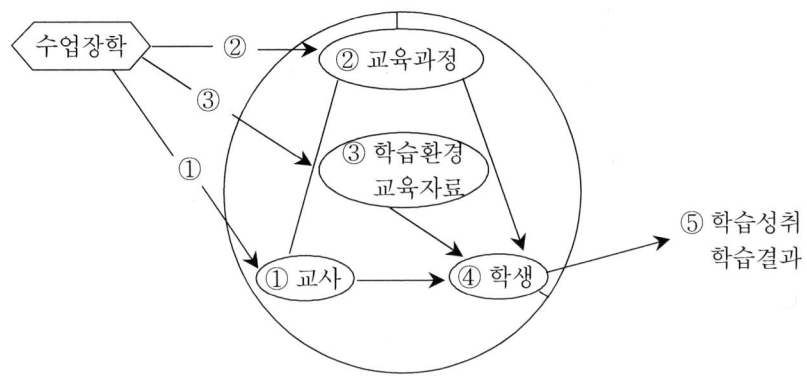

〈그림 7-1〉 주삼환의 장학개념 정의(장학의 본질)

장학의 개념이 행정이나 경영 등 간접적인 것으로부터 수업이나 교육과 정 등 수업개선과 직접적으로 접근하려는 방향으로 바뀐 것을 분명히 알 수 있다. 또 일반장학으로부터 임상장학이나 마이크로티칭 등 구체적인 장 학방법으로 바뀌었다. 교육청이나 교육부 등 상부의 장학으로부터 수업이 이루어지고 있는 교실이나 학교현장의 장학으로 돌아(내려)와야 한다는 것 도 알 수 있다. 자연히 장학은 행정가나 장학자를 위한 장학이 아니라 교 사의 필요에 의한 교사중심의 장학으로 장학의 개념이 바뀌어야 한다는 것 을 알 수 있다. 장학은 거시적 접근으로부터 미시적 접근으로, 형식적 장학 으로부터 구체적 · 실질적 장학으로 바뀌어야 한다는 것도 짐작할 수 있다. 이것을 장학의 중심이동이라 하고 〈그림 7-2〉와 같이 나타낼 수 있다.

그래서 장학은 교내장학이 강조되어야 한다. 수업과 학생 가까이로 다가 오기 위해서이다. 학교교육을 책임지고 있는 교장이 필요하다면 교육청과 교육부의 장학전문인력을 활용하는 입장이 되어야 한다.

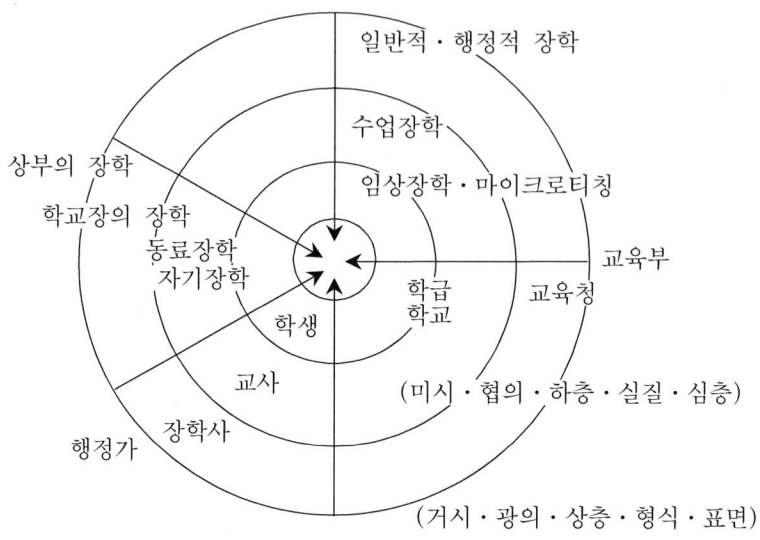

〈그림 7-2〉 장학의 중심 이동

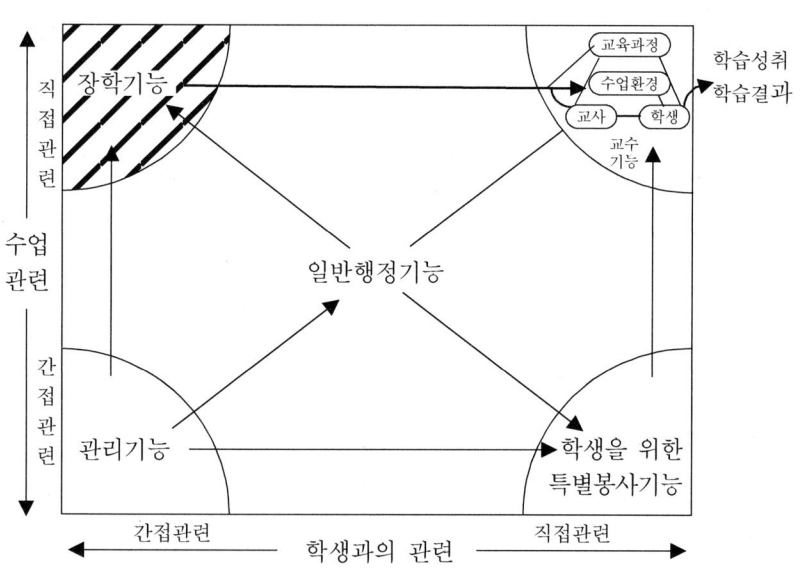

〈그림 7-3〉 학교운영의 주요기능

학교에서 중요한 '학생'변인과 '수업'변인을 중심으로 학교운영의 주요기능을 생각해 보면 ① 학생을 위한 특별봉사기능, ② 장학기능, ③ 관리기능, ④ 일반행정기능, ⑤ 교수기능으로 나누어 볼 수 있다. 여기서 장학기능의 위치만 보면 학생과는 간접적으로, 수업과는 직접적으로 관련된 학교의 존재이유인 교수기능을 도와서 결국 학습성취・학습결과를 향상시키기 위한 것이라는 점을 확인할 수 있다. 이것을 〈그림 7-3〉과 같이 나타낸다. 교수기능 속의 그림은 앞에서 제시한 〈그림 7-1〉의 오른쪽 동그라미 안의 것을 집어넣은 것이다.

2. 장학의 목적과 필요성

장학의 목적과 필요성은 장학을 어떻게 정의하느냐에 따라 달라진다. 또 장학의 목적에 따라 필요성도 달라질 것이다. 목적과 필요성으로 나누어 좀 더 자세히 살펴보기로 한다.

1) 장학의 목적

여기서는 장학을 "교사의 교수행위에 영향(변화)을 주고, 교육과정(교육)을 개발・수정・보완(영향, 변화)하고, 학습환경과 교육자료(교재)를 개선・제공(변화)해주고, 학생의 학습행위에 변화를 주어 학습성취(학습결과)를 높이기 위한 교육활동"이라고 하였다. 그리고 장학의 핵은 수업개선이라고 하였다. 이 수업개선이 장학의 목적이 될 것이다. 이 수업개선의 결과는 학습성취로 나타나는 것이다.

그래서 장학의 목적은 한마디로는 수업개선이라고 할 수 있다. 이 개선이라는 최종목표를 위해서는 변화를 해야 한다. 그래서 장학은 변화를 의미한다. 교육이 결국 학생을 변화시키려고 하는 것이나 마찬가지이다. ① 교사의 교수행위를 변화시키고, ② 교육과정을 변화시키고, ③ 학습환경과 교육자료를 변화시키고, ④ 마침내는 학생의 학습행위를 변화시켜야 한다. 그래서 장학을 해서 이러한 변화가 일어났는지 알아보기 위해서 장학의 효과성 평가를 해야 할 것이다.

장학이 모두 변화만 시키는 것은 아니다. 변화를 위해서는 조직을 먼저 정상적으로 돌아가게 하기 위한 일상적인 일도 해야 한다. 이것은 유지라는 목표이다. 이것은 단순한 현상유지로 해석되어서는 안 된다. 수업과 관련된 조직목표를 달성하기 위하여 지원하고 기여하는 기능이 이 '유지기능'에 포함된다.

유지는 행정에 있어서 가치 중의 평가, 상위평가의 첫째이다. 행정가로서 가장 중요한 일은 자기가 담당하고 있는 조직을 유지하는 일이다. 조직이 사라지고 난 다음에는 행정을 하려야 할 수가 없게 된다. 최근과 같이 극심한 생존경쟁을 하고 있는 상황에서는 더욱 그렇다. 이것은 생존의 제일법칙이다. 장학에서도 마찬가지이다.

일단 조직이 잘 돌아가도록 유지·관리하되 효과적·효율적으로 하여 조직을 성장·발전시켜야 한다. 그래서 ① 유지, ② 효과성, ③ 효율성, ④ 성장을 행정의 상위가치 또는 초가지, 가치 이상의 가치라고 한다. 이것을 그림으로 나타내면 〈그림 7-4〉와 같다.

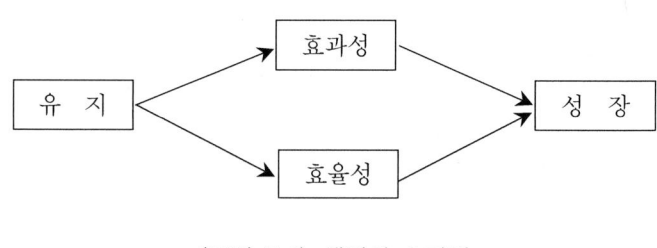

〈그림 7-4〉 행정의 초가치

장학에서 궁극적 목표를 수업개선이라고 했는데 〈그림 7-4〉에서 '성장' 대신에 '개선'을 생각하면 장학의 목적을 '유지'와 '개선'으로 생각하면 좋겠다. 장학의 목적, 참여형태, 장학의 과정, 장학의 산물의 네 영역에서 유지적 노력을 해야 한다.

장학을 흔히 지킬 박사와 하이드 씨에 비유하기도 한다. 이것은 장학의 양면성을 의미한다. 교사를 도와주어야 한다고 하면서 동시에 평가해야 하기 때문에 붙여진 이름이다. 어쨌든 장학은 '도와주어야' 하고 또 '평가'도 해야 한다. 이것도 일종의 장학의 목적이다. 이것은 전통적 장학의 개념이다. 장학자는 이 두 목적 사이에서 갈등을 일으킨다.

수업모형에서 ① 목표→② 진단→③ 경험→④ 평가의 과정을 거치듯이 장학에서도 이와 똑같은 장학모형을 생각할 수 있다. 각 교사에게 교사의 필요에 의한 장학을 하기 위해서는 교사가 하는 일의 영역별로 교수 수월성의 표준 달성이라는 '목표'를 설정하고 다음에 여러 가지 방법으로 '진단'을 하여 교사에게 알맞은 '장학대안'으로 처방하게 된다. 장학대안의 예를 들면 ① 집중적 임상장학, ② 장학자와 교사의 협동적 장학, (3) 교사끼리의 동료장학, ④ 자기장학, (5) 전통적 장학 등이 된다. 이때 장학 목표는 '교수 수월성의 표준'이 되는데 교사에게 장학을 해야 할 영역은 ① 학급환경, ② 수업준비, ③ 학생과의 상호작용, ④ 학급관리, (5) 전문직적 노력, ⑥ 학부모·지역사회와의 상호작용이 되는데 이런 영역별로 수월성의 표준 이상의 목표를 유지하고 달성하기 위해서 장학을 하자는 것이다.

장학의 목적을 수업개선이라고 할 때 그 하위목표는 ① 교사의 교수행위 변화, ② 교육과정 변화, ③ 학습환경 변화, ④ 학생의 학습행위 변화라고 할 수 있다. 어떤 사람은 수업개선의 과정을 ① 교육과정 개발, ② 임상장학, ③ 직원개발(staff development, 연수), ④ 교사평가라고 하는데[1] 이 과정을 하위목표로 볼 수도 있다.

---

1) Gordon Gawelti, "Effective Instructional Leadership Produces Greater Learning" *Thrust 9*(January 1980): 8~10

여기서 한 단계 더 밑으로 내려가 임상장학의 목표를 예로 들면 "교사의 교실수업 개선"이라고 할 수 있는데 더 구체적인 하위목표로 나누면, ① 교사수업의 현 상태에 관한 피드백을 교사에게 제공하는 것, ② 수업의 문제점을 진단하고 해결하는 것, ③ 교사로 하여금 수업전략 사용 기법을 개발할 수 있도록 돕는 것, ④ 교사의 승진 또는 다른 어떤 결정을 위하여 교사를 평가하는 것, ⑤ 교사로 하여금 계속적인 전문직적 발전에 대한 긍정적 태도를 발전시키는 것이 된다.2)

이렇게 장학의 목적은 장학을 어느 수준에서 어디에 강조점을 두느냐에 따라 달라진다. 장학의 구체적인 목표는 결국 장학의 기능이나 과업, 내용에 해당되기도 한다. 여기서 장학의 목표로 제시된 것 하나를 예시해 본다.

① 수업자료와 도구를 사용하도록 교사에게 조력하는 것
② 수업자료와 도구를 사용하도록 촉진하는 계획을 세우는 것
③ 수업자료와 도구의 사용을 조정하는 것
④ 수업자료와 도구에 대한 예산을 세우는 것
⑤ 수업에 사용가능한 자료와 도구를 만들어 주는 것
⑥ 사용가능한 자료와 도구에 관한 정보를 교사에게 제공하는 것
⑦ 수업자료와 도구를 유지 및 관리, 수선해 주는 것
⑧ 교사에게 시청각 연수를 제공해 주는 것
⑨ 수업자료와 도구를 잘 사용할 수 있도록 시범을 보여주는 것
⑩ 교사로 하여금 수업자료와 도구를 사용하도록 동기유발시키는 것
⑪ 수업자료와 도구의 사용기법을 강화시켜 주는 것
⑫ 교사에게 접근가능한 수업자료와 도구를 만들어 주는 것
⑬ 수업자료와 도구를 많이 사용하여 학습을 개선하는 것
⑭ 수업자료와 도구를 효율적으로 사용하게 하는 것
⑮ 수업자료와 도구의 사용을 통해서 학습을 향상시키는 것
⑯ 수업자료와 도구를 적정하게 공급하기 위한 자원을 제공해 주는 것

---

2) 주삼환 역, **장학론(임상장학방법)** (서울: 학연사, 1983), pp.28~30.

이와 같이 장학의 목적과 구체적 목표는 어느 수준에서 어디에 강조점을 두어 장학을 다루느냐에 따라 달라질 수 있다. 교육부, 교육청, 학교수준에 따라 장학목적과 목표의 수준도 달라질 것이다. 교육부 수준에서는 한 나라의 교육의 방향(목표)을 설정하고 교육의 질을 유지·관리·개선하기 위하여 평가하는 것이 될 것이다. 그래서 교육부의 장학은 철학적인 일을 많이 하게 된다. 그리고 시·도, 시·군 교육청에서는 행정적인 장학을 많이 하게 되고, 교내장학에서는 교사의 전문직적 성장과 교수기술 향상을 위한 장학을 하게 될 것이다.

장학의 목적과 목표는 장학을 어느 수준에서 어디에 강조점을 두어 정의하느냐에 따라 달라질 수 있다는 것을 알 수 있다. 궁극적으로는 수업개선에 있으며, 개선을 위해서는 기본적으로 유지목적도 중요하다는 것도 말하였다. 장학의 구체적인 목표는 다음에 다루게 될 장학의 기능, 내용, 과업을 목표진술식으로 표현한 것이 될 것임을 시사하였다.

2) 장학의 필요성

장학이 필요한가의 질문은 교육이 필요한가, 수업이 필요한가, 학생에게 교사가 필요한가 하는 질문과 같이 무의미한 질문이다. 교육에 있어서 장학은 당연한 것이기 때문에 수십 권의 장학론 책을 다 뒤져보아도 장학의 필요성에 관하여 언급한 책은 하나도 없다. 장학은 교육에 있어서 당연하고 필요한 것으로 인정되었기 대문이다.

장학을 행정·경영·인간관계·교육과정·수업·지도성의 어느 측면에서 정의해도 장학은 다 필요하기 때문에 어느 나라에서나 장학은 지금까지 존재해 왔으며 오히려 최근에 더 강조되는 경향이다. 냉엄한 교육의 질 경쟁을 하는 속에서 교육의 질을 향상시키려고 하다 보니 교육의 질을 이루고 있는 요소인 교사, 교육과정, 학습환경, 학생과 밀접한 관련이 있는 장학에 대한 관심이 높아질 수밖에 없다. 즉 장학을 통해서 교육의 질을 향상시키려고 하다 보니 장학을 강조하지 않을 수 없는 입장이다.

중앙의 교육부 수준에서는 국가 전체의 교육의 목표를 설정하고 교육의 방향을 제시해야 하기 때문에 장학이 필요하다. 다음에는 이러한 목표와 방향이 현장에서 어떻게 실천되고 있는지 확인하고 정보를 수집해야 한다. 그리고 한 나라의 교육의 질을 관리하고 평가하기 위해서 장학을 해야 한다. 물론 국가 교육과정을 개발하는 것도 중앙장학의 몫이다. 그런데 우리나라에서 전통적으로 내려오던 교육부의 장학실을 없애고, 겨우 편수국만 남겨놓았다가 이제는 이 국마저 없애버리고 학교정책실에 포함시킨 것은 불행한 일이 아닐 수 없다. 교육부 여러 기구 중 교육의 본질을 다루는 기구는 장학실인데 그 핵심기구를 없애고 주변적인 기구만 비대하게 한 것은 본말이 전도된 현실이다.

어느 나라나 장학을 담당하는 기구와 부서는 다 있다. 영국에는 HMI(Her Majesty's Inspectorate, 칙임시학관)라고 하여 1839년 이래 지속되어 약 500명의 전문시학관이 있어서 종합대학의 성인교육, 교사교육, 계속교육 부문과 기타 단과대학과 기술대학까지 시학을 하고 있다(최근에는 이도 교육평가기준청에 포함시켰다.). 미국도 초(중)등학사, 교과영역 장학사, 초(중)등교육조정자, 초(중)등교육자문자, 초(중)등교육과정전문가, 교과영역 교육과정전문가, 자원교사, 초(중)등교육과정·수업국장, 교육과정·수업국장, 교육과정·수업부 교육감 등 다양한 이름의 장학자가 있다. 물론 교장, 교과주임, 교육감도 장학적 책임을 지고 있다. 말할 것도 없이 일본에도 지도주사를 두어 장학을 하고 있다.

교육청의 장학은 중앙의 교육목표와 방향을 행정적으로 해석하여 풀어 나가 학교로 하여금 이를 실천할 수 있도록 하기 위해서 장학을 해야 한다. 중앙의 정책도 교육청의 행정으로 풀어 나가는 장학을 해야 한다. 이것이 아마도 행정적 장학이 될 것이다. 이것은 교육자치제에서도 필요하다.

장학의 궁극적 목적에 가까운 장학을 하기에는 교내장학이 적격이다. 학생과 교사, 수업이 이루어지고 있는 현장인 학교에서의 장학이 장학의 본 고향이라고 할 수 있다. 그동안 우리나라에서 교내장학보다는 상부의 장학이 중시되었으나 앞으로는 교내장학이 강조되어야 할 것이다. 그러기 위해서는 교장·교감의 장학능력을 신장시켜야 한다.

교사양성기관과 연수기관의 장학이 활성화되어야 한다. 교사의 교수기술 향상은 모든 것이 굳어지기 전인 양성기관에서의 장학이 더 중요하다. 기성교사보다는 장래교사에 대한 장학이 더 중요한데 우리나라에서 그동안 이를 장학의 대상으로 생각하지 않았었다. 교수기술을 바꾸기 위해서는 연수기관의 장학이 필요하다. 특히 평생교육체제에서 교사는 영원한 학습자이어야 한다.

교사의 계속적 전문직적 성장을 위해서는 다른 사람의 도움을 필요로 한다. 다른 사람은 꼭 우수한 사람, 높은 사람, 상급자가 아니어도 좋다. 최근에는 높은 사람보다 동료에 의한 장학, 동료에 의한 코치가 중시되고 있다. 그래서 이제 장학은 Super-vison이라기보다 'Another-vision', 또는 'Peer-vision'이 되어야 할 상황이다. 학생에게 교사가 필요하듯이 교사에게는 장학자의 도움이 필요한 것이다. 이런 중요한 일을 일반직이나 정책관이 대체하지는 못한다.

교육·수업을 하기 위해서는 장학이 반드시 있어야 한다. 장학이 필요하기 때문에 장학론이 하나의 학문분야로 성숙했고 세계 어느 나라에서나 많은 장학론 책이 나와 있다. 장학이 필요한가는 하나의 우문이다.

3. 우리나라 장학의 현실

몇 가지 측면에서 우리나라 장학의 현실에 대하여 살펴보고 논의할 수 있다. 조직, 인사, 장학방법과 장학의 질, 장학문화와 풍토, 관련자의 의견조사 등 여러 가지로 장학의 현실을 알아볼 수 있다.

1) 장학조직

일제시대에는 시학제도하의 시찰적 시학을 받다가 해방 이후 미군정기에는 중앙에 문교부가 생기면서 보통교육국 초등과와 중등과에 각 1명의 장학사가 배치되어 우리나라에 장학이 시작되었다. 그러다가 1963년 12월 16일 각 령에 의하여 문교부에 독립된 기구인 장학실에 집단근무하게 되었다. 그러다가 1970년에는 담당관제를 신설하였다. 그 후 중앙에 계속 독립된 장학기구가 있다가 1994년 장학실이 폐지되고 편수국만 남아 있다가 이것마저 폐지되었는데 장학사와 장학관은 분산되어 있는 셈이다. 가능한 한 영국의 HMI처럼 집단전문기구로 독립되면 장학의 전문성, 효과성의 측면에서 발전적일 것으로 생각된다.

교육청 단위에는 초등장학과와 중등장학과, 초등교육과 중등교육과에서 주로 장학업무를 담당하고 있다. 주로 인사를 담당하는 교직과도 역시 장학적인 일을 하고 있는 셈이다.

학교수준에서는 전통적으로 장학을 받는 입장이었지 교사를 장학하는 입장이 아니었다. 최근에 교내장학이 강조되면서 교장·교감의 장학기능의 중요성이 인식되고 있다. 특히 수업장학은 교장·교감의 몫이라고 보아야 하는데 그동안 교장·교감의 장학지도력, 수업지도력 신장에 노력을 기울이지 못했다. 앞으로 교내장학의 활성화에 노력해야 할 상황이다.

앞에서도 잠깐 언급되었지만 그동안 교사양성기관과 연수기관을 장학 조직으로 고려하지 않았었는데 이들은 중요한 장학기관임을 알아야 한다.

현재 조직측면에서 장학을 강화해야 할 시점에서 중앙의 장학실을 없앴다는 것이 문제이다. 중앙에 장학전담기구가 없으니까 교육청의 장학과 연결성이 없다는 제2의 문제점이 제기된다. 그렇다고 장학이 지방교육자치의 정신에 의하여 완전히 시·도교육청에 맡겨진 것도 아니고 앞으로 맡겨진다 해도 중앙의 조정기능이 없어서 제3의 문제가 또 제기될 것이다.

2) 장학인력

우선 장학인력이 부족하다는 점을 들 수 있다. 업무량이나 교사 수 대 장학자 수의 비로 보나 장학인력이 부족하다는 문제가 계속 제기되고 있다. 그렇다고 업무량을 줄이거나 다른 곳으로 넘기기도 어려운 처지인 것 같다.

둘째, 장학인력의 전문성에 문제가 제기되고 있다. 장학직을 교육전문직이라고 하여 전문직(교직) 중 전문직인 셈인데 특별한 전문직교육 없이 장학직에 임하고 있다는 점이 문제이다. 장학사는 사전 전문성교육 없이 우수한 교사 중에서 발탁하여 장학직에 앉히고 있고, 교감이 180시간 연수, 교장이 당시 180시간 연수로 장학직 일을 하고 있으나 장학에 관한 내용은 몇 시간 안 되는 셈이니 문제가 아닐 수 없다.

또 교육전문직이 전문성 없이 교사, 교감, 교장직으로 수시로 이동하고 있는 점도 문제이다. 일단 교육전문직에 들어와 평생을 그 직에서 보낼 수 있게 되면 없던 전문직이라도 조금 생길 수 있는데 너무 자주 자리바꿈을 하는 데 문제가 있다.

장학직 내에서도 각각 분화, 전문화시킬 필요가 있다. 교장·교감의 교내 장학자, 수업장학자, 교과교육과정 장학자, 특수교육·직업교육 등 전문영역별 전문장학자, 과장·국장 등 행정(인사)장학자, 연구와 연수장학자 등으로 세분하여 전문화시키지 못하고 있다는 점이 문제이다. 앞으로 대학원 수준에서 장학전문가를 양성할 필요가 있다.

셋째, 수업장학이 강조되려면 학교 수준에 교장·교감 외에 수업장학전문가를 배치할 필요가 있다. 복수교감 중 1인을 장학책임자로 할 수도 있고, 자원교사로 하여 장학을 하게 할 수 있다. 학교 주재 장학사는 수업장학에만 전념하게 하면 좋을 것이다.

3) 장학방법과 장학의 질

지금까지 우리나라에서는 교육청 이상의 상부의 획일적인 학교방문(시찰)에 의한 장학에 지나치게 의존해 왔다. 그래서 장학의 효과성에 의문이 제기되는데도 연례행사처럼 형식적으로 진행되었다. 첫째, 이제는 교육부, 교육청, 학교의 행정조직 수준별로 장학방법과 형태를 달리하여 장학의 질을 높여야 할 것이다.

둘째, 또 교장·교감의 장학 능력을 향상시켜 교내장학에 집중하게 하여 수업장학의 질을 높이도록 하는 것이 좋겠다.

셋째, 그리고 가능한 한 장학방법을 다양화하여 교사의 필요에 의한 장학, 개별화 장학의 방향으로 가면 장학의 질이 한층 높아질 것이다.

넷째, 여러 가지 상황변화를 참작하면 교내에서의 동료장학(코치), 자기장학에 동기유발시키는 방안을 강구해야 할 것이다.

4) 장학문화와 풍토

지금 장학은 도전을 받고 있다. 장학자들도 권위를 잃어 자신 있게 장학에 임하지 못하고, 교사들의 장학에 대한 태도도 단순한 수동적 거부감의 단계를 넘어서 저항을 하고 있는 정도이다. 어떻게 보면 지금은 장학부재, 지도력부재의 현실에 이르렀다. 교권이 최대로 존중되고 있는 서구 선진국에서도 볼 수 없는 현상이다. 앞으로 우리나라에서는 어떻게 하면 장학을 수용하는 문화와 풍토로 바꾸느냐가 문제이다.

장학의 목적이 수업개선이고 교사의 교수기술 향상과 전문직적 성장을 위한 것이라면 교사들이 장학을 거부할 필요가 없을 것이다. 장학의 관점, 철학이 바뀌어야 할 상황이다. 교사를 수단시·도구시하여, 다시 말하면 교사를 이용하여 학생들을 잘 가르치게 하고 학교의 목적을 달성하자는 관점이 아니라 교사를 목적시하여, 즉 교사를 위한 장학을 하여 교사를 행복하

게 해주자는 관점이나, 교사가 가지고 있는 능력, 잠재가능성을 최대한 발
휘하게 하여 교사의 자아실현을 도와주는 장학을 하자는 입장이다. 우리는
자아실현을 위해서 살고, 자아실현할 때 행복한 것이다.

현재의 장학풍토는 장학무용론, 장학거부적 태도이나, 교사를 위한 장학의
실천으로 장학풍토를 개선해나가야 할 것이다. 한국 장학은 지금 호기와 동시
에 위기를 맞고 있다. 호기는 세계의 교육 질 경쟁으로 장학의 강조 요청과,
또 교육개혁, 교육세계화를 장학을 통하여 실현해야 하기 때문에 장학이 강조
되는 점이다. 장학의 위기는 이와 같은 장학 강화의 세계적 흐름을 모르는 일
부 교육관료들이 교육부의 장학실을 없애고 지방교육청의 장학부서까지 없애
려고 했던 점이다. 이러한 시기일수록 장학자, 교육자는 단결·협동하고 장학
본연의 자세로 돌아가기 위해 최선의 노력을 경주하지 않으면 안 되겠다.

4. 수업개선을 위한 동료코치

교사들이 상급자에 의한 장학에 거부감을 갖는 상황과, 자율화·전문화를
부르짖는 상황으로 보아 최근에 외국에서도 강조되고 있는 동료코치에 관하
여 집중적으로 생각해보기로 한다.

1) 동료코치의 정의

교직을 고독한 직업이라고 한다. 현대의 직업치고 계획에서 실천, 평가까
지 일의 전과정을 교사처럼 혼자서 처리하는 직업은 거의 없다. 교사들끼리
서로 만나고 상호작용은 하지만 막상 가르치는 일에 관하여 서로 상의하고,

수업을 관찰하고 협동적으로 일하는 경우는 거의 없다. 수업하러 들어가면서 교실 문을 닫아 버리면 모든 것이 단절되고 만다. 막상 모르는 것이 있고, 문제가 있어도 잘못된 자존심을 내세워 상의하지 못하고 모르는 채 넘어가기가 쉽다. 이제 이런 교사 간, 교실 간의 벽을 허물고 동료교사 간에 협동할 수 있는 제도적 장치를 하여 수업의 질을 개선하고 향상시키기 위한 노력을 할 필요가 있다. 이것이 동료코치이다.

특히 전문직은 동료의식에 의한 동료 간의 협동을 생명으로 한다. 동료적 협동에 의하여 상호 계속 성장하려는 것이 전문직의 특징 중 하나이다. 교직이 진정 전문직이라면 앞으로 이러한 노력을 집중할 필요가 있다.

장학과 코치를 구태여 구별한다면 힘과 관계성의 균형에서 찾을 수 있다. 행정가에게 힘의 비중이 가고 장학조직에 교사가 공식적으로 포함되지 않으면 장학의 의미로 기울어지고, 팀 정신에 의하여 상호협력적으로 새로운 기술을 연마하려고 하면 힘의 균형이 이루어지면서 코치의 의미로 간주된다. 코치는 상호연구를 의미한다. 장학에는 평가적 요소가 내재되어 있는데 코치는 평가가 배제된다. 운동팀, 요리, 서예, 예술에서의 코치를 생각하면 될 것이다. 코치는 반드시 교사 간에만 이루어지는 것은 아니지만 주로 동료 간의 코치로 생각하면 좋다. 즉 교장도 장학이란 생각 없이 코치한다는 자세로 하면 코치가 될 수 있다.

동료코치란 둘 이상의 동료 전문교사들이 ① 현재의 교육실천을 반성하고, ② 새로운 교수기술을 확장·정련·형성하고, ③ 동료 상호 간에 가르치고, ④ 교실(수업)내 연구를 수행하고, ⑤ 현장의 문제를 해결하기 위하여 협동적 노력을 하는 신뢰적 과정이라고 정의할 수 있다. 더 구체적으로는 교사로서 능력을 최고도로 발휘하기 위하여 서로 도울 목적으로 수업을 관찰하는 것이다. 이와 유사한 개념으로는 동료지지(Peer support), 자문동료(consulting colleagues), 동료 간 공유(peer sharing), 동료 간 보살핌이 있을 수 있다. 어떤 이름이 되었든 동료코치는 교수기술과 지식을 협동적으로 개발하고, 정련하고, 공유하는 데 초점을 맞춘다.

2) 동료코치의 필요성

동료코치를 해야 하는 논리적 근거는 무엇인가? 왜 동료코치를 해야 하는가?

첫째, 교사의 고립을 줄이기 위해서 필요하다. 전통적으로 교사들은 수업 시에 교실 문을 닫고 나면 모든 것이 단절된다. 다른 사람의 잘하는 것을 배울 수도 없고 나의 수업 기술을 가르쳐 줄 수도 없다. 동료적인 방법으로 서로 관계를 맺고 지식을 나누어야 한다.

둘째, 교사로 하여금 서로 아이디어와 도움을 주고받을 수 있도록 협동적 규범을 형성할 필요가 있다. 의사나 변호사 등 다른 전문직에서는 협동적 작업을 하고, 조언과 조력을 주고받는 것이 하나의 동료적 규범으로 되어 있는데, 교직에서는 수업을 관찰하고 상호 교실을 방문하는 것이 편안하지 못한 것으로 되어 있다. 이제 교사들이 하는 일에 대하여 규칙적으로 반성하고, 분석하고, 다듬고 함께 일하는 협동적 규범과 문화를 형성하여 타전문직과 같이 발전해야 할 필요가 있다. 비밀주의의 벽을 허물어야 학생들에게 더 혜택이 간다.

셋째, 교사들로 하여금 수업 상의 문제에 관하여 말하는 하나의 공개토론장을 만들어 준다. 동료코치는 교사들에게 더 열심히 일하라고 하는 것이 아니라 멋있게 하고자 하는 것이다. 수업 상의 문제에 관하여 동료와 만나서 이야기함으로써 시간을 절약하고 새로운 것을 재창조할 수 있으며, 성장과 성숙을 앞당길 수 있다.

넷째, 성공적인 실천을 공유할 수 있다. 다른 사람의 성공적인 교육실천을 축하해주고 나의 성공에 대하여 축하를 받는 속에서 시행착오를 줄이고 발전할 수 있다. 그래서 가르치는 일뿐만 아니라 교육의 전 과정에서 개별 학생에게 집단적인 성공을 제공해 줄 수 있다.

다섯째, 연수에서 훈련받은 것을 교실현장에 전이시킬 수 있다. 동료코치를 위한 연수가 과거처럼 단순한 연수로 끝나는 것이 아니라 실지로 교실수업에 전이·활용할 수 있다. 동료코치 속에서 새로운 수업기술을 적용하고 또 피드백 받게 된다.

여섯째, 교사를 연구자로 격상시킨다. 동료코치 속에서 연구적으로 계획하고, 연구적으로 실천·자료수집하여 결과를 분석하고 수정하게 되어 연구적인 교사로 발전하게 된다. 동료코치의 과정을 기록해 놓으면 훌륭한 현장연구 보고서가 될 것이다.

일곱째, 반성적 실천을 격려하게 된다. 동료코치의 과정에서 자연스럽게 현재의 교육실천을 반성하고 연구하고 다듬는 기회가 된다. 동료코치는 자신의 수업을 비춰 볼 수 있는 거울이 될 것이다.

동료코치는 고립의 규범과, 관료적 스케줄, 수업공개의 공포의 장벽을 허물고 전문직으로 한 단계 상승시키는 계기가 될 것이다. 동료코치를 실시했던 미국 교사들은 다음과 같은 이점이 있다고 지적한다.

① 전문직 기술에 대한 향상된 의식을 갖게 되었다.
② 자신의 수업을 분석할 수 있는 향상된 능력을 갖게 되었다.
③ 교수-학습에 대하여 더 잘 이해하게 되었다.
④ 수업전략의 레퍼토리가 광범하고 다양하게 되었다.
⑤ 자아효능감이 향상되었다.
⑥ 동료들과 강력한 동료적 유대감을 갖게 되었다.
⑦ 교수직무수행이 한층 향상되었다.
⑧ 학생들의 진보가 향상되었다.
⑨ 교육과정의 적용이 더 명확해졌다.
⑩ 보다 더 응집력이 강한 끈끈한 학교문화가 형성되었다.
⑪ 긍정적인 학교풍토가 되었다.

이리한 이유와 이점으로 볼 때, 그리고 현재의 우리나라의 상황으로 볼 때 동료코치를 꼭 개발하여 정착시키고 성공시켜야겠다. 문제는 동료적 문화를 어떻게 형성하느냐에 달려 있다.

3) 동료코치의 여러 형태

동료코치는 학교의 형편과 교사의 구성 형편에 따라 여러 가지를 생각할 수 있다.

둘 이상의 교사가 수업과 코치에 대하여 사전협의회를 하고, 수업관찰을 하고, 사후협의회를 하면서 함께 일하는 것은 흔히 있는 일이다.

이것도 초청하는 교사가 주도권을 갖느냐, 대등한 비중을 갖느냐, 전문성이 높은 교사를 코치로 초대하여 전문가에게 비중을 두느냐에 따라 ① 초청교사주도적 코치(mirroring coach, coach as a mirror in the classroom), ② 협동적 코치(collaborative coach, coach as collaborator), ③ 전문적 코치(expert coach, coach as an expert adviser)로 나누어 볼 수 있다. ① 초청교사주도 코치는 초청하는 교사가 수업관찰의 초점, 자료수집의 형태, 관찰 중 코치가 해야 할 행위에 대한 안내, 관찰할 수업에 대한 토의의 요소, 관찰 날짜와 시간 등을 결정하고 코치는 단지 수업에 대한 거울의 역할을 한다. ② 협동적 코치는 그야말로 대등한 50:50의 관계 속에서 협동적 노력을 하는 형태이고, ③ 전문적 코치는 코치가 주도하여 교사의 교수기술을 향상시키는 형태이다.

또 ④ 다른 형태는 교사들이 둘씩 짝이 되어, 또는 하나의 팀이 되어 공동으로 학습계획이나 교육과정 단위를 계획하는 형태이다. 이때는 계획은 공동으로 세우고 실제 가르칠 때는 따로 할 수도 있다. ⑤ 이제는 계획뿐만 아니라 공동으로 가르치는 일까지 함께하는 공동교수의 코치도 있을 수 있다.

또 다른 형태는 짝이나 팀이 ⑥ 문제해결, ⑦ 비디오테이프 분석, ⑧ 연구집단으로 협동적 노력을 할 수도 있다. 짝은 전문가와 신참, 경력자와 비경력자로 하게 할 수도 있다.

또 ⑨ 다른 형태로 교사들이 경험에 대하여 이야기를 나누는 것도 코치로 생각할 수 있다. 이렇게 이야기를 나눔으로써 교사들은 안전하게 수업의 기술적 레퍼토리를 증가시킬 수 있다.

어떤 교사들은 코치의 과정에서 수업에 관하여 ⑩ 현장연구를 수행할 수 있다. 수업실천에 관하여 가설을 형성하고, 코치로 하여금 관찰하고 기록하게 하여 가설의 검증계획을 세우고, 자료를 분석하고 논의를 하면 될 것이다. 관찰기록을 하나의 반성적 일지(日誌)식으로 하면 더 좋을 것이다.

수업과 교육과정 문제에 관한 동료적 대화와 교실의 산책을 곁들이는 형태도 생각해볼 수 있다. 이를 ⑪ '대화산책'이라고 이름 붙여도 좋을 것이다. 대화산택은 동료간 신뢰의 형성에도 도움이 될 것이다.

이 이외에도 ⑫ 교육과정 개발, ⑬ 교육자료 개발, ⑭ 범교과적 통합단원 계획 등 동료코치의 형태는 무한하게 개발될 수 있다.

어쨌든 동료코치는 수업전략, 교육과정 내용, 학급관리의 실제, 특별한 구체적 학습, 특정의 문제점, 발문법이나 고등 사고력 신장의 과정기술과 같은 수업기술 등 다양한 내용을 다루게 된다. 이러한 동료코치는 때와 장소를 한정할 필요도 없고 두 명, 세 명, 팀, 동학년 교사, 동교과 교사, 선후배, 동료 간에 아주 다양하게 구성할 수 있다. 동료코치에서 교사는 기술적, 반성적, 연구적, 협동적 학습자가 된다.

다양한 동료코치의 형태를 공식적인 것과 비공식적인 형태로 나누어 〈그림 7-5〉와 같이 종합한다.

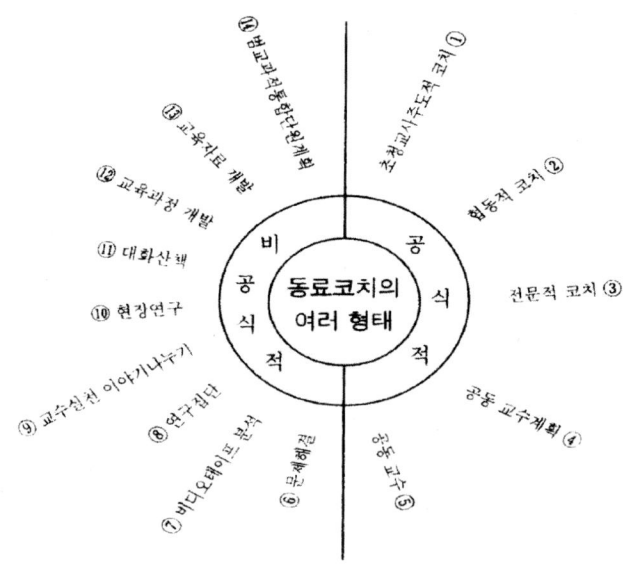

〈그림 7-5〉 동료코치의 여러 형태

4) 동료코치 실시를 위한 지침

동료코치를 학교에 도입하기 위해서는 충분한 검토와 사전준비가 요구된다. 몇 가지 지침을 제시한다.

첫째, 동료코치에 관한 모든 사실에 대하여 충분히 검토하고 나서 각 학교에 알맞을 것인지 당해 학교의 특성과 비교해 보아야 한다. 왜 동료코치를 원하는지 자문자답을 해 보라.

둘째, 어떤 것을 동료코치로 하고, 어떤 것을 동료코치의 형태가 아니라고 할 것인지 명확히 밝혀 주어야 한다.

① 동료코치는 평가를 다루지 않는다. 자료수집도 교사가 원하는 구체적인 것이므로 평가자료가 될 수 없다.
② 동료코치는 전문직적 대화이지 사교적 대화가 아니다.
③ 동료코치에서의 상호작용은 근본적으로 경쟁적이 아니라 동료적이다. 대등한 관계를 특징으로 한다.
④ 코치는 평가적이기보다는 지원적이다. 코치는 교사로 하여금 반성하고, 분석하고, 계획하도록 격려한다.
⑤ 코치와 초청교사와의 상호작용은 비밀이 유지되어야 한다. 공개적으로 칭찬하는 것까지도 삼가 해야 한다.
⑥ 코치의 교실방문의 초점은 초청교사의 필요에 따라 바뀌어야 한다.
   (예, 고등사고기능 증진 → 학생반응을 기다리는 시간).
⑦ 동료코치에의 참여여부는 교사에게 맡긴다.

셋째, 여러 가지 동료코치의 형태에 관하여 명확히 이해시켜야 한다. 최소한 초청교사주도적 코치, 협동적 코치, 전문적 코치를 어느 때 적용해야 할지 알아야 할 것이다.

넷째, 질의응답시간을 제공해야 한다.

다섯째, 동료코치 프로그램을 위하여 교사들이 기여할 수 있는 것이 있는지 연구해야 한다. 교사의 경험은 동료코치 개선에 도움이 될 것이다.

여섯째, 동료코치의 성패에 영향을 줄 문화적 변인과 바꿔야 할 사전조 건을 확인해야 한다. 사전조건으로는 ① 지금도 잘하지만 더 잘하기 위해서 라는 인식, ② 이성적인 신뢰의 수준, ③ 서로 보살펴 준다는 의식을 들 수 있다.

일곱째, 동료코치를 위해서 해야 할 지원사항을 분석해야 한다. 표현적, 상징적 지원과, 시간, 훈련비용, 수업관찰 도구, 축하의식 비용 등을 분석 해야 한다.

동료코치에 관한 소개를 한 다음 교사들이 관심을 보이면 동료코치를 기 획하고 설계할 팀을 구성하여 맡기는 형식을 취하는 것도 좋을 것이다. 그 래서 자발적으로 참여하게 하고 행정적으로는 참여한 사람과 학교에 유인가 를 제공하는 것이 좋을 것 같다.

동료코치를 위해서는 최소한 1개월에 2회는 만나 협의하도록 하고, 동료 코치를 할 수 있는 시간을 확보하는 일이 중요하다. 초등의 경우 수업관찰 시 코치의 학급을 누가 담당할 것인지 대체계획이 서야 한다.

짝을 잘 결정해야 동료코치는 성공할 수 있다. 심리적으로 편안한 짝이 되어야 한다. 둘, 셋, 동학년 또는 동교과 교사, 수업 스타일이 비슷한 사 람끼리 또는 다른 사람끼리, 가능한 한 원하는 사람과 짝을 이루도록 해야 한다. 마음이 안 맞으면 결별할 수 있도록 보장해 주어야 한다.

5) 동료코치 도입을 위한 조직변인과 개인변인

동료코치도 학교조직과 개인교사에 맞아야 한다.

11개의 조직변인과 4개의 개인변인을 생각해본다. 조직변인으로서 첫째, 학교에 기존하는 동료의식 풍토를 고려해야 한다. 독립성과 상호의존성의 연속선 어디에 해당되나?

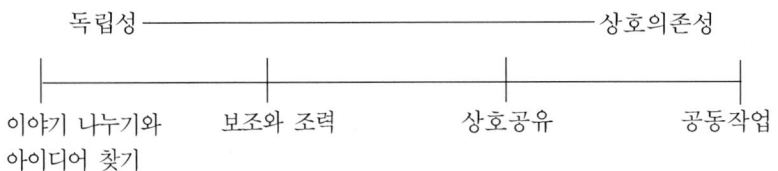

둘째, 모험감행과 실험정신을 지원하는 규범이 있는가? 모험감행성과 실험정신이 격려되어야 발전하고 동료코치도 성공할 수 있다. 이러한 학교문화의 형성이 가능한지 검토해 보아야 한다.

셋째, 교사들이 유쾌한 장학경험, 또는 불유쾌한 장학경험을 가졌는가? 교사들의 과거경험은 동료코치 도입에 영향을 준다. 우리나라 교사들이 장학에 거부적이었던 것을 동료코치에서 긍정적 경험으로 보상받도록 해야겠다.

넷째, 학교의 기록으로 보아 직원발전의 주제로서 동료코치를 다룰 차례가 되었는가? 직원연수의 주제나 슬로건으로 동료코치를 내세울 차례가 되었는가 생각해볼 필요가 있다.

다섯째, 학교에 퍼져 있는 중핵가치는 무엇인가? 학교문화에서 개인주의가 중시되는가 아니면 공동작업, 아이디어 공유, 상호지원적 분위기가 강조되는가? 모임과 대화가 자주 있는가?

여섯째, 지도자가 동료코치를 지원하는가? 교장, 교육장, 교육감의 지원이 가능한가? 비공식적 리더의 지원도 중요하다.

일곱째, 현재 동료코치 외에 다른 중요한 일이 동시에 진행되고 있는 것이 있는가? 다른 중요한 일이 진행되면 동료코치에 관심을 돌리기 어렵다. 동료코치와 통합해서 진행할 수 있는가?

여덟째, 학교의 관료적 구조가 동료장학을 지원할 것인가 방해할 것인가?

아홉째, 학교에서 현존하는 협동적 구조는 무엇인가? 예를 들면 동학년회, 동교과 서클, 각종 위원회, 담임−부담임제, 팀티칭, 경험자−미경험자 짝 등의 경험이 있으면 유리할 것이다. 학교의 협동적 문화를 다음 척도로 생각해볼 수 있다.

분열된　　주저하는　　시도적　　협동적
개인주의　　조력　　동료의식　　문화

　열 번째, 학교에서의 의사결정의 형태와 성격은 무엇인가? 공동결정형태인가, 아니면 단독결정형태인가? 동료코치는 공동결정의 형태가 되어야 할 것이기 때문에 교사의 과거경험이 중요하다.

　열한 번째, 학교문화에서 융통성은 어느 정도인가? 동료코치에서도 융통성이 필요하기 때문이다.

　개인적 변인으로는 ① 적절성, ② 가능성, ③ 참여결정 가능성, ④ 신뢰성을 들 수 있는데, 이들 변인을 고려하여 개인별로 동료코치에 참여할 것인가를 결정해야 한다.

　첫째, 과거의 경험으로 보아 동료코치에 얼마나 적절한가?

　둘째, 개인적으로 참여하는 것이 실현가능한지 검토해야 한다. 시간적으로, 철학으로 보아 가능한지 알아보아야 한다.

　셋째, 동료코치에 참여할 것인지 말 것인지 교사 개인이 결정할 수 있어야 긍정적 결과를 가져온다.

　넷째, 동료코치의 근본적 요인의 하나는 신뢰성이다.

　이들 학교변인과 교사개인변인을 고려하여 동료코치의 도입 여부를 결정해야 한다.

6) 동료코치 도입과정

　동료코치 도입 시 도입·실천·제도화의 과정으로 나누어 주요 항목을 제시한다.

도입단계

① 기획위원회 구성
② 동료코치에 관한 정보제공
③ 동료코치의 융통성 강조
④ 비전과 목적 설정
⑤ 시간의 문제 검토
⑥ 지원과 자원의 출처 확인
⑦ 차분하고 점진적 진행
⑧ 현장촉진자 확인
⑨ 인식·정보·개인적 관리·결과·협동·재초점의 관심단계 확인
⑩ 어떻게 제도화할 것인지의 계획

실천

① 동료코치에 관한 연수와 훈련
② 다양한 추후 지원서비스 제공
③ 사고와 행동에 방향을 주는 연구와 요인에 관한 연수·훈련 제공
④ 실험할 수 있는 시간 제공
⑤ 검토와 정교화를 위한 연수회 제공
⑥ 지원집단이나 연구집단이 회합을 가질 수 있는 시간 배정
⑦ 실천활동에 대한 청취
⑧ 성공사례에 대한 공개적 축하

제도화

① 축하의식의 계속
② 교사를 연구자로 격상 지원

③ 행정적 지원의 계속

④ 복습을 위한 연수회 개최

⑤ 진행청취의 계속

⑥ 보상의 제공

⑦ 동료코치에 관한 반성과 출판 유도

동료코치를 도입하는 데 있어서 중요한 몇 가지를 더 강조한다.

첫째, 동료적 협동의 학교문화를 형성하기 위해서 지도력을 발휘해야 한다. 이 문화가 형성되지 않으면 동료코치의 뿌리를 튼튼하게 내리기 어렵다. 토양을 잘 정지하고 기름지게 해야 한다.

둘째, 연수를 강조해야 한다. 동료코치의 필요성과 방법에 대하여 교사들이 충분히 알아야 동료코치가 매력을 가질 수 있다. 연수는 계획협의회, 수업관찰, 피드백 협의회의 기술에 초점이 주어져야 한다. 이 연수는 지속적으로 계속되어야 한다.

셋째, 교사의 자발성에 근거하되 행정적 지원이 계속되어야 한다. 동료코치는 교사가 자발적으로 참여할 때 성공할 수 있다. 동시에 시간·재정 등 지원이 있어야 하고, 스스로 참여하는 교사와 학교에 유인가를 주어야 한다.

5. 장학의 발전과제

1) 바른 장학관·철학의 정립

교육관계자와 장학관련자의 올바른 장학에 대한 관점이 형성되어야 한다. 그동안 장학에 대한 관점이 많이 바뀌어 오긴 했으나 아직도 만족할 만한 상태라고는 볼 수 없다. 이는 철학의 문제이고 목표의 문제이다. 그래서 교육관, 인간관 등과도 밀접하게 관련되어 있다. 관점의 변화는 장학자와 피장학자, 제3자까지 모두 동시에 바뀌어야지 어느 한쪽만 바뀌어도 안 된다.

첫째, 인간자원장학의 관점에서 교사를 믿고, 선하게 보고, 그래서 교사의 능력을 개발하여 교사의 자아실현을 도와주는 것이 장학이라는 관점으로 바뀌어야 한다. 이러한 관점의 변화, 사고의 전환은 장학자와 교사 모두에게 필요하다. 이러한 관점의 변화로 장학자와 피장학자의 동반자 의식, 관계성 형식이 제대로 되어야 장학은 좋은 출발을 할 수 있다.

둘째, 장학을 행정과 구별하여 궁극적으로 수업의 질을 향상시키는 것이 장학의 목표라는 관점의 변화가 요청된다. 수업의 질 향상에 이르지 못하면 모든 장학활동은 무의미하다는 인식이 철저해야 한다. 수업장학, 임상장학이 강조되어야 한다.

셋째, 장학의 중심이 교육부나 교육청으로부터 학교로, 교실로 내려와야 한다.

장학의 궁극적 목표가 수업의 질 향상에 있다면 수업이 이루어지고 있는 현장과 수업을 담당하고 있는 교사, 학생이 있는 학교와 교실 가까이 장학이 다가와야 효과가 클 것이다.

2) 장학지도자 양성

수업의 질이 수업담당 교사에게 달려 있듯이 장학의 질은 장학담당자에게 달려 있다고 해도 과언이 아니다. 우리나라 장학의 질이 한 단계 더 도약을 하려면 장학지도자를 전문화시켜야 한다. 장학지도자의 전문화를 위해서 첫째, 전문양성교육을 해야 한다. 스포츠에서 선수와 선수지도자가 다르듯이 가르치는 사람과 가르치는 사람을 지도하는 사람은 구별되어야 한다. 그래서 가르치는 교사 중에서 발탁하여 몇 시간의 연수를 얹어서 전문적인 장학적 일을 하게 해 가지고는 국제경쟁력을 갖는 장학이 될 수 없다. 그래서 우수한 교사 중에서 선발하여 최소한 대학원 과정(석사 후 전문가 과정, 또는 박사과정)에서 전문양성교육을 받게 하여 장학직에 임용하는 양성체제를 제안하는 것이다.

둘째, 양성교육에 의하여 임용된 이후에도 계속적인 연수교육을 부과하고 장학 이외의 직으로 상호전직하지 못하도록 하여 장학을 전문화하자는 생각이다.

셋째, 고도의 전문교육을 받은 이들 장학지도자에게는 이에 상응할 만한 권위와 보상으로 충분한 대우를 해 주어야 한다.

넷째, 장학지도자도 전문분야별로 나누어 양성할 필요가 있다. 교장·교감에 해당하는 학교장학과정, 전문교과 장학과정, 교육과정 장학과정, 학무과(국)장, 초·중등과(국)장, 교육장에 해당하는 일반장학과정 등으로 분화시켜 전문성을 높일 수 있으면 좋겠다.

3) 교사발전과 동기유발

교사는 모든 교육활동에 있어서 출발점이다. 장학도 근본적인 것은 교사에서 출발해야 한다. 그래서 첫째, 교사양성기관에서의 교사장학과 장학에 대한 교육이 이루어져야 한다. 양성기관에서부터 장학의 필요성 인식, 장학에 대한 동기유발이 될 수 있도록 해야 한다. 최소한 장학에 대한 수용태도라도 길러져야 하는데 현재는 역으로 거부태도가 양성과정에서 길러지는 것 같은 착각을 느낄 정도이다.

둘째, 교사발전을 위한 부단한 연수가 계속되어야 한다.

셋째, 전문직의 특성에 맞게 동료장학, 자기장학을 통하여 스스로 발전하고자 하게 하는 일이 중요하다. 장학의 성패는 전적으로 교사의 장학수용과 동기유발, 자발성에 달려 있다.

4) 장학기술 개발

장학에 대한 장학관이 바뀌고 장학의 필요성을 느껴 교사에게 필요한 장학을 제공해 주고자 해도 이를 실천에 옮겨 목적을 달성할 수 있는 방법과 기술이 없으면 아무 소용이 없다. 임상장학, 동료장학에 관한 기술을 더욱 개발하고 정교화시키는 일이 중요하고도 시급하다. 수업의 질 향상을 위한 장학을 하고 싶어도 기술과 방법이 없어서 입으로 떠들다 마는 결과가 되어서는 안 된다. 수업관찰과 분석에 관한 기술, 장학협의회기술, 이를 위한 의사소통기술 등이 자꾸 개발되어야 한다. 이러한 기술들은 현장으로부터 나와야 하지만, 바람직하기로는 학자와 현장실천가의 협동에 의하여 개발될 수 있다면 더욱 현실성이 있을 것이다.

5) 장학전문단체와 전문직 윤리

장학에 관한 이론과 실제를 체계적으로 연구하고 실천하려면 학회성격의 장학전문연구단체가 형성되어야 한다. 이론가인 교수나 학자들과 실천가인 교감급 이상의 장학담당자로 구성해야 할 것이다. 장학은 성격상 현장성·응용성이 강하므로, 이론중심, 학자중심인 다른 학회와는 성격이 달라야 할 것이다. 미국의 경우는 교육과정과 장학을 합쳐 ASCD(Association for Supervision and Curriculum Development)를 구성하여 장학과 교육과정에 관한 월간지, 계간지, 각종 서적을 발행하고 또 연수회도 개최하고 있다. 이 모임은 이제 세계적인 모임으로 성장하였다. 우리의 경우도 이런 단체를 만들어 장학에 관심을 갖는 사람들이 이마를 맞대고 노력한다면 우리나라 장학의 수준은 한 단계 더 발전할 수 있으리라 확신한다. 그리고 교육전문직, 장학전문직은 확고한 전문직 윤리를 확립하고 이 윤리에 의하여 행동해야 한다.

6) 장학문화 학교문화의 형성

최근에 기업체에서도 기업문화가 강조된다. 독특한 기업문화를 가지고 있는 기업이 성공할 수 있다는 것이다. 그리고 교육개혁에서도 근본적으로는 문화의 변화, 문화의 개혁이 이루어져야 다른 개혁도 성공할 수 있다고 보아 문화가 강조되고 있다.

장학에 있어서도 장학을 수용하고, 장학을 통해서 교직의 전문성을 향상시키려는 장학문화가 형성되어야 발전할 수 있다.

앞서 동료코치에서 강조된 것처럼 동료간에 협동하고, 아이디어를 나누어 가지려고 하고, 모험과 실험을 하여 발전하고자 하는 협동적 학교문화가 형성되어야 교내장학, 동료코치도 뿌리를 내릴 수 있다. 건전한 문화지도력이 요구된다.

장학도 남을 위한 것이 아니라 교사 자신을 위한 것으로, 교사로 하여금 보람 있게 교직생활과 삶을 영위하기 위한 것이라는 인식이 선행되어야 한다.

제8장

수업의 질 향상을 위한 장학의 발전과제*

1. 서 론

우리나라는 자타가 인정하는 교육의 나라임에 틀림없다. 우리가 교육에 열심하는 바탕은 유교사상에 있다. 세계에서도 주로 동남아 여러 나라들이 교육에 열성을 보이고 있다. 여기에 보태어 식민지 고통을 받은 경험을 가지고 있는 나라들은 더욱 고학력지향이라고 한다. 우리나라는 유교적 바탕에 식민지의 고통까지 받아 더욱 학교교육에 열성을 보여 왔다. 이제는 시대가 변하여 그렇게 교육에 열성을 쏟지 않아도 먹고 사는 데 지장이 없을 것 같은데도 거의 맹목적·무조건적이라고 할 만큼 교육에 열성이다. 유태인들도 고통으로부터 살아남기 위해서 교육을 중시했고 그 덕으로 이제는 조그마한 나라가 큰소리치면서 살아가고 있다. 지구상에 흩어져 있는 유태인 후예들이 교육의 덕으로 세계를 움직이고 있다.

---

* 教育發展論叢 Vol.16. No.1. 충남대학교 교육발전연구소, 1995.

일본과 독일이 패전의 잿더미에서 다시 살아나 세계 경제를 주무르고 있는 것도 그들의 철저한 국민교육에서 나온 국민정신의 덕이라고 본다. 우리나라가 갖은 외세의 침략과 고난의 역사에서 살아남기 위해서 힘쓴 것이 교육이며 또 교육의 덕으로 살아남을 수 있었던 것이다. 그러나 우리 자신의 교육의 힘으로 일제식민지에서 벗어나지 못하고, 남의 힘으로 해방이 되었기 때문에 남과 북으로 갈라져 지금 다시 고통을 받고 있지만 남북분단의 상황에서나마 이런 정도라도 발전할 수 있었던 것도 교육의 덕이라고 하지 않을 수 없다. 남북분단 상황에서, 그것도 6·25의 비극을 딛고 일어나 우리는 지난 30년 동안 다른 나라들이 부러워하는 괄목할 만한 발전을 가져온 것도 모두 교육의 덕으로 돌리지 않을 수 없다.

그런데 이제는 가속적인 발전 뒤에 잠시 정체기를 맞고 있다. 88올림픽이라는 세계적인 잔치 이후에 멈칫거리는 동안 다른 나라들로부터 추월을 당하는 동시에 선진국으로부터는 견제를 당하여 샌드위치 신세가 되고 있다. 가치관의 혼란으로 동방의 예의윤리관도 흔들리고 은근과 끈기라고 했던 한국인의 근성도 흔들리고 있다. 시대적으로는 새로운 21세기에서, 위치에 있어서는 선진국 대열의 문턱에서 우리가 자랑으로 여겼던 우리가 해온 교육에 대하여 반성해 보고 교육정책의 새로운 방향을 모색하지 않으면 안 될 시점에 와 있다. 우리의 교육과 교육정책이 어떤 한계를 느끼고 있는 것이다.

2. 한국 교육정책의 전환

정책이란 권위적인 가치의 배분이라고 할 수 있다. 권위를 가지고 있는 사람이 가치 있다고 판단하는 곳에 가치를 많이 배분하는 것이 정책이라고 본다. 그래서 가치와 정책은 합동이라고 한다. 교육정책에서는 가치를 추구한다. 여러 중요한 가치들이 교육정책에서 추구해 달라고 경쟁을 한다. 이들 중요한 가치들 중에는 ① 평등성 또는 형평성, ② 효율성, ③ 자유 또는 선택(Guthrie, Garms, & Pierce, 1988; Wirt, 1987; Boyd, 1984; Swanson, 1989; Sergiovann, 1987), ④ 수월성(Wirt, 1987; Boyd, 1984; Swanson, 1989; Sergiovann, 1987), ⑤ 일체감, ⑥ 경제적 성장(Swanson, 1989)을 들고 있다. 그러나 효율성과 자유, 평등성과 수월성의 넷을 주요 갈등하는 가치, 또는 경쟁하는 가치로 꼽고 있다. 이들 넷은 하나하나가 교육과 교육정책에서 등한시할 수 없는 가치인데 이들은 서로 모순을 일으키고 양립할 수 없는 가치들이기 때문에 갈등하는 가치, 또는 경쟁하는 가치라고 하는 것이다.

여기서 한국교육행정, 교육정책에서는 중요한 가치선택을 해야 하는 것이다. 이러한 가치선택이 곧 한국교육이 새로운 한국의 재도약을 약속해 주는 전기를 만들어 주리라 본다.

1) 효율성으로부터 선택의 자유·다양성으로

합리적인 사고를 하는 합리적인 사회에서는 중앙집권적인 통제를 하고 중앙집권적인 권위적 결정을 하게 된다. 또 합리성, 합법성, 효율성의 3대 지주에 근거한 관료제로 시간과 정력, 자원을 절약하게 된다. 지금도 합리성을 사랑하는 프랑스인들은 중앙집권적 교육행정체제로 민주주의의 성공을 거두고 있는 것이다.

우리나라에서도 일제로부터 해방되어 정부를 세워 우리 손으로 교육을 시작하자마자 6·25전쟁이 일어나면서 적은 돈, 불리한 여건 속에서 짧은 시간에 많은 양의 교육을 해내야 하는 상황에서 중앙집권적 관료제로 효율성을 추구하지 않을 수 없었다. 효율성을 추구한다고 했어도 우리가 합리적·이성적인 서구사회와 달리 정(情)의 사회이기 때문에 만족할 만큼 성공을 거두었다고는 볼 수 없다.

그러나 그런 속에서도 효율성 추구로 어느 정도 효과를 거두고 성공적이었던 측면도 있다. 똑같은 교육과정과 교과서로 똑같은 사범교육을 받고 자격증을 가지고 있는 교사들의 손에 의하여 최소한의 교육수준은 유지할 수 있었다. 적은 돈, 짧은 시간을 갖고 분권주의, 지방자치, 다양성을 추구한다고 했더라면 아마도 한동안 많은 낭비와 혼란이 야기되었을 것으로 본다. 적은 돈을 가지고 짧은 시간에 국민교육을 어느 수준까지 끌어올리는 데는 우리 한국교육이 어느 정도 성공을 거두었다고 본다. 전국의 어디를 가도 최소한의 교육시설을 갖추고, 최소한 교과서 내용은 가르칠 수 있고, 최소한 6년, 3년, 3년은 채워서 졸업시킬 수 있다. 효율성교육은 평균인간을 길러 내기까지에는 효력을 충분히 발휘한다.

중앙집권으로 효율성의 가치를 추구하다 보니 획일성이 통용되고 지역차, 개인차가 고려될 수 없었다. 최소한의 메뉴 마련에 급급하다 보니 다양한 요구, 다양한 필요성이 인정받을 틈과 여지가 없었다. 획일성은 어떤 면에서 효율성을 거둘 수 있으나 다른 측면에서 보면 낭비를 가져올 수도 있다. 낙도·벽지에서나 도시에서나, 영재에게나 장애인에게나 똑같은 교육이 제공되다 보면 다른 한편에서는 낭비가 따르게 된다.

그런데 이제 합리적 모델만이 적용되어 이에 만족하기엔 너무나 복잡한 사회, 다원사회로 변모해 가고 있다. 보리밥도 먹기 어려울 때는 밥과 국, 김치의 기본만 있으면 만족할 수가 있었다. 그런데 국민 1인당 GNP 10,000달러를 넘어서면서 다양한 집단, 다양한 가치, 다양한 욕구가 분출되기 시작하였다. 다양성의 가치가 강하게 떠오르고 있는 것이다.

그리고 민주주의 국가에서는 효율성의 가치도 추구해야 하지만 여기서 멈추지 말고 다양성 속에서 선택의 자유가 보장되어야 한다는 것이다.

국가적인 전체성도 중요하지만 국민 개개인의 개별성이 인정되고 개인의 행복이 보장되어야 한다는 것이다. 국민 각자가 행복할 때 국가 전체가 유지된다는 주장이다. 과거 공산주의의 교육목표는 "국가에 유용한 인재의 양성"이었지만 민주주의 국가의 교육목표는 "개인의 자아실현", "개인의 행복"이다.

　세상이 합리적으로만 돌아가는 것은 아니다. 합리성, 합리적 모델의 한계도 인정해야 한다. 문제는 합리적이지 않은 세상에서, 불확실성 속에서 효과성과 효율성을 거둘 수 있느냐도 생각해야 한다. 상황은 자주 변한다. 변화는 현 세계의 특징이 되었다.

　우선 학생 인구가 변하고 있다.4) 첫째, 보다 다양한 배경을 가진 학생들이 학교에 오고 있다. 과거와 달리 부자나 가난한 사람도, 남자도 여자도, 정상아도 장애인도 모두 교육을 받을 권리와 의무가 주어진다. 그러면 다양한 메뉴, 다양한 프로그램이 요구되고 자연 선택의 자유가 있어야 한다.

　둘째, 보다 많은 아이들이 전통적 가정이 아닌 가정에서 오기 시작하고 있다. 핵가족, 맞벌이 부부 가정, 편부·편모, 소년·소녀가장, 고아, 이혼가정, 양자·양부모 가정 아이들에게 맞게 학교교육은 대응해 주어야 한다. 온종일 공부방 운영도 그 한 예이다.

　셋째, 풍요 속에 가난한 아이들도 많다. 점심을 굶는 아이들이 GNP 1만 달러의 그늘에 가리워지기 쉬운 것이다.

　넷째, 청소년 스트레스가 증가하고 있다. 오죽하면 아이들이 자살까지 하겠는가? 약물, 마약, 성범죄, 강도로 분출하는 청소년들도 모두 포기할 수 없는 우리의 교육대상이다.

　다섯째, 현대사회에서 장애인 학생도 점점 늘어날 수밖에 없다. 장애인 교육을 획일성, 효율성만으로 처방할 수는 없다.

　학교조직에 대한 사고와 전제도 달라져야 한다. 첫째, 조직의 목표가 과거 단일목표로부터 복합목표, 때로는 경쟁하는 여러 목표들로 바뀌어야 한다.

---

4) Jerry L. Patterson, Stewart C. Purkey, & Jackson V. Parkey, *Productive school Systems for A Nonrational World*(Alexandria, VA:ASCD, 1986), pp.2~6에서 제목만 따옴.

둘째, 권한과 권위에 있어서도 정점으로부터 전 조직에서 분산으로 이동하게 된다.

셋째, 의사결정도 최선의 해결책에 이르는 합리적 문제해결 과정이라는 생각으로부터 많은 구성원의 욕구를 만족시키는 해결책에 이르는 협상의 과정으로 바뀐다.

넷째, 학교 외부환경을 보는 관점도 과거에는 지원적이고 영향을 주더라도 예측 가능했었는데 이제는 예측 불가능한 방법으로 정당하게 영향을 준다는 것이다.

다섯째, 교수과정에서도 최대의 교육효과를 가져올 수 있는 유일한 최선의 방법이 있다고 보았던 데서 최적의 효과가 있기 위한 상황에 적절하고 다양하게 가르치는 방법이 있다고 보는 관점으로 바뀌게 된다.

이제 한국의 교육행정은 일대 전환을 하지 않으면 안 된다. 새로운 세기, 앞으로 펼쳐질 국제경쟁의 시대에 맞게 효율성 일변도의 중앙집권적 관료제로부터 다양성과 선택의 자유를 보장하는 교육정책으로 방향전환을 하지 못하면 세계교육시장에서 뒤쳐질 뿐만 아니라 우리나라 국민들의 욕구를 충족시켜주지 못해 교육은 국민들로부터 더욱 불신을 받고 배반당하게 될 것이다.

선진세계 여러 나라에서 국민, 가정, 학부모에게 학교의 선택권을 보장해 주는 방향으로 변해 가고 있다. 국민으로서 의무인 교육세를 낸 이상 어느 교육을 어느 학교에서 받느냐는 국민과 가정의 선택에 맡겨야 한다는 것이다. 그래서 국가의 교육배급, 학교배급이 아니라 국민의 학교 선택권을 보장해 주는 경향이다. 심지어는 학부모가 사립학교를 선택해도 정부가 학부모 대신 비싼 사립학교 등록금을 대주기까지 하고 있다. 학부모의 선택을 많이 받은 학교는 부자가 되어 아이들을 더욱 잘 가르치게 되고, 선택을 못 받은 학교는 망하는 현상까지 벌어지고 있다. 이제 교육은 공공선택이 아니라 가정선택으로 가고 있다. 한국에도 언제 이런 주장들이 돌출해 나올지 모르는 상황이다.

일단 한국교육이 효율성 추구에서 돈과 시간비용이 더 들더라도 다양성

추구로 정책전환해야 한다고 〈그림 8-1〉과 같이 요약해 놓는다.

<그림 8-1〉 한국 교육정책의 전환 Ⅰ : 선택의 자유 보장

　효율성 추구로부터 다양성 추구로 교육정책을 전환하게 되면 학교에서는 구체적으로 '개성을 존중하는 교육'을 베풀어야 한다. 개성존중의 교육을 하려면 첫째, 교육과정에서 선택의 기회를 늘려야 한다. 공통기초교육은 최소한으로 줄여 대신 모든 사람이 반드시 통과하도록 철저한 교육을 하고, (다음에 다룰 수월성에서 강조), 나머지는 개성과 소질을 살릴 수 있도록 다양한 선택 프로그램을 학교는 제공해 주어야 한다. 이렇게 되면 한 학급 아이들이 일주일 내내, 그리고 하루 종일 같이 움직이는 것이 아니라 이리 저리 흩어졌다 모였다 하게 된다. 물론 의무교육기간에서도 선택이 장려되어야 하고, 정도의 차이는 있지만 이런 때일수록 일단 선택의 기회는 제공되어야 한다.

　둘째, 특별활동, 과외활동의 기회를 많이 주어야 한다. 미국에서는 수월성 추구운동에서 과외를 줄여야 한다고 하나 우리는 그동안 너무나 기회가 없었기 때문에 역으로 늘려야 한다고 하는 것이다.

　셋째, 교육방법에서는 이제야말로 정말 교사위주의 교육으로부터 학생(아동)위주의 교육으로 바뀌어야 한다. 열린 교육도 학생위주 교육의 한 방법이 될 것이다. 속도가 빠른 아이와 늦은 아이를 다 존중해 주어 각각 다른 과제가 주어지는 패키지프로그램도 한 예시가 된다. 가능한 한 개별화 프로그램의 방향으로 가야 한다.

　넷째, 창의성교육도 개성존중교육에서 가능하다. 획일적인 교육에서는 창의성이 숨죽일 수밖에 없다. 또 창의성교육을 위해서는 교사의 창의적 사고, 교장의 창의적 사고가 전제되어야 한다. 창의적 사고와 같이 따라 다니는 것이 자율성이다. 교장과 교사에게 자율범위가 확대되어야 창의적 교육활동이 가능해진다.

다섯째, 행정적·경영적 측면에서 분권화, 자율권·재량권 확대방안을 강구해야 한다. 교육과정에서 학교재량시간을 주기 시작한 것이 그 한 예가 될 것이다. 장학에서도 교내 자율장학, 교사 자기장학도 이러한 방향과 일치된다. 선진국에서의 학교단위책임경영제, 도급경비제 등도 방향을 같이하고 있다. 분권화와 자율권 보장이 개성존중교육을 위한 외곽적 장치가 된다.

개성존중교육이 학생을 수평적으로 분산시키려는 것이라면 다음에 언급할 수월성 추구, 교육의 질 향상은 어떤 면에서는 학생의 수직적 분산이라고 볼 수 있다. 수직적으로 개인차를 인정하고 오히려 개인차를 더 벌려 놓은 것이라고 할 수 있다.

효율성을 강조하여 중앙집권적 관료제에 의한 획일정책과 획일행정에 익숙한 우리가 낭비가 따르는 다양성과 선택의 자유의 방향으로 전환하려면 비장한 결심을 하지 않으면 안 된다. 인간화와 민주화에 대한 확고한 목표의식과 신념이 있어야 한다.

2) 평등성으로부터 수월성으로

1960년대와 1970년대의 목표는 사회정의(social justice)에 있었다. 학교는 경제적 부와 정치적 권력이 공정하게 분배되는 보다 정의로운 사회를 건설하기 위한 수단에 불과한 것으로 여겨졌다.[5]

그래서 우리나라에서는 기회균등과 평등성을 보장하기 위하여 모든 국민은 (똑같이) 교육의 권리와 동시에 의무를 지도록 법으로 허용해 놓았다.

---

5) Thomas B. Timar & David L. Kirp, *Managinng Educational Excellence*(New York: The Falmer Press, 1988), p.4.

또 기회균등을 실현하기 위하여 무상 의무교육제도를 만들어 놓고 계속 이를 확대해나가고 있다. 공식적으로는 의무교육이 확대되었지만 실질적으로는 결과적으로 고등학교까지 거의 의무교육화 되었다. 거의 모든 사람이 고등학교까지는 졸업할 수 있게 되었기 때문이다. 짧은 기간 내에 적은 돈을 가지고 모든 사람에게 똑같이 교육기회를 제공하려는 평등성 교육행정을 추진하다 보니 결과적으로 질보다는 양에 치우친 거친 교육을 하지 않을 수 없었다.

평등성 실현의 정책은 중학교 무시험제, 고교평준화 정책, 대학졸업정원제 등으로 가속도가 붙었다. 중학교 무시험제로 중학교 교육이 팽창되고, 그 여파는 고교평준화 정책으로 고등학교가 팽창되고, 계속해서 7·30 교육개혁으로 고등교육기회가 확대되었다. 이러한 교육기회의 확대는 모두 양의 교육에 치우쳤지 질을 보장해 주지는 못했다. 중학교 무시험제로 중학교 교육의 질이 저하되고, 고교평준화 정책은 고등학교 교육의 하향평준화의 방향이 되었다. 고교평준화의 기본 전제는 고등학교 교육의 과정(過程)까지 평등하게 해준다는 데서부터 출발했었는데 과정의 평등을 보장해 주지 못해 실패했고, 또 계속 과정의 불평등이 존재하는 상태에서 질의 저하만 가져왔다. 졸업정원제로 고등교육의 문이 활짝 열려 고등교육의 평등성 실현에는 기여했지만, 시설·교수 여건의 불비에 의한 질의 저하로 대학생 아닌 대학생이 많이 나오게 되었다. 그래서 우리나라는 세계적으로 대학생 인구가 많은 대학교육의 대중화 시대가 되었다.

방송통신대학, 방송통신고등학교, 산업체부설학교·학급, 독학사제도, 학점은행제 등도 교육의 평등성 실현정책이었다. 교육기회를 잃었던 사람들에게 기회를 제공하는 일은 평등성 실현과 정의사회 구현에 많은 기여를 하였다. 산업체 부설학교와 학급은 교육받을 기회를 보장해 주는 보장적 평등 단계까지 발전한 것이라고 볼 수 있다. 장애인 교육, 특수교육진흥법 등도 같은 맥락에서 볼 수 있다. 영재교육은 다음에 나오는 수월성추구정책으로 분류되어야 할 것이다.

평등성 정책은 끝없는 도전이다. ① 허용적 평등, ② 보장적 평등, ③ 과정적 평등, ④ 결과적 평등의 네 단계 중 우리는 겨우 보장적 평등에 노력하고 있는데도 정부는 힘이 들고 있다. 장애인과 산업체 근로자의 교육을 보장해주기에도 국력은 벅찬 것이다. 교육의 과정까지 평등성을 실현하려는 엄두도 못 내고 있다. 교육의 결과까지 같게 나오도록 하려면 끝없는 난관이 기다리고 있다. 쉬운 표현으로 선진국 수준의 완전한 평등성 실현은 깨진 독에 물 붓기이고, 한강에 돌던지기식, 달걀로 바위치기 식이다.

우리의 평등성 정책은 한국인의 교육열과 짝이 잘 맞아떨어지고 있다. 교육의 문을 열어놔도 계속 교육수요는 발생하고 있다. 국민의 교육욕구를 완전히 채워주지 못하고 있는 셈이다. 거친 교육이 되었든 질 높은 교육이 되었든 무조건 받고 보자는 식이다. 고등학교까지는 어느 정도 수요와 공급이 조화를 이루고 있으나 대학교육은 아직 먼 모양이다. 대학졸업 실업자가 계속 나와도 대학수요는 여전하다. 요구가 있는 만큼 대학문을 열어 놓고 나면 그때는 1류와 2류를 찾고, 그렇게 되면 또 고등학교에서처럼 대학도 하향평준화시켜야 될지도 모른다. 그러나 대학을 똑같이 만들기는 극히 어려울 것이다.

그런데 안타까운 것은 계속 여러 개의 평등성 정책이 나오는 동안 수월성추구 정책이 섞여서라도 별로 나오지 못했다는 점이다. 영재교육 이야기가 조금 나오고, 과학고·외국어고등학교, 자립형 사립고가 일부 설치되고 있으나 이것도 일종의 편식교육이지 완전한 의미의 수월성 추구라고는 할 수 없다. 결국 지금까지의 평등성 가치추구의 정책은 평등성도 제대로 완전하게 실현하지 못하면서 편중된 정책으로 질의 균형을 잃은 셈이다.

그러나 우리의 여건을 생각해보면 평등교육으로 국민수준을 어느 정도 끌어올리고, 중진국 수준으로 우리의 경제를 끌어올리는 데 기여했다. 또 교육받은 인구가 있었기에 민주화 수준이 현대 수준까지 올라올 수 있었다고 본다.

그런데 평등교육은 여기서 한계에 부딪친 것 같다. 기본적인 윤리·도덕의 바탕이 깨지고 사회기강이 깨져 우리 사회에 무질서가 연출되고 있다. 인간의 존엄성도 무시되고 문화와 예술의 단계와는 거리가 멀다. 그렇다고 경제적 부와 정치적 권력이 고루 분배되는 것 같지도 않다. 질을 요하는 경제적 성장에도 한계에 이르러 경쟁력 있는 성장을 하지 못하고 있다. 민주화도 겉돌고 겉넘고 있는 것 같다. 이는 모두 질 높은 철저한 교육을 하지 못했기 때문이다.

미국을 중심으로 1980년대 초부터 수월성추구 운동이 불붙기 시작하면서 세계는 정치, 경제, 교육, 문화 모든 면에서 질의 시대가 되었다. 상품도 양이 문제가 아니고 값이 문제가 아니라 질이 문제가 되고 있다. 질 높은 교육이 질 높은 상품을 만들어 낼 수 있고, 삶의 질도 높게 하고, 질을 향상시켜야 국가도 살아남을 수 있다는 질 전쟁의 시대가 되었다.

국내 상황으로 보나 국제적인 경향으로 보나 우리는 앞으로 평등성·양의 교육으로부터 수월성·질의 교육으로 정책을 바꾸지 않으면 안 되게 되어 있다. 질 높은 교육 서비스를 국민들에게 제공해 주는 나라만이 국제경쟁에서 살아남을 수 있다는 신념을 굳혀야 할 것이다.

수월성이란 개인이나 기관이 가지고 있는 능력의 한계선까지 발휘하는 것을 말한다. 1983년 「미국의 위기(a nation at risk)」라는 보고서가 나오고 'individual at risk'로부터 'a nation at risk'로 초점이 맞춰지면서 수월성추구 운동이 벌어졌다. 수월성이라는 아이디어는 국제경쟁력의 도전에서 살아남기 위한 국가적 역량이란 말과 동의어가 되면서 교육개혁의 불이 붙기 시작하였다. 수월성은 과거 사회정의적 관점에서 비중을 두었던 자원의 평등분배보다는 수업의 질의 내용에 강조를 두는 쪽으로 전환시켰다. 평등성으로부터 수월성으로의 정책전환은 포부수준, 열망수준, 기대수준이 높아졌기 때문이다. 미국 수월성 교육개혁은 ① 교직의 개선, ② 학습환경 개선, ③ 교육과정과 학생숙달 강화노력의 개선, ④ 행정과 지도력, ⑤ 재정의 다섯 영역에 걸쳐 개혁 전략을 세워 수행했다. 이것을 〈표 8-1〉로 요약해 보고자 한다.

〈표 8-1〉미국의 수월성추구 교육개혁영역과 전략

영 역	전 략
1. 교직	면허기준, 우수교사 유지 유인가, 무능교사 제거, 유능 교사 유인
2. 학습환경	수업시간의 유용한 활용, 수업시간 확대, 엄격한 학생 기강, 과외활동 제한, 학급 규모 축소
3. 교육과정과 학업성취	능력과 기초기능 검사, 중핵교육과정, 특수 프로그램, 대학입학 요구조건 상향
4. 행정과 지도	학교행정가의 자질 향상
5. 재정	성과급, 경력 계층화, 교사와 행정가 연수, 교사 학생비 감소, 보충 프로그램, 심화 프로그램, 출석일 증가, 장학금 증대, 잦은 평가 등이 모두 재정 증대를 요구하는 것이다.

이러한 개혁 영역과 전략은 우리나라의 수월성 추구에 많은 시사점을 줄 것이다. 특히 장학 영역과도 관련이 깊다. 어쨌든 이 시점에서 우리는 평등성 중시로부터 수월성 추구로 정책을 전환하지 않으면 안 된다고 분명히 해 놓고자 한다. 이해하기 쉽게 〈그림 8-2〉로 요약해 놓는다.

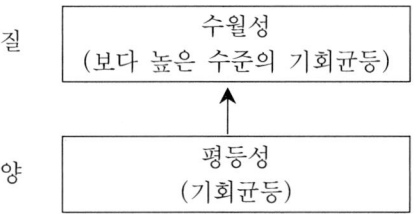

〈그림 8-2〉한국교육정책의 전환 Ⅱ: 수월성 추구

수월성 추구는 곧 학교교육에서 '교육의 질 향상'을 의미한다고 할 수 있다. 교육의 질은 곧 수업의 질이라고 해도 지나친 말이 아니다. 학교에서 수업의 질 향상 노력은 곧 장학이라고 할 수 있다. 수업의 질을 향상시키려면 수업을 이룩하고 있는 주요 요소인 ① 교사, ② 교육과정, ③ 학습환경을 개선해주어야 한다. 수업의 질 향상을 위한 몇 가지 제안을 하고자 한다.

첫째, 학교에 수업의 질을 관리하는 위원회나 팀을 구성하여 질 향상 계획을 하고, 평가·확인하는 노력을 기울였으면 한다. 기업체에서 하고 있는 QC(quality cycle), S-Team(esteem), 품질관리팀과 같은 기능을 하는 조직을 생각해본 것이다. 수업의 질 향상을 완전히 장학으로 본다면 '장학위원회'라고 해도 좋을 것이다.

둘째, 기업에서 하고 있는 고객만족운동을 전개하면 어떨까 한다. 학교, 수업에서의 주 고객은 학생이다. 학생이 학교생활과 수업에서 얼마만큼 만족하고 있는지에 대하여 학교는 민감해야 한다.

셋째, 교사발전 프로그램과 연수, 동기유발, 권한이양, 자율성 보장을 위한 노력을 해야 한다. 수업의 질 향상은 전적으로 교사에게 달려 있으므로 교사는 수업의 질 향상에 있어서 가장 중요한 요인이라고 할 수 있다.

넷째, 교육과정에서는 최소한의 기초교육을 강조하고 나머지는 선택을 확대한다. 기초를 충분히 응용할 수 있어야 변화하는 사회에서 적용이 가능하게 된다. 개념, 원리와 법칙 등 기초를 튼튼히 하고 나서 심화하고 응용하는 쪽으로 질적 수준을 높여 나가야 한다.

다섯째, 결과보다는 과정을 중시하여, 창의성을 신장시켜야 한다. 수업의 과정에서 개인차를 인정하고 확대하여 학생 각자가 가지고 있는 능력을 최대한 발휘하게 해야 한다. 개인차의 극대화는 학생을 수직적으로 분산시키는 것이다. 깊이와 수준을 능력에 따라 배치하는 것이다. 이것을 이제는 차등이라고 보아서는 안 된다. 그런데 최근에 미국과 영국에서는 결과로 말하라고 한다.

여섯째, 수업시간의 밀도 높은 활용을 위해 노력해야 한다. 학생과 교사가 질적인 수업시간을 보낼 수 있어야 수업의 질은 향상될 수 있다.

일곱째, 교육행정가, 장학자의 지식·기술·능력 향상으로 장학의 질을 향상시키기 위해서 노력해야 한다.

이제 우리는 승부를 수업의 질에 걸어야 한다. 질 높은 수업으로 학생들이 가지고 있는 능력을 최대한 발휘할 수 있어야 대한민국은 경쟁력을 갖는다. 수업의 질은 곧 국가적 역량의 시험장이 될 것이다. 한국교육의 정책 방향을 수업의 질 향상에 두어야 한다.

3) 두 정책의 통합

앞에서 효율성으로부터 선택의 자유와 다양성으로, 평등성으로부터 수월성으로 정책을 전환해야 한다고 하였다. 이것을 요약하고 통합하면 〈그림 8-1〉과 〈그림 8-2〉를 합친 〈그림 8-3〉과 같이 된다.

그런데 이해하기 쉽게 '선택의 자유'와 '수월성'의 두 방향으로 나타낸 것이지 엄격한 의미에서 오른쪽 옆과 위쪽으로 가는 것이 완전히 다른 방향은 아니다. 다양성과 선택의 자유 자체가 교육의 질을 의미하기 때문이다. 선택의 자유를 보장하고 다양성을 인정하고 개성존중교육을 한다는 것은 그만큼 우리 교육의 수준과 질이 높아진다는 의미이기 때문에 수월성 추구의 질의 교육으로 〈그림 8-4〉와 같이 통합될 수 있다고 본다. 그래서 비슷한 방향, 넓게 보면 한 방향으로 통합한 것이다.

수월성 추구, 수업의 질 향상, 또는 수업개선은 우리 교육이 나아가야 할 방향으로 확실히 해도 좋을 것이다. 수업개선은 곧 장학, 그중에서도 수업장학이라고 할 수 있으므로 장학을 통해서 수업개선을 하기 위해 우리의 교육력, 행정력을 집중해야 한다. 여기에 단서가 있다면 효율성과 평등성의 가치는 살아 있는 것이며 힘이 미치는 범위에서 계속 노력해야 하는 것도 사실이다.

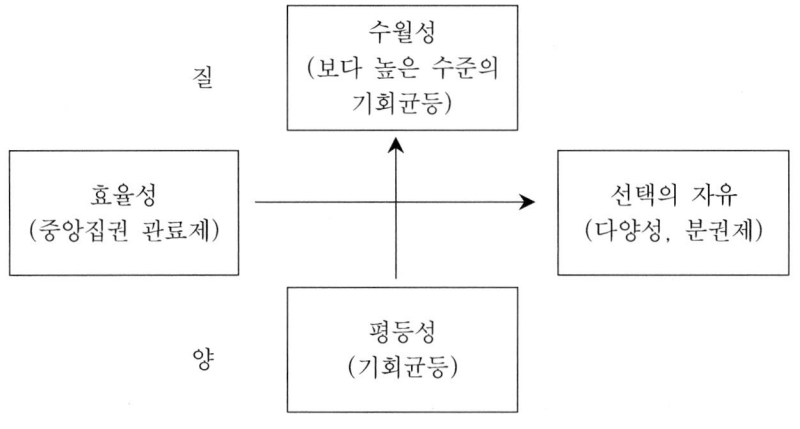

〈그림 8-3〉 한국교육정책의 전환 방향

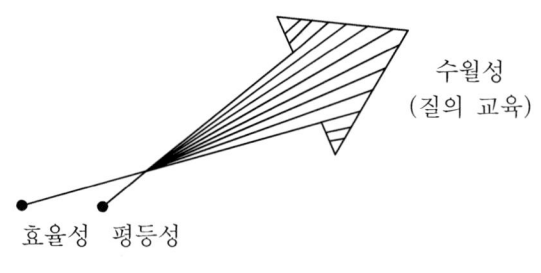

〈그림 8-4〉 한국교육정책의 방향

3. 수업의 질 향상을 위한 학교경영 혁신

우리는 변화의 시대를 맞고 있다. 변화에 대응 또는 적응하지 못하면 생존에 위협을 받게 된다. 현대는 생존의 가치가 지상 최고의 가치가 되고 있다. 여러 나라에서 국가의 생존문제도 심각하게 일어나고 있다. 과거의 소련, 체코슬로바키아, 유고슬라비아, 캄보디아, 쿠웨이트, 르완다, 예멘, 이스라엘의 6일 전쟁, 아이티 등이 지구상에서 이미 사라졌거나 갈라지거나 생존의 위협을 받았던 나라의 예이다. 북한과 쿠바도 생존을 위해서 몸부림치고 있다.

기업들도 변화에 제대로 대응이나 적응을 못하면 생존하지 못하고 만다. 평균적으로 우리나라 중소기업이 단 하루 동안에 20~30개씩이 망하고 있다. 1994년 7월 한 달에 922개의 기업이 망했다고 한다. 그래서 우리나라 기업의 평균 생존율은 20%라고 한다. 1960년대 우리나라 10대 기업 중 1994년에 계속 10대 기업에 끼는 것은 두 개뿐이며, 1965년 100대 기업 중 1994년에 계속 100대 기업을 유지하고 있는 것은 16개뿐이다. 1975년 기준으로는 25개만 100대 기업으로 살아남아 있고 나머지는 아주 흔적도 없이 사라졌거나 아니면 100대 기업 밖으로 밀려나 겨우 명맥만 유지하고 있다는 것이다.

교육과 학교도 자유시장의 원리에 따르게 되면 망하는 일이 생긴다. 앞에서 언급한 '선택의 자유'가 보장되는 정책으로 전환한 나라에서는 망하고 폐교당하는 학교가 생겨나고 있다. 학부모가 선택해 주지 않는 학교는 망하고, 많이 선택해 주는 학교는 생존하고 번창하게 된다.

교육이 수월성을 유지하지 못해 경쟁력을 잃게 되면 교육 자체가 망할 뿐만 아니라 교육이 뒷받침해 주는 경제가 망하고, 마침내는 국가까지도 망하게 된다. 그래서 많은 나라들이 생존을 위한 교육개혁에 열을 올리고 있는 것이다. 그래서 앞에서 다양성 보장, 수월성 추구의 정책전환이 제시되었던 것이다. 국가수준 또는 교육청 수준에서 이러한 정책방향을 채택하면 학교도 이에 따라 개성존중교육, 수업의 질 향상을 위한 개혁과 혁신을 하지 않을 수 없다. 이에 대하여는 이미 언급하였으나 좀더 다루고 나서 장학의 문제로 넘어가기로 한다.

수월성 추구라는 정책에 의하여 학교에서 '수업의 질 향상'이라는 목표가 설정된다면 학교경영은 총체적으로 이 목표달성에 집중해야 한다.

1) 경영요소별 혁신

학교조직의 요소는 ① 과업, ② 구조, ③ 기술, ④ 사람으로 나누어 볼 수 있다. 이 네 요소 모든 면에서 종합적으로 수업의 질 향상을 위한 혁신이 이루어져야 한다. 혁신이란 ① 교육개선을 위하여 ② 의도적으로 ③ 새로운 변화가 시도될 때, 그리고 그 변화가 교육체제에, ④ 비교적 광범위하고 ⑤ 비교적 영속적인 변화를 가져올 때의6) 변화를 말한다.

첫째, 과업(task)은 수업, 장학, 관리, 행정지원봉사, 학생을 위한 특수봉사로 나누어질 것이다. 이중에서도 수업이 학교에서 가장 중요한 과업이 되며 모든 다른 과업들은 수업을 위해서 지원하게 된다. 수업이라는 과업은 곧 우리가 여기서 목표로 내세운 "수업의 질 향상"과 직결되는 과업이 된다. 과업이 있기에 조직은 존재하며 이 과업을 수행하기 위해서 구조, 기술, 사람이 필요한 것이다.

둘째, 구조(structure)는 권위, 의사결정, 통제, 기획, 규칙, 부서, 의사소통과 관련되는 학교의 골격에 해당하는 것으로 여기에도 변화가 있어야 한다. 권한위임, 참여적 의사결정, 자율성 보장, 유연성 보장, 양방적 의사소통이 혁신적 구조로 대표되는 용어가 될 것이다.

셋째, 기술(technology)은 과업을 수행하기 위한 방법에 해당되는 것으로 시설, 자료, 스케줄, 교육과정, 지식 등과 관련된 것이다. 여기서 시설과 자료의 일부는 하드웨어적인 것이고, 스케줄과 교육과정, 지식은 소프트웨어적인 것이다. 이 모두가 수업의 질을 향상시키기 위한 방향으로 바뀌어져야 한다. 수업의 질 향상을 위하여 방법적 측면에서 최신의 교육기술과 교육공학이 최대한 활용되어야 할 것이다. 교육과정에서도 공통기초가 최소화되고, 선택의 폭이 넓어야 한다고 이미 지적하였다.

넷째, 사람은 교장, 교감, 교사, 직원, 학생, 학부모, 지역사회인, 장학

---

6) 김영호. "한국교육혁신의 방향", 김영호 외, **교육혁신 보급에 관한 이론적 기초** (한국교육개발원, 1973), p.9.

자 등을 생각할 수 있는데 이 사람들의 기술, 지위, 가치기준, 지도력, 보상, 느낌, 불만, 인사, 실천 등이 중요하다. 특히 이들 중에서도 교사와 교장, 학생이 수업의 질 향상을 위한 혁신에 중요한 사람들이다. 그러나 학생은 주어진 것이므로 어쩔 수 없는 점도 있으나 교사와 학생 간의 상호작용에 의하여 이루어지는 수업의 질을 향상시키려는 것이므로 목표의 대상이 되면서 동시에 교사의 동반자가 된다.

이 네 조직 요소를 '수업의 질 향상'이라는 우리의 목표와 연결시켜 그림으로 요약하면 〈그림 8-5〉와 같다.

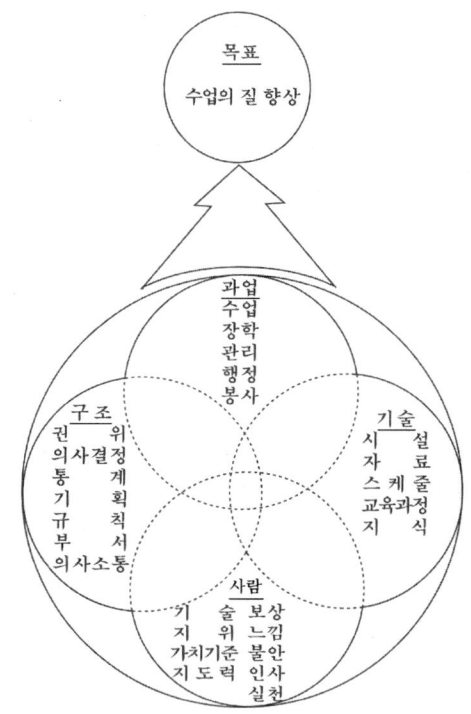

〈그림 8-5〉 혁신대상 하위조직 요소와 목표[4]

7) 최희선·윤기옥 역, **학교경영의 혁신**(서울: 성원사, 1987), p.201을 수정하여 사용함.

2) 장학적 혁신

여기서 수업과 직접 관련이 있는 ① 수업자인 교사와 ② 수업의 내용에 해당하는 교육과정, ③ 수업의 방법, ④ 학습환경, ⑤ 지도력의 다섯 측면에서 학교수준에서의 혁신의 문제를 다루어 보고자 한다. 물론 이미 다룬 것도 있으나 종합하여 정리해 놓는다는 의미에서 '장학의 혁신'이라는 제목을 염두에 두고 간단히 언급하고자 한다.

교사 관련 혁신

근본적으로 국가적 차원에서 우대해주고 우수한 사람을 유치해서 철저한 양성교육으로 사기충천하게 만들지 못하면 우리 교육의 질은 높아지기 어렵다. 교육의 질은 전적으로 교사의 손에 달려있기 때문이다. 교육개혁에서 가장 우선시해야 할 과제가 교사변인이라고 본다.

학교수준에서는 ① 교사의 장학에 대한 동기유발 프로그램을 개발하는 일이 중요하다. 그 다음에는 교사도 장학에 대하여 알아야 하므로 ② 장학에 관한 지식과 기술을 습득하기 위한 교사연수 프로그램이 개발·실천되어야 한다. 또 ③ 교사에게 자율성이 최대한 주어지고 권한이 최대한 위임되어야 한다. 장학을 강조하고 강화하면 감시와 감독을 받는 것으로 착각하는데 이는 전적으로 오해이다. 임상장학, 인간자원장학, 발전장학 등에 의하여 모두 자율성이 확대되었다는 보고들이 있다.

④ 수업을 잘하는 교사에게 보상이 주어지고 교사평가도 수업에 비중이 실려야 한다. ⑤ 초등학교에서까지도 부분적으로 학교 형편에 따라 교과전담제를 할 수 있도록 교사조직을 할 필요가 있다.

교육과정 관련 혁신

국가수준에서는 앞에서 말한 것처럼 최소한의 철저한 공통 기초 중핵 교육과정에 더하여 가능한 최대한의 선택의 폭을 넓히는 방향으로 혁신이 이루어져야 한다.

학교수준에서는 ① 학교재량 시간을 학교 사정에 맞게 최대한 활용할 수 있어야 하고, 교사로 하여금 교육과정 운영자가 될 수 있는 수준까지 끌어올려야 한다. 교육과정 운영과 수업이 교내장학의 핵심이 되어야 할 것이다. 그렇게 되면 ② 교육과정과 수업전략이 잘 배합될 수 있는 수준이 될 것이다. ③ 일부 학교에서 학교수준에서의 교육과정과 교과서가 개발될 정도가 되어야 한다. 학생 개개인의 소질을 개발하기 위하여 ④ 특별활동과 과외활동 프로그램도 개발할 필요가 있다.

수업방법

① 창의성 신장과 개별화 수업방안을 강구해내야 한다. 교사들이 그래도 열심히 가르치고 있지만, 무슨 일을 열심히 하더라도 가장 필요하고 긴요한 일에 열심이어야 한다. 열린 교육의 형태도 창의성과 개별화에 도움이 될 것으로 본다. 그렇다고 모든 학교 모든 교사가 다 열린 교육을 한다고 하면 그것도 또 문제가 된다.

② 수업시간 활용의 밀도를 높이기 위한 방안이 강구되어야 한다. 시간의 양도 중요하지만 상호작용, 과업집중의 밀도는 더 중요하다.

③ 다양한 학생집단구성이 요구된다. 때로는 동질집단과 이질집단, 소집단과 대집단 등 다양하게 구성하여 학생의 필요와 요구에 맞추려는 혁신적 사고가 요구된다.

④ 장학에서는 수업에 초점이 맞춰지고 수업관찰과 협의가 핵심활동이 되어야 한다.

학습환경 관련 혁신

국가수준에서는 무엇보다도 먼저 학급 규모를 줄이기 위한 노력부터 해야 한다.

학교수준에서는 ① 다양한 학급 규모가 시도될 필요가 있다. 한 학년에 여

러 학급이 가능할 경우 앞에서 말한 다양한 집단구성에 따라 규모도 다양해야
한다. 곤란도에 따라 어려운 학급은 줄이고 좀 용이한 학급은 클 수도 있다.

② 시설이 현대적이고 좋아야 하기도 하지만 신축적·융통적으로 활용될
수 있도록 구안되어야 한다. 정보사회에 적응할 수 있고 또 수업의 효과를
올리기 위하여 ③ 교육공학적 시설과 자료를 활용할 수 있어야 한다.

지도력 관련 혁신

국가수준에서는 정예 교육지도자 양성 계획을 구상해 볼 수 있다. 교육행정
대학원 같은 데서 교육행정가와 장학지도자 등 교육지도자를 양성할 필요가
있다. 교사직에서 교육행정가를 발탁하거나 일반직 공무원을 교육행정가로 승
진시키는 제도 가지고는 국제경쟁력을 갖는 전문행정가를 기대하기 어렵다.

학교수준에서도 다음과 같은 지도력 혁신을 생각할 수 있다.

① 참여적 지도력을 발휘하기를 기대 받고 있다. 단독적·권위적 지도자
나 그런 의사결정으로는 좋은 결정을 할 수 없을 뿐만 아니라 교사와 학생,
학부모의 기대를 만족시켜 줄 수 없다.

② 지도자의 자질 향상을 위하여 개인적으로 또는 집단적으로 계속 노력하여
야 한다. 외국에서의 교장 센터의 운영과 교장회의 활동은 좋은 예가 된다. 또
미국 같은 나라에서 대부분의 교장이 박사학위를 가지고 있는 것도 좋은 예이다.

③ 교장의 장학지도력과 수업지도력은 계속 강조되고 있다. 수업 없는
학교, 수업 없는 교장은 상상할 수 없기 때문이다.

3) 교육혁신 지도자의 역할

학교경영혁신, 장학혁신에 있어서 지도자의 역할은 막중하다. 여기서는
일반적인 지도자, 변화촉진자, 변화대리자로 나누어 그 역할에 대하여 기술
하고자 한다.

지도자의 일반적인 역할

일반적으로 장학담당자는 교육혁신에 있어서도 지도적 역할을 해야 한다. 효과적인 지도자는 공통점을 가지고 있는데 그 다섯 가지 공통점은 ① 비전을 제시하고, ② 참여를 끄집어내고, ③ 지(후)원을 해주고, ④ 성취에 관심을 가지고, ⑤ 스스로 자원이 된다는 점이다. 교육혁신에 있어서도 지도자가 성공하려면 이 다섯 가지 특성을 갖춰야 할 것이다.

첫째, 교육혁신에 대한 비전을 명백하게 제시해야 한다. 비전은 미래, 장래에 대한 청사진이고 도달목표에 해당된다. 비전과 목표가 선명하게 드러나고 거기에(미래의 땅에) 의미를 부여하게 되면(의미 있다고 분명히 믿게 되면) 교육혁신에 영향을 미치게 되고 고통도 달게 분담하고자 한다. 비전을 제시하기 위해서 "모세의 지팡이"가 지도자에게 필요할 것이다.

둘째, 지도자는 조직구성원(교장, 교감, 교사, 학부모, 학생)들의 참여를 유도해내고 촉진시킬 수 있어야 한다. 이들의 참여 없이 혼자서 독불장군으로 교육혁신에서 성공할 수는 없다. 지도자(leader)는 추종자(followers)가 있을 때 지도자가 될 수 있는 것이다. 그런 의미에서 시·도 교육청에서는 각 구성원을 대표하는 사람들도 교육혁신단(팀, 또는 임시위원회)을 빨리 구성하여 계획과 전략을 세워 추진하길 권고한다. 어차피 할 바에는 앞장서서 즐거운 마음으로 시작하는 것이 좋겠다.

셋째, 지도자는 지원적(者), 후원적(者)이(가) 되어야 한다. 지도자는 끌어주기, 끌고 가기보다는 밀어주기를 잘해야 한다. 스스로 하게 만들고(self-starter), 스스로 하려고 할 때 밀어주는 쪽이 되어야 한다. 후원자, 지지자가 있다고 믿을 때 우리는 마음 놓고 뛸 수 있다. 흔히 사람은 결혼해서 첫애를 낳아 놓고는 아내와 아기가 잠든 모습을 보면서 처음으로 아빠로서, 남편으로서의 무한한 책임감을 느끼게 된다. 저들이 가장(家長) 하나만을 믿고 마음 놓고 평화롭게 잠든 것이 아니겠는가? 아빠와 남편의 든든한 백을 믿고 잠든 것이라 생각하게 된다. 그래서 그들을 실망시키지 않으려고 가장들은 스스로 다짐하곤 한다.

넷째, 지도자는 성취에 대하여 높은 관심과 애착을 가지고 계속적인 확인을 한다. 최선을 다하고 있는 사람은 그 결과에 관심을 안 보이면 용두사미로 끝나기 쉽다. 우리가 너무나 많은 것을 하다 보니 언제 끝난 것인지 모르게 슬그머니 흐지부지되기 쉽다. 허구한 날 비상이고, 긴급이고, 강조기간이니 그게 무슨 의미가 있겠는가? 시작했으면 끝장을 보아야 한다. 감당할 수 없는 일은 아예 시작을 않는 것이 좋다. 할 수 있는 작은 것이라도 끝장내어 성공감, 성취감의 희열을 맛보게 하는 것이 좋다.

다섯째, 지도자는 줄 것(자원)을 가지고 있어야 한다. 지도자는 스스로 추종자의 지적 자원, 시간적 자원, 재정적 자원, 물질적 자원, 심리적 자원이 될 수 있어야 한다. 지도자가 파 놓은 시원한 지적 샘물을 마음껏 마시고 갈 수 있도록 하고, 추종자들이 바람 탈 때 바람막이 큰 나무가 되어주고, 더울 때는 쉬어 갈 수 있는 큰 정자나무가 되어야 하고, 부하들이 삶에 지쳤을 때 기댈 수 있는 정신적·심리적 지주가 되어 주어야 한다('Lean on Me'라는 교장에 관한 교육영화가 있다.). 교육혁신 지도자도 이런 다섯 특성을 가지고 있어야 한다. 이런 지도력은 저절로 생기는 것도 아니고 말로만 되는 것도 아니다.

① 기술과 능력이 있어야 한다. 관리기술이 없고 행정·관리기법을 몰라 가지고는 지도력이 나올 수 없다.

② 인간적인 데서 힘이 나온다. 지도자는 사람들을 좋아하고, 사람들이 좋아하고 따라야 하며, 그 관계를 잘 맺을 수 있어야 한다. 행정과 지도는 전적으로 사람과의 관계에서 이루어지기 때문이다.

③ 교육지도자이기 때문에 교육적 힘이 있어야 한다. 이것은 조직의 사명에 해당되며 본질에 해당되는 것이다. 여기서는 더 구체적으로 교육혁신에 대하여 알아야 할 것이다.

④ 상징적 힘도 중요하다. 상징성과 의미부여가 최근에 강조되고 있다. 깃발, 배지, 교훈, 교가 등은 모두 상징물인데 이를 중심으로 구성원들을 뭉치게 하는 힘을 갖는다. 지도자에게는 수장으로서의 상징성이 있어야 한다.

⑤ 문화적·도덕적 힘이 가장 강력한 지도력의 근원이 된다. 문화와 지도적 바탕을 마련해 주고 또 본인이 그 조직의 문화와 도덕에 맞아야 지도력이 나올 수 있다. 도덕적 지도자가 가장 강력한 지도자이다. 도덕적·윤리적으로 존경을 받지 못하면 허수아비 지도자, 억지 지도자, 명목상 지도자밖에 못된다. 교장이 행정실장에게 책잡힐 일을 하는 학교에서 한 젊은 교사가 자칭 "내가 이 학교의 정신적 교장"이라고 하는 사례를 보았다. 이 교사는 누구에게 꿀릴 일 하지 않고 하늘을 우러러 한 점 부끄러울 일이 없다고 하면서 자신만만해 하는 것을 보았다. 이 교사는 지나칠 정도로 원칙대로 살고, 진정 아이들을 사랑하고 또 아이들 학부모로부터 존경받고 있었다. 지도력이 나오는 근원을 요약하면 〈그림 8-6〉과 같다.

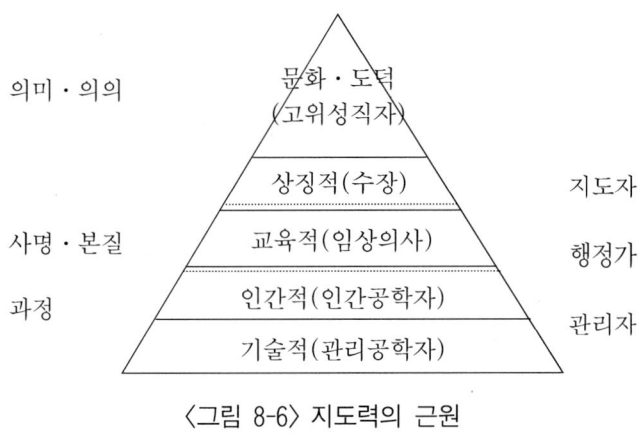

〈그림 8-6〉 지도력의 근원

높은 산의 꼭대기에 올라가면 바람이 심해서 나무들이 다 구부러지거나 작은 나무만 있다. 정상의 자리는 바람이 심하고 만인에게 노출되기 쉽다. 높은 지도자의 자리에서는 스스로 자기 몸가짐을 낮추고 바르게 해야 한다. 그리고 정상에서 죽치고 살려고 하면 안 된다. 정상에서 내려올 때, 챔피언 벨트를 넘겨줄 때를 알아야 한다.

요즈음 우리 사회에 어른이 없다고 한다. 큰 스승이 없다고 한다. 정말 어른 노릇하기가 어려운 것 같다. 그래도 우리는 교장·교감에게서 교육계의 큰 어른, 큰 스승이 되어 주길 기대한다.

혁신촉진자

변화 또는 개혁과 혁신을 촉진해주는 사람을 혁신촉진자(Change facilitator)라고 한다. 물론 지도자도 변화를 촉진시키는 일을 한다. 그래서 혁신지도자가 곧 혁신촉진자이다. 그러나 좀더 촉진시키는 일을 예시하기 위하여 제목을 따로 잡았다.

혁신촉진자의 역할에 대하여 언급하기 전에 먼저 혁신촉진팀을 구성하기를 권고한다. 물론 교육개혁팀이라고 이름을 붙여도 좋다. 혁신촉진팀에서도 대개 교장이 핵심인물이 된다. 차선 인물로는 학교수준에서 교감이나 부장교사가 되고, 교육청 수준에서는 장학사가 되어야 할 것이다. 3차선은 교사가 된다. 4차선은 외부촉진자로 한다. 이를 그림으로 나타내면 〈그림 8-7〉과 같이 된다.

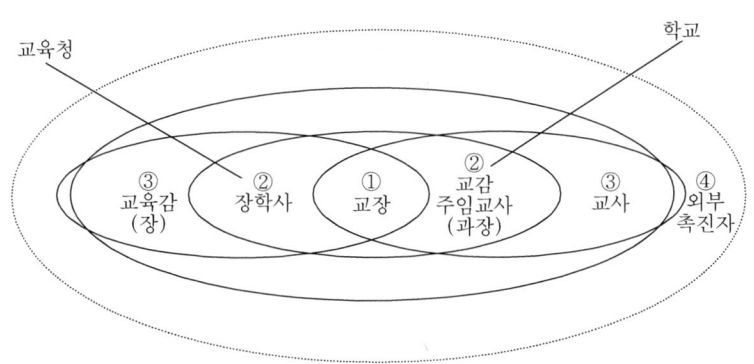

〈그림 8-7〉 혁신(변화·개혁) 촉진팀

교육혁신이나 개혁을 중앙집권적으로 지시나 명령에 의해서 하면 실패하기 쉽다. 그래서 분권의 원리에 의하여 교장을 축으로 하였다. 그런데 우리나라 교장이 개혁의 축이 될 수 있느냐에 대하여는 아마 심각하게 생각해야 할 것이다. 교장이 개혁전략에 관한 훈련을 안 받은 점도 문제이다. 어쨌든 혁신 (개혁) 촉진자는, 첫째, 지원적 조직배열(developing supportive organizational arrangements)을 해야 한다. 혁신관련정책(방침) 개발, 전반적 규칙 제정, 의사결정, 기획, 준비, 스케줄, 직원조직, 역할 재구조화, 자료탐색과 제공, 공간제공, 자금탐색 / 획득, 설비제공 등이 이에 해당된다.

둘째, 훈련과 연수(training)를 시켜야 한다. 긍정적 태도 형성, 지식 의 확충, 정보의 검토, 워크숍 개최, 혁신활용의 시범, 혁신활용의 참관, 혁신활용에 관한 피드백 제공, 혁신에 관한 오해의 명료화 등이 변화촉진자 의 훈련 관련 역할이다.

셋째, 자문 또는 상담과 강화(reinforcement)의 영역을 생각할 수 있 다. 일 대 일의 관련자 격려, 소집단에서 혁신활용 장려, 문제해결을 위하여 개별적 적합한 기술지원, 짤막한 대화와 진전에 대한 격려, 문제해결을 위한 소집단 촉진활동, 부담 없는 소집단회의, 개인의 변화 시도에 대한 격려, 실 질적 조력 제공, 작은 성공에도 축하의식 개최 등이 여기에 속한다.

넷째, 확인활동(monitoring)을 해야 한다. 정보의 수집, 자료수집, 비 공식적으로 혁신지식과 기술에 관한 평가, 공식적으로 혁신활용이나 관심을 평가, 자료의 분석 / 처리, 정보의 해석, 산출에 관한 자료의 보고 / 공유, 수집된 정보에 관한 피드백 제공, 워크숍에 관한 질문적 적용, 혁신활용에 관하여 교사와 협의 등이 혁신촉진자의 확인활동에 속한다. 이에 대하여는 지도자의 역할에서도 이미 언급하였다.

다섯째, 외부와의 의사소통(communication) 활동을 해야 한다. 진행 되는 혁신에 관한 기술, 타인에게 알리는 일, 교육위원회나 학부모집단에게 보고, 각종 집회에서 혁신에 관한 발표, 홍보와 캠페인, 구성원(선거구민) 으로부터 지지를 얻어내는 일 등이 이에 속한다.

여섯째, 전파(dissemination) 활동을 해야 한다. 혁신을 채택하도록 격려, 혁신정보와 자료를 소개하는 방송, 혁신안내 책자 우송, 무료 시범자 료 제공, 혁신대표자 훈련, 채택 가능자에 대한 혁신 안내, 지역발표회 개최, 혁신시장 확대 등의 역할을 생각해보았다.

이러한 항목들은 나중에 혁신촉진자의 역할을 잘 수행했는지 확인하는 체크리스트로도 활용될 수 있을 것이다.

여기서는 혁신촉진자의 기능을 ① 지원적 조직배열, ② 훈련, ③ 자문과 강화, ④ 확인과 평가, ⑤ 외적 의사소통, ⑥ 전파의 여섯으로 요약 소개했는데, 이것을 다른 이름으로 표현한 사람들도 있어 〈표 8-2〉로 나타냈으니 참고하기 바란다.

〈표 8-2〉 효과적인 지도자의 기능 비교[8]

Gersten & Carnine[1]의 지원 기능	Gall[2]등의 수업지도자 기능	Hall & Hard[3]의 행동게임계획 구성요소
가시적 참여(개입)	우선순위 설정	
유인적(보상적) 체제	자원획득 수업정책(방침 결정) 훈련	지원적 조직배열 훈련
기술적 조력		자문과 강화
확인	확인 평가	확인과 평가
외현적 전략	외적 관계	외적 의사소통 전파
	수락 유지	

1) R. Gersten & D. Carnine, *Administrative and Supervisory Support Functions for the Implementation of Effective Educational Progra□ for Low Income Student*(Eugene: Center for Educational Policy and Management University of Orengon, 1981).

2) M. D. Gall, et al, *Invollving the Principal in Teacher's Staff Development: Effects on Quality of Mathematics Instruction in Elementary Schools*(Eugene: Center for Educational Policy and Management, University of Oregon 1984).

3) G. E. Hall and S. M. Hord, "Analyzing What Change Facilitators Do: The Intervention Taxonomy," *Knowledge: Creation, Diffusion, Utilization*, 5, 3(1984), pp.275~305.

혁신대리자

혁신대리자는 변화(개혁)기관이 설정한 바람직한 방향으로 변화대상 개인(기관)이 혁신(개혁)결정을 하도록 영향을 주는 사람을 말한다. 흔히 혁신촉진자와 대리자를 같은 사람으로 보기도 하나 여기서는 구별한다. 혁신기관과 혁신대상(고객)체제 사이에서 중개적인 일을 하기 때문에 여러 가지 어려움이 있다. 혁신대리자(중개자)의 위치를 〈그림 8-8〉과 같이 나타낼 수 있다. 교장이 혁신을 주도하면 혁신지도자 또는 혁신촉진자가 되고, 교육청이 주도하면 교장은 혁신대리자가 된다.

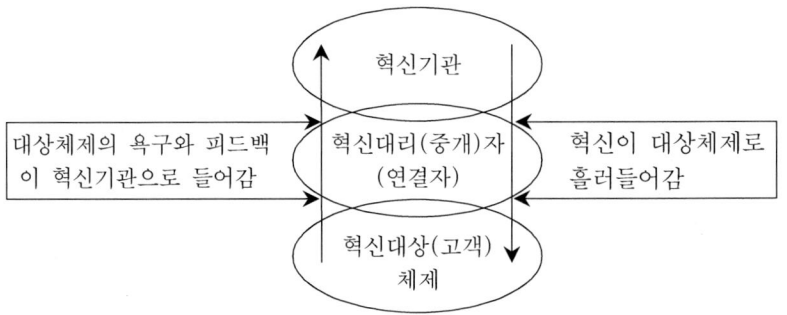

〈그림 8-8〉 혁신중개자는 혁신기관과 대상체제를 연결시킴[6]

이 혁신중개자는 다음 일곱 가지 역할을 수행한다. 이 혁신대리자의 연결 역할을 잘 해주어야 혁신이 잘 이루어질 수 있다. 교장·교감이 이 역할을 담당한다면 개혁과 혁신의 성공여부는 전적으로 그들의 손에 달려 있게 된다.

첫째, 대상(고객)으로 하여금 혁신(변화·개혁)의 필요성을 느끼도록 해

---

8) Shirley M. Hord, et al, *Taking Charge of Change*(Alexandria Virginia: ASCD, 1987), p.79.
9) Everett M. Rogers. *Diffusion of Innovations*, 3rd ed.(N.Y.: The Free Press, 1983), p.314.

주는 역할을 해야 한다. 혁신에 대한 욕구의 개발이라고 할 수 있다.

둘째, 정보교환관계성을 형성해야 한다. 고객이 혁신대리인을 신뢰하고 믿을 수 있는 관계를 형성해야 한다는 의미이다. 믿지 못하고 신용을 주지 못하면 다음 단계는 모두 허사이다. 믿을 수 있게 해주어야 한다.

셋째, 고객의 문제점을 진단해야 한다. 고객의 문제상황을 정확히 분석하는 책임이 이 혁신대리인에게 주어진다. 따라서 사물을 고객의 관점에서 볼 줄 알아야 한다.

넷째, 고객으로 하여금 혁신의 의도를 갖게 한다. 혁신에 흥미를 갖고 혁신하고자 하는 동기를 유발하는 것이다. 이때 중요한 것은 변화는 혁신자 중심이기보다는 고객중심이라는 것이다. 마치 최근 상담에서 고객중심, 내담자중심의 상담이 강조되는 것과 같다.

다섯째, 고객의 혁신의도를 행동으로 전환시키는 것이다. 이때에도 고객의 욕구에 의하여 간접적으로 설득되도록 조심해야 한다.

여섯째, 혁신으로 옮겼으면 고객의 혁신채택을 안정화시키고 중단하지 않도록 유지하는 일이 중요하다. 혁신대리인은 고객의 혁신행동을 강화시켜 주고 고정시키는 일을 해야 한다.

일곱째, 계속적(종국적) 관계성 확립이 필요하다. 고객으로 하여금 계속적인 자기혁신의 행동을 하도록 하는 일이다. 고객으로 하여금 혁신의존으로부터 자아존재, 자기신뢰의 방향으로 돌리도록 하는 역할을 해야 한다. 일종의 굳히기 작전이다. 언제까지나 혁신대리인이 곁에 붙어 있을 수는 없기 때문이다.

혁신대리인은 ① 고객과의 계속적인 접촉을 확대하고, ② 혁신(개혁)단 중심이기보다는 고객중심이어야 하고, ③ 개혁프로그램이 고객의 욕구와 일치해야 하고, ④ 고객과 감정이입 되고(고객의 입장에 몰입되고), ⑤ 고객과 동류의식(예, 같은 신분)을 가져야 하고, ⑥ 고객의 눈으로 봤을 때 신뢰성이 있어야 하고, ⑦ 여론형성자와 협동하고, ⑧ 고객의 혁신평가 능력을 증진시키는 데 조심해야 성공을 할 수 있다.

혁신촉진자나 혁신대리인은 종종 혁신보조자(change aide)를 활용하여 혁신을 촉진시킨다. 혁신보조자는 고객으로 하여금 혁신을 채택하도록 집중적으로 접촉하는 혁신대리인보다 교육혁신에 좀 덜 전문적인 사람을 말한다. 아마 교사를 혁신(개혁)의 고객으로 삼는다면 그 교사 가까이 있는 동료교사를 활용해야 할 것이다. 이 혁신보조자는 혁신(개혁)에 대한 전문성과 신용도는 혁신대리자보다 낮을지 모르나 대신 안정성 신뢰도는 높을 수 있다는 장점을 갖고 있다. 고객들이 동질감을 느끼고 안심하고 자주 접촉할 수 있기 때문이다.

그리고 고객 가까이 있는 여론 형성자도 잘 활용해야 한다. 여론형성자는 고객 주변에서 의견을 잘 내어 비공식적 리더십을 발휘하여 고객이 잘 따르는 사람이다.

지금까지 교육혁신을 위한 지도자의 역할을 ① 지도자의 일반적 역할과 ② 혁신촉진자, ③ 혁신대리자(중개자)의 역할로 나누어 몇 가지 예시하였다.

4. 장학의 발전과제[10)

여기서 말하는 장학의 발전과제는 우선 거시적 입장에서, 국가적 수준에서의 발전과제라고 볼 수 있다. 학교수준, 교내수준에서의 장학의 발전과제라고 한다면 앞에서 이미 지적한 여러 가지 혁신내용을 혁신과제, 발전과제로 보아도 좋을 것이다. 이 발전과제를 ① 바른 장학관의 정립, ② 장학지도자 양성, ③ 교사발전(능력개발), ④ 장학기술 개발, ⑤ 장학전문단체로 나누어 생각해보기로 한다.

---

10) 앞장과 같은 내용이므로 앞장을 읽은 사람은 생략해도 좋음.

1) 바른 장학관의 정립

교육관계자와 장학관련자의 올바른 장학에 대한 관점이 형성되어야 한다. 그동안 장학에 대한 관점이 많이 바뀌어 오긴 했으나 아직도 만족할 만한 상태라고는 볼 수 없다. 이는 철학의 문제이고 목표의 문제이다. 그래서 교육관, 인간관 등과도 밀접하게 관련되어 있다. 관점의 변화는 장학자와 피장학자, 제3자까지 모두 동시에 바뀌어야지 어느 한쪽만 바뀌어도 안 된다.

첫째, 인간자원장학의 관점에서 교사를 믿고, 선하게 보고, 그래서 교사의 능력을 개발하여 교사의 자아실현을 도와주는 것이 장학이라는 관점으로 바뀌어야 한다. 이러한 관점의 변화, 사고의 전환은 장학자와 교사 모두에게 필요하다. 이러한 관점의 변화로 장학자와 피장학자의 동반자 의식, 관계성 형성이 제대로 되어야 장학은 좋은 출발을 할 수 있다.

둘째, 장학을 행정과 구별하여 궁극적으로 수업의 질을 향상시키는 것이 장학의 목표라는 관점의 변화가 요청된다. 수업의 질 향상에 이르지 못하면 모든 장학활동은 무의미하다는 인식에 철저해야 한다. 수업장학, 임상장학이 강조되어야 한다.

셋째, 장학의 중심이 교육부나 교육청으로부터 학교나 교실로 내려와야 한다. 장학의 궁극적 목표가 수업의 질 향상에 있다면 수업이 이루어지고 있는 현장과 수업을 담당하고 있는 교사와 학생이 있는 학교와 교실 가까이 장학이 다가와야 효과가 클 것이다.

2) 장학지도자 양성

수업의 질이 수업담당자 교사에게 달려 있듯이 장학의 질은 장학담당자에게 달려있다고 해도 과언이 아니다. 우리나라 장학의 질이 한 단계 더 도약을 하려면 장학지도자를 전문화시켜야 한다. 장학지도자의 전문화를 위해서, 첫째, 전문양성교육을 해야 한다. 스포츠에서 선수와 선수지도자가 다르듯이 가르치는 사람과 가르치는 사람을 지도하는 사람은 구별되어야 한다. 그래서 가르치는 교사 중에서 발탁하여 몇 시간의 연수를 얹어서 전문적인 장학적 일을 하게 해 가지고는 국제경쟁력을 갖는 장학이 될 수 없다. 그래서 우수한 교사 중에서 선발하여 양성교육을 이수하게 한 후 장학직에 임용하는 양성체제를 제안하는 것이다.

둘째, 양성교육에 의하여 임용된 이후에도 계속적인 연수교육을 부과하고 장학직 이외의 직으로 상호전직하지 못하도록 하여 전문화하자는 생각이다.

셋째, 고도의 전문교육을 받은 이들 장학지도자에게는 이에 상응할 만한 권위와 보상이 따라주어야 한다. 장학 전문직에게 충분한 대우를 해주어야 한다.

넷째, 장학지도자도 전문분야별로 나누어 양성할 필요가 있다. 교장·교감에 해당하는 학교장학과정, 전문교과 장학과정, 교육과정 장학과정, 학무과(국)장, 초·중등과 (국)장, 교육장에 해당하는 일반전문가과정 등으로 분화시켜 전문성을 높일 수 있으면 좋겠다.

3) 교사발전

교사는 모든 교육활동에 있어서 출발점이다. 장학도 근본적인 것은 교사로부터 출발해야 한다. 그래서 첫째, 교사양성기관에서의 교사장학과 장학에 대한 교육이 이루어져야 한다. 양성기관에서부터 장학의 필요성 인식, 장학에 대한 동기유발이 될 수 있도록 해야 한다. 최소한 장학에 대한 수용태도라도 길러져야 하는데 현재는 역으로 거부태도가 양성과정에서 길러지는 것 같은 착각을 느낄 정도이다.

둘째, 교사발전을 위한 부단한 연수가 계속되어야 한다.

셋째, 전문직의 특성에 맞게 동료장학, 자기장학을 통하여 스스로 발전하도록 만드는 일이 중요하다.

4) 장학기술 발전

장학에 대한 장학관이 바뀌고 장학의 필요성을 느껴 교사에게 필요한 장학을 제공해 주고자 해도 이를 실천에 옮겨 목적을 달성할 수 있는 방법과 기술이 없으면 아무 소용이 없다. 임상장학, 동료장학에 관한 기술을 더욱 개발하고 정교화시키는 일은 중요하고도 시급하다. 수업의 질 향상을 위한 장학을 하고 싶어도 기술과 방법이 없어서 입으로 떠들다 마는 결과가 되어서는 안 된다. 수업관찰과 분석에 관한 기술, 장학협의회 기술, 이를 위한 의사소통 기술 등이 자꾸 개발되어야 한다. 이러한 기술들은 현장으로부터 나와야 하지만, 바람직하기로는 학자와 현장실천가의 협동에 의하여 개발될 수 있다면 더욱 현실성이 있을 것이다.

5) 장학전문단체

장학에 관한 이론과 실제를 체계적으로 연구하고 실천하려면 학회성격의 장학전문연구단체가 형성되어야 한다. 이론가인 교수나 학자들과 실천가인 교감급 이상의 장학담당자로 구성해야 할 것이다. 장학은 성격상 현장성·응용성이 강하므로 이론 중심, 학자 중심인 다른 학회와는 성격이 달라야 할 것이다. 미국의 경우는 교육과정과 장학을 합쳐 ASCD(Association for Supervision and Curriculum Development)를 구성하여 장학과 교육과정에 관한 월간학술지, 계간학술지, 각종 서적을 발행하고 또 연수회도 개최하고 있다. 이 모임은 이제 세계적인 모임으로 성장하였다.

우리도 이런 단체를 만들어 장학에 관심을 갖는 사람들이 이마를 맞대고 노력한다면 우리나라 장학의 수준은 한 단계 더 발전할 수 있으리라 확신한다. 이상 다섯 가지 발전과제를 제안한 것으로 결론을 삼고자 한다.

참고문헌

김영호(1973), "교육혁신 보급에 관한 이론적 기초", 한국교육개발원.

최희선·윤기옥 역(1987), **학교경영의 혁신**, 서울: 성원사.

Boyd, W. L. & Kercher, C. T.(eds)(1988), *The Polictics of Excellence and Choice in Education*, N.Y.:The Falmer Press.

Gall, M. D., et al,(1984), *Involving the Principal in Teacher's Staff Development*: Effects on Quality of Mathematics Instruction in Elementary Schools, Eugene: Center for Educational Policy and Management, University of Oregon.

Gersten, R. & Carnine, D.(1981), *Administrative and Supervisory Support Functions for the Implementation of Effective Educational Programs for Low Income Stadents*, Engene: Center for Educational Policy and Management University of Orengon.

Hall. G. E & Hoard, S. M.(1984), "Analyzing What Change Facilitators Do: The Intervention Taxonomy," *Knowl edge: Creation, Diffusion, Utilization*, 5, 3.

Hord, S. M. et al.(1987), *Taking Charge of Change*, Alexandria, VA:ASCD.

Patterson, Jerry L. Stewart C. Purkey, & Jackkson V.

Parkey(1986)., *Productive School Systems for A No-nrational World*, Alexandria, VA:ASCD.

Rogers, Everett M.(1983), *Diffusion of Innovations*, 3rd ed, N.Y.:The Free Press.

Sergiovanni, Thomas J. & Others(1987), *Educational Governance and Administration*, 2nd ed. Englewood Cliffs, New Jersey: Prentice-Hall, Inc.

Swanson, Austin D.(1989). "Restructuring Educational Governance: A Challenge of the 1990's", E.A.Q. vol.25, No.3(August).

Timar, Thomas B. & Kirp, David L.(1988), *Managing Educational Excellence*, New York: The Falmer Press.

Wirt, F. M.(1987), "National Australia-United States Education: A Commentary," In W. L. Boyd and D. Smart(eds.), *Educational Policy in Australia and America: A Comparative Perspectives*, N.Y.:The Falmer press.

제9장
교육의 질 향상을 위한 유치원내 자율장학*

1. 상황변화와 유치원 경영

원내외 여러 면에서 상황이 급변하고 있다. 우선 우리의 고객인 원아들이 변하고, 세계적인 거대한 조류가 변하고 있다. 이러한 변화에 적응하여 유치원을 경영해야 할 것이다.

1) 고달픈 아이들

현대의 어린이들은 한마디로 말해서 고달프다. 조기교육이 강조되면서 더욱 고달프다. 작은 그릇에 너무나 많은 것을 담으려고 하는지 모른다. 일찍 출발할수록 좋겠지만 어느 정도 시간이 지나면 같이 만나게 될지도 모른다.

---

* 서울교원연수원, 유치원 자율장학요원 직무연수, 1995.

원아들에게 조기 경험을 시키려면 정선하여 최적의 양질의 경험을 시켜야 할 것이다. 어린이를 수단시하고 때로는 노리개로 취급하거나, 진정으로 어린이를 모르고 어른의 입장에서 어린이를 가르치려고 하는 데 문제가 있다.

첫째, 어린이들은 감각적 자극에의 노출이 심하다. 갓난애 때부터 천연색 네온사인. TV. 비디오, 컴퓨터, 전자오락기, 심지어는 디스코장, 노래방의 번쩍이는 불빛에 노출되고 있다. 그래서 많은 어린이들이 눈을 버리고 안경을 쓰는 경우를 본다.

도시에서는 어린이들이 소음에 시달리고 있다. 그래서 라디오와 TV의 볼륨이 점점 높아지고 있다. 이제 아이들은 괴성을 질러 주의와 관심을 끌려고 한다. 노래라고 하고 음악이라고 하는 것까지 음악인지 괴성인지 소음인지 구분하기 어렵게 되어 가고 있다.

어린이의 코와 혀도 각종 냄새와 양념으로 제 기능을 발휘하기 어렵게 되어 가고 있다. 뒤범벅이 되는 냄새에 둔감해지고 단 것도 달게 느끼지 못하게 된다.

유치원에서 원아를 지도할 때도 웬만한 시청각 자료를 사용해서는 어린이의 관심을 끌 수 없게 되었다. 가정이나 사회보다 유치원에서 자극의 강도를 더 높일 것인가 오히려 순화시키기 위하여 자극의 강도를 낮출 것인가 중요한 결정을 내려야 한다.

둘째, 인지 · 사회성 발달의 기회도 많아진다. 감각노출과 함께 인지적 발달과 사회성 발달의 기회도 많아진다. 지능도 다지능의 개념으로 바뀌고 낯선 사람과 접촉할 기회도 많아진다. 사회성이 발달할 기회도 되지만 어린이들에게 부담을 줄 수도 있다. 어린이들은 심리적 · 정신적 부담을 안고 살아가야 한다.

셋째, 일찍부터 다양한 가치에의 노출로 가치혼란, 도덕적 불감증을 갖게 할 수도 있다. 가정마다 가치와 문화가 다르고 가정과 학교 사이에 가치가 다를 수 있다. 다문화, 다가치가 공존하는 사회에서 어린이들은 혼란을 느낀다. 다문화, 다가치의 공존은 좋은 현상이지만 어린이들에게는 부담이 될 수 있다. 어린이의 흥미를 끄는 유혹거리도 많아지고 있다. 음악, 노래, 춤, 운동, 장난, 오락, 과학 등 어린이의 흥미를 끄는 것은 너무나 많다. 이러한 흥밋거리와 유치원에서의 놀이와 공부라는 것은 경쟁에서 싸워 이기는 것이다.

넷째, 어린이는 신체적·정신적으로도 바쁘고 많은 스트레스를 받는다. 몸이 제대로 단단해지기 전부터 걸음마 차를 타고, 바쁜 스케줄에 의하여 생활해야 한다. 항상 무엇인가 먹어야 하고 영양도 좋아진다. 조기교육의 흐름을 타고 해야 할 일도 많아진다. 유치원의 스케줄을 조금만 바꾸려고 해도 바꿀 수 없는 바쁜 스케줄을 어린이들이 감당해 내야 한다.

현대 어린이들은 용량에 비하여 모든 면에서 과부하되는 경향이다. 여기서 유치원 교육과 경영에 중요한 시사가 될 것이다. 어떻게 즐겁게 생활하게 할 것인가를 생각해야 하고, 부모교육의 필요성이 강조되는 것을 알 수 있다.

2) 분권화와 참여의 민주화와 자유경쟁의 물결

정치, 기업경영 등 모든 면에서 분권화와 참여자율화의 민주화 물결이 두드러지게 나타나고 있다. 정치적으로도 분권화와 분리, 독립, 자치에 의하여 민족별로 갈라져 독립된 국가가 새로 탄생하고 있다.

중앙집권의 행정으로부터 지방분권·지방자치의 행정으로 주민 가까이 행정이 다가가고 있다. 효율성, 효과성이 떨어지더라도 주민의 필요와 욕구를 충족시켜 주는 행정이어야 한다. 남이 대신 해 주는 정치나 행정이 아니라 본인이 직접 참여하는 정치와 행정이 되어야 한다.

기업경영도 분권화, 현장책임경영제도를 채택하여 살아남기 생론경영을 하고 있다. 학교도 예외일 수 없다. 이제는 이념대결의 시대가 가고 이익추구의 시대로 옮겨가고 있다. 공산주의, 사회주의 국가에서까지 자신들의 이념을 서슴없이 버리고 자유시장경제의 원리를 채택하고 있다. 자유경쟁·생존경쟁의 무대로 나서는 것이다. 이제 학교도 독점경영 방식에서 탈피하여 자유경쟁체제로 넘어가게 될 것이다. 고객을 기다리기보다는 오히려 적극적으로 나서서 봉사하는 경영방식이 되어야 할 것이다. 거기다 이제는 출생률

저하로 원아가 부족하여 원아 확보를 위한 생존경영을 하지 않을 수 없다.

이제 장학도 상부로부터 피동적으로 받는 장학이 아니라 자율적이고 적극적으로 실시하여 교육의 질을 높이고 양질의 교육서비스를 원아와 학부모에게 제공해 주는 방향으로 가야 한다. 이것이 곧 "교육의 질 향상을 위한 원내 자율장학"이 된다. 분권화·자율화와 자유경쟁의 물결의 흐름을 타고 고달픈 어린이를 고려하여 적절한 원내장학의 방향을 선택해야 할 것이다.

2. 자율장학의 개념

장학은 비전문가가 교육활동을 감독하는 데서부터 출발하였다. 미국에서 많이 쓰는 장학을 의미하는 supervision이란 말도 super가 vision(본다)한다는 감독이란 어원에서 출발하였다. 유럽 쪽에서 많이 쓰는 inspection도 철저히(In) 보는데(spect) 어원을 두고 있다.

그동안 장학의 개념은 여러 가지로 바뀌어 왔다. 행정, 경영, 인간관계, 교육과정, 수업, 지도력을 강조하는 것으로 변해 왔으나 이제 교육의 질, 즉 수업의 질을 향상시키기 위한 교육활동으로 보려는 경향이 강하게 나타나고 있다. 특히 교육의 질을 향상시켜 교육경쟁을 하려는 경우 교육의 질 향상과 밀접한 교육활동인 장학에 관심을 두지 않을 수 없는 입장이다. 교육개혁도 결국 교육의 질을 향상시키려는 것이므로 교육개혁 자체도 장학으로 풀어 나가야 할 상황이다.

수업의 질을 향상시키려면 수업을 이루고 있는 주요 요소에 변화를 주어야 한다. 수업은 수업환경(시설, 교재포함) 속에서 교사와 학생 사이에 교육과정(교육내용)을 중심으로 상호작용하는 것이라고 할 수 있다. ① 교사, ② 교육과정, ③ 수업환경, ④ 학생, ⑤ 학습성취와 가장 관련이 깊은 교육활동이 바로 장학이다. 장학이란 ① 교사의 교수행위에 변화를 주어 학생의 학습행위에 변화를 가져오고, ② 교육과정의 개발·수정·보완의 변화로 학생의 학습을 바꾸고, ③ 학습환경, 교재, 교구에 변화를 주어 궁극적으로 학생의 학습성취를 향상시키기 위한 교육활동이다. 이것을 〈그림 9-1〉과 같이 나타낼 수 있다.

　장학의 본질에서 수업·교육과정이 강조되면서 수업이 이루어지고 있는 교내, 교실현장에서 장학이 중시되고 있다. 그래서 교육부, 교육청의 장학보다 원내·교내 장학이 더 중요하다는 것을 느끼게 된 것이다. 또 분권과 참여, 자율의 물결과 함께 교내·원내에서의 자율장학이 더 중요하고 더 효과적이라는 것을 깨닫게 된 것이다. 장학에서도 다른 분야에서와 마찬가지로 타율보다는 자율이 더 바람직하고 효과적인 것은 너무나 당연하다.

　자율은 자기규율, 자기통제, 자기통치로 스스로 정해 놓은 규율에 의하여 행동하고 자신의 행동에 대하여 책임을 지는 것이다. 그래서 자율에는 반드시 책임이 수반된다.

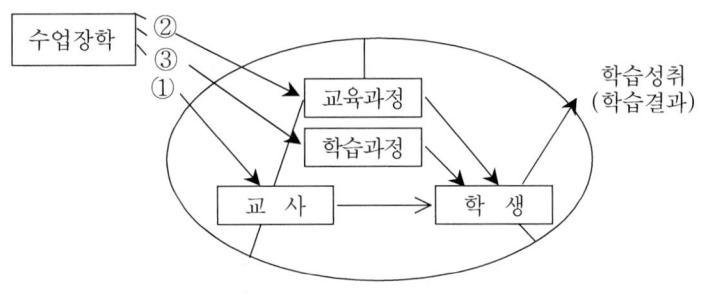

〈그림 9-1〉 장학의 본질과 목적

　자율장학도 스스로 장학을 실시하고 책임을 지는 것인데 누가 장학을 하느냐 하는 수준을 생각해 볼 수 있다. 원장 수준에서 자율장학을 하면 원내 자율장학이 될 것이고, 교사수준에서 스스로 장학을 실시하면 교사 자기장학이 될 것이다. 그러나 흔히 자율장학이라고 하면 학교수준의 교내장학, 원내 장학을 말하게 된다. 원래 장학은 원내장학이 바탕이 되는 것이었으므로 새삼 새로운 것이라고는 할 수 없다. 지금까지의 우리나라의 장학이 지나치게 상부지향의 장학이었는데 이제 원내장학의 제모습, 제자리로 돌아가야 한다.

3. 원내 자율장학 방법

1) 선택적 장학체제

원내 장학을 실시하려면 먼저 원의 상황에 맞는 방법을 사전에 선택하여 충분히 준비하고 계획하여 실천하고 평가하는 과정을 거쳐야 할 것이다. 상황이라는 것은 여러 가지가 고려되어야겠지만 원의 조직적 변인과 교사의 개인적 변인이 주가 될 것이다. 적합한 장학방법을 선택해야 성공할 수 있을 것이다.

그리고 가능하면 교사로 하여금 자신에게 알맞은 장학방법을 선택할 수 있는 기회를 제공하는 것이 좋겠다. 여러 다양한 장학방법 중에서 자신에게 맞는 방법을 선택하게 하고 원의 사정에 따라 조정하게 하는 것이다. 원아에게 개별화 지도가 중요하듯이 교사에게도 개별화 장학이 요구된다. 이것이 선택적 장학체제이다. 예를 들면 〈그림 9-2〉〈표 9-1〉과 같이 나타낼 수 있다.

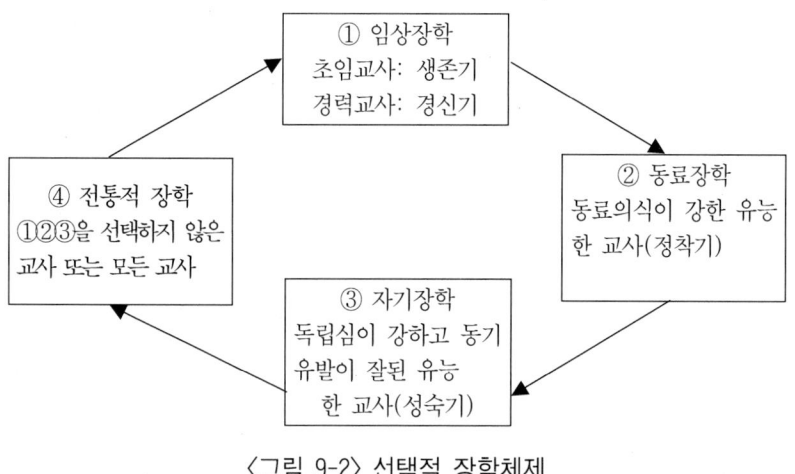

〈그림 9-2〉 선택적 장학체제

〈표 9-1〉 선택적 장학체제의 장학대안별 대상 교사

선택적 장학대안(비율)	대상교사(교사의 희망에 따르지만 적절한 대상선정 기준)
1. 임상장학(5 / 50)	초임교사(생존기)(첫 3년 계속, 그 후 3년마다) 경력 교사(경신기) (3년마다)
2. 동료장학(10 / 50)	높은 동료의식을 가지고 있는 경험 있고 능력 있는 교사(정착기)
3. 자기장학(5/50)	혼자 일하기를 좋아하는 경험 있고 유능한 교사(성숙기)
4. 전통적 장학(30 / 50)	모든 교사 또는 1. 2. 3을 선택하지 않은 교사(모든 단계의 교사)

※ 선택대안은 학교형편에 따라 더 늘릴 수도 있다.

임상장학은 임상장학에 관한 전문적 훈련을 받은 원장, 원감이 주로 담당하고, 동료장학은 동료교사들끼리 서로 협동적 노력으로 교수기술 향상과 전문성 신장을 기하고자 하는 것이며, 자기장학은 교사 혼자서 독립적으로 그러나 계획적으로 교수기술 향상을 위하여 노력하는 장학형태이다.

여기서 주의할 점은 자기장학을 자유방임이나 장학에서 제외시키는 것으로 착각해서는 안 된다는 점이다. 그리고 전통적 장학은 현재와 같이 수업 중에 잠깐 교실에 들러 수업을 관찰하고 약간의 피드백을 교사에게 제공하는 형태이다. 1년 후에는 이들 형태별 대상교사를 바꿀 수 있다.

이 선택적 장학체제는 교사의 요구와 필요에 따른 장학모형과 비슷하다. ① 교사의 교수수월성의 표준을 올리기 위한 장학목표를 설정하고, ② 교사의 요구를 여러 가지 방법으로 진단하여, ③ 장학대안을 결정하여 실시(계획-실천-평가)하는 모형이다. 이를 요약하면 〈그림 9-3〉과 같다.

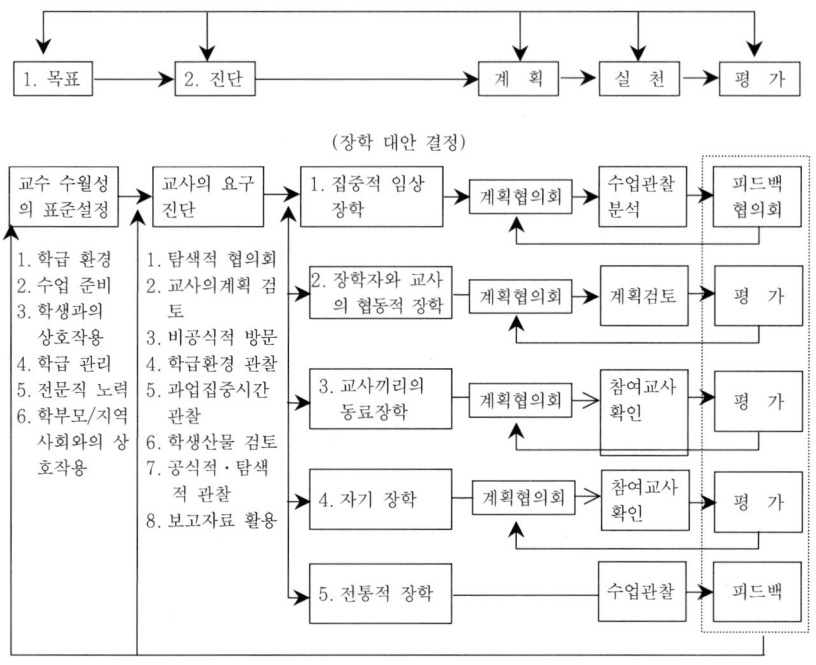

〈그림 9-3〉 교사의 요구에 따른 장학모형

2) 여러 가지 원내장학 방법

① 임상장학과 마이크로티칭

이 방법은 원장, 원감에 의하여 집중적으로 수업개선을 하기 위한 것으로 반복적이고 주기적인 계획협의회와 수업관찰, 피드백협의회의 과정을 거친다.

② 동료장학과 동료코치

원장과 원감이 동료의식을 가지고 하는 동료장학, 실제 동료교사들끼리 하는 동료장학과 동료코치를 다 포함하나 후자에 주로 중점을 둔다. 최근에는 동료들끼리 운동 코치하듯이 수업 코치를 한다고 하여 '동료코치'라는 말이 생겨났다. 이것은 엄격한 임상장학의 과정을 거치지 않는다.

③ 자기장학

교사 스스로가 비디오 녹화, 녹음, 학생과 동료교사로부터의 피드백 등을 통하여 수업개선과 자기성장을 위하여 노력하는 방법이다.

④ 수업연구

전통적으로 해 오던 수업연구는 가장 좋은 수업장학 형태이다. 형식적으로 흐르던 것을 좀더 정교화 할 필요가 있다.

⑤ 원내연수

각종 원내 직원연수는 교사개발, 교사성장을 위한 좋은 장학의 한 형태라고 할 수 있다. 그러나 연수내용을 좀더 수업에 집중 관련시킬 필요가 있다.

⑥ 유치원과 교실 상호방문

인근 유치원과 다른 교실과 수업을 방문, 관찰할 수 있게 하는 제도도 좋은 장학의 한 형태라고 볼 수 있다.

⑦ 스터디그룹, 독서회, 교과 서클, 동학년회

이러한 소집단 활동은 수업장학의 측면에서도 중요하고, 유치원문화와 응집력 형성을 통한 유치원의 경영목표 달성에 도움이 된다.

⑧ 현장연구와 우수수업 경연

전통적으로 현장에서 많이 시행되는 것으로 장학의 한 부분으로 볼 수 있다.

⑨ 직원회와 각종 위원회

직원회 시간과 각종 전문위원회 활동도 좋은 장학의 기회로 활용할 수 있다.

이외에도 각 지역과 유치원의 실정에 따라 여러 방법으로 수업장학에 접근할 수 있을 것이다.

그러면 이들 여러 가지 원내장학 방법 중에서 임상장학과 동료코치에 대하여 좀더 자세히 설명하고자 한다.

4. 원내 자율장학의 실제

1) 임상장학

임상장학이란

지시적 → 상호작용적, 권위주의적 → 민주적, 장학자중심 → 교사중심적: Y 이론의 입장, 인간자원론적 철학에 바탕을 둔 장학방법의 하나이다. 임상장학의 밑바탕에 깔려 있는 기본가정 또는 기본전제는 다음과 같다.

① 교육과정, 교수내용 구성이 변화하므로 교사행동도 변해야 하고,

② 장학담당자는 교사의 교사가 아니라 장학자와 교사가 동시에 책임지는 과정이(둘이서 함께 추는 장학이라는 춤)이고,

③ 교사의 능력신뢰, 능력개발, 자아실현으로 교사를 행복하게 해 주자는 것이고,

④ 교사가 발전할 수 있고 현 상태를 개선할 수 있는 조건이 있으며,

⑤ 다 써먹지 않고 남아 있는 잠재능력과 기술이 있으며,

⑥ 교사들은 일에 도전함으로써 만족을 얻을 수 있다(교사를 위한 장학의 출발)는 것이다.

이런 전제하에 임상장학은 다음 네 요소를 포함하여 정의할 수 있다.

① 교실현장에서(현장)

② 교사와 장학자의 친밀한 1:1의 관계 속에서(관계성)

③ 계획협의회 → 수업관찰(과 분석) → 피드백 협의회의 순환적 과정을 거치면서(과정)

④ 교사의 전문직적 성장과 교수기술 향상을 위하여 집중적으로 노력하는 하나의 "장학대안"이라고 할 수 있다(목적).

임상장학의 과정

임상장학에서는 계획협의회(장학계획, 수업계획) → 수업관찰 → 피드백 협

의회의 순환적 과정을 거치면서 교사의 교수기술 향상에 초점을 맞춘다.

(1) 계획협의회

계획협의회는 두 가지 측면에서 계획하는 협의회이다. 하나는 수업계획이고 다른 하나는 앞으로 장학을 어떻게 해 나갈 것인가 하는 장학계획의 측면이다. 임상장학이 잘되려면 첫 출발인 계획협의회가 계획적으로 잘 이루어져야 하는데 여기서 해야 할 일은 다음과 같다.

① 우선 래포를 형성하는 일이 중요하고,

② 수업관찰의 목적과 기능을 설정하고,

③ 어떤 측면에서 수업관찰을 할 것인가를 결정하고,

④ 관찰 중 사용할 도구와 절차를 결정하고,

⑤ 관찰 중 장학자와 교사가 수행할 역할에 대하여 확인하고,

⑥ 수업관찰 뒤에 할 피드백 협의회의 목적과 성격에 대해서도 합의를 보고,

⑦ 수업관찰과 피드백 협의회에 대한 질문에 대하여 모든 의문을 해결해야 한다.

계획협의회의 주요 기술 몇 가지를 제시한다.

① 수업에 대한 교사의 관심, 문제점, 걱정거리, 이상과 현실 사이에서 불만족스러워 하는 점을 확인한다.

② 여기서 확인한 것을 관찰 가능하고 측정 가능한 조작적 행동으로 바꿔 놓는다.

③ 교사가 수업개선을 위해서 어떤 절차로 어떻게 노력할 것인가를 확인·합의한다.

④ 교사 스스로 실현가능한 자기개선의 목표를 설정하도록 도와준다.

⑤ 교사의 문제점과 관련된 주제와 내용, 기술을 다루는 수업을 참관할 수 있는 시간을 결정한다.

⑥ 수업관찰에서 기록할 관찰도구와 관찰행동을 정한다.

⑦ 자료 기술을 위한 수업장면을 분명하게 밝힌다.

(2) 수업관찰과 분석

계획협의회에서 약속한 대로 수업관찰을 하여 자료를 수집하고 수집한 자료를 분석하여 의미를 찾아내 해석한다.

여기서는 수업관찰의 방법 몇 가지를 예시하고자 한다.

① 부분적인 정확한 기록방법

교사의 발문, 학생에 대한 교사의 피드백 반응, 교사의 지시와 구조적 진술 등 교사가 관심을 갖는 그 부분만 희곡이나 연극의 대사처럼 정확하게 기록해 두었다가 분석하는 방법이다.

② 좌석표 활용 관찰기록

학생의 학습과업에 대한 집중, 말의 오고 감, 교사와 학생의 이동상황을 좌석표에 기록해 두었다가 분석하는 방법이다.

③ 일화기록

학급에서 수업 중에 일어나는 사건을 관찰자의 5관을 통하여 들어오는 그대로를 사실대로 민속학적 방법으로 기술했다가 분석하는 방법이다.

④ 녹화와 녹음

녹화와 녹음은 비교적 객관적으로 정확하게 기록했다가 분석할 수 있는 쉬운 방법으로 앞으로 임상장학에서 활발하게 사용될 수 있다.

⑤ 체크리스트와 척도상의 평정

응답자로 하여금 여러 가지 질문의 해당사항과 척도상에 체크하게 하여 의미 있는 결과를 발견하는 것이다.

⑥ 플랜더스의 언어상호작용 분석법

교사의 말과 학생의 말을 10개의 범주로 나누어 매 3초마다 체크했다가 비지시적 행동 대 지시적 행동의 비를 내어 분석하는 방법이다. 지시적 행동은 교사의 강의, 교사의 지시, 학생에 대한 교사의 비평과 교사의 권위정당화와 합리화, 학생의 피동적인 말이 여기에 해당한다. 비지시적 행동은 교사의 감정수용, 교사의 칭찬이나 격려, 학생의 아이디어를 교사가 수용하고 사용하기, 학생의 주도적인 자발적 발언이 이에 해당한다. 질문은 중립에 놓고 침묵이나 혼란은 난외로 기록하고 분석한다.

수업관찰방법, 분석방법의 핵심을 몇 가지 요약하면 다음과 같다. 좀더 자세한 것은 전문서적을 참고해야 할 것이다.

〈수업관찰방법 예시〉

A-1. 교사의 발문: 지식, 이해, 적용, 분석, 종합, 평가

A-2. 교사의 피드백: 적절한 반응, 빠뜨린 반응, 과도한 반응―수정, 적용, 비교, 요약

A-3. 교사의 지시와 구조적 진술: 개관, 수업목표, 요약, 관련짓기, 전환, 중요성 강조, 해야 할 일―애매한, 중간, 구체적

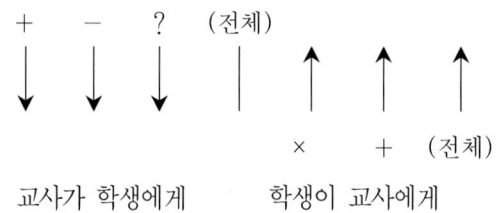

교사가 학생에게   학생이 교사에게

구 분		행동범주	시 간	계(%)
비지시적행동	교사	1. 감정의 수용 2. 칭찬, 격려 3. 학생의 아이디어 수용		
	학생	9. 학생의 주도적 자발적 발표		
중 립		4. 교사의 질문		
지시적행동	학생	8. 학생의 반응적 발표		
	교사	5. 강의·설명 6. 지시 7. 비평·권위의 정당화		
0. 침묵·혼란				

(플랜더스의 언어상호작용 분석 범주)

B-1. 이동양식: 유목적, 지시에 의한 이동, 무목적적, 시간대별 색깔

C-1. 일화기록

C-2. 녹화와 녹음

D-1. 플랜더스의 언어상호작용분석

E. 체크리스트와 평정척-학생, 학부모, 동료교사

(3) 피드백 협의회

피드백 협의회는 앞으로의 교수개선을 위하여 말 그대로 수업에 대한 피드백을 제공하려는 데 목적이 있다. ① 수업상황에 대하여 알고 그 이유에 대하여도 이해하게 하고, ② 수업문제에 대한 가능한 해결책을 탐색하고, ③ 수업개선의 행동계획을 설계하고 이에 대하여 합의를 보고, ④ 교사의 수업개선 시의 진전상황을 검토하는 일을 여기서 한다.

또 중요한 것은 ① 수업에 대한 보상과 만족감을 제공해 주고, ② 교수상의 이슈를 명백히 한정하고 입증하며, ③ 1:1의 도움을 제공해 주고, ④ 교사의 자기개선기술을 훈련하고, ⑤ 전문가로서의 자기분석에 대한 유인가를 제공하는 목적이다.

피드백 협의회의 핵심은 ① 우선 자료를 보여(제시해)주고, ② 자료를 분석하고, ③ 이를 근거로 해석하고, ④ 이를 바탕으로 대안(바꾸고 개선할)을 결정하고, ⑤ 교사의 대안과 전략, 계획을 강화해주는 것인데 이것이 바로 피드백 협의회의 대체적인 과정적 흐름이 된다.

피드백 협의회의 기술로는 ① 객관적 관찰자료를 사용하여 교사에게 피드백을 정확하게 해주는 것이 필요하고, 또 ② 교사의 추측과 의견, 느낌을 끌어내기, ③ 대안적 수업목적, 방법, 이유를 고려하도록 교사를 격려하기, ④ 교사에게 연습과 비교의 기회를 제공하기 등의 기술이 필요하다.

계획협의회가 되었든 피드백 협의회가 되었든 장학협의회는 가능한 한 교사중심의 비지시적 장학협의회를 하는 것이 좋다. 그러나 필요한 때는 지시적 협의회를 하여야 할 것이다.

비지시적 장학협의를 하려면 ① 많이 경청하고 덜 말하기, ② 교사가 말하는 것을 인정하고, 의역하고, 그대로를 사용하기, ③ 명료화를 위한 질문하기, ④ 교사의 성과와 성장에 대하여 구체적으로 칭찬하기, ⑤ 직접적인 조언을 피하기, ⑥ 언어적 지지를 하기, ⑦ 교사가 느끼고 있는 것을 인정하고 사용하기 등을 실천하는 것이 좋다.

피드백 협의회에 이어서 같은 교사에게 임상장학을 계속할 필요가 있으면 다시 계획협의회로부터 시작하고, 그렇지 않으면 이 교사를 끝내고 다른 교사에 대한 임상장학으로 옮겨가게 된다.

2) 동료코치

최근에는 동료장학이란 말 대신에 동료코치란 말을 많이 쓰고 있다. 수업기술도 운동 코치하듯이 하여 향상시킬 수 있다는 논리이다.

동료코치란
① 현재의 교육실천을 반성하고,
② 새로운 교수기술을 확장·정련·형성하고,
③ 동료 상호간에 가르치고,
④ 교실(수업)에 관하여 연구하고,
⑤ 현장의 문제를 해결하기 위하여 협동적 노력을 하는 신뢰적 과정이라고 할 수 있다.

동료코치의 과정
동료코치의 과정도 임상장학의 과정을 따르면 좋겠으나 교사들이 임상장학의 전문적 훈련을 받지 않았으므로 엄격한 임상장학 방법을 적용하기는 어려울 것이다. 그리고 동료코치의 형태에 따라 피드백 협의회를 생략할 수도 있다. 그러나 수업관찰을 통한 자료수집은 반드시 하게 된다.

동료코치는 다음 〈그림 9-4〉와 같이 공식적인 것과 비공식적인 것으로 나눌 수 있는데 그중에서도 자료수집자로서의 코치(수업자 주도의 코치)와, 협동자로서의 코치(코치와 수업자가 거의 대등한 관계 속에서 협동적 노력), 전문지도자로서의 코치(코치주도)를 강조하고자 한다.

임상장학의 과정을 요약하면 〈그림 9-5〉와 같다.

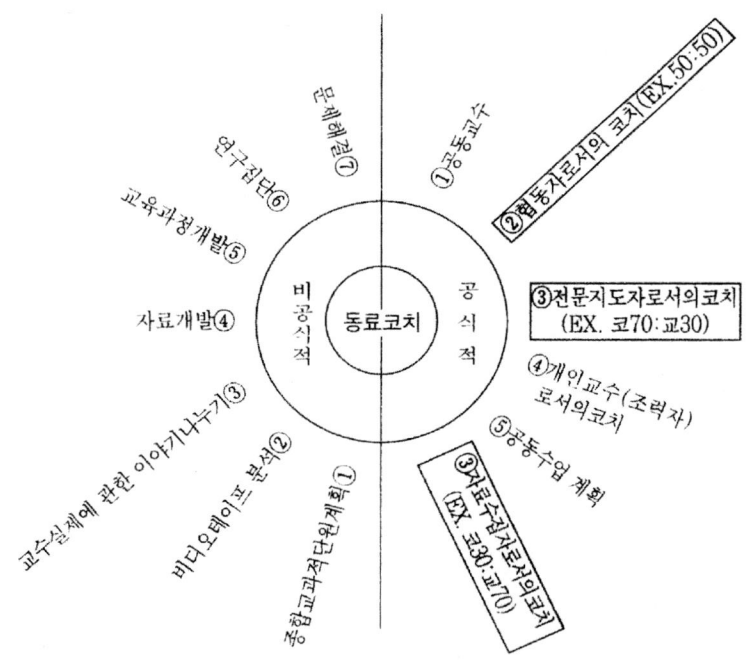

〈그림 9-4〉 동료코치 활동의 형태

[목적]
1. 래포의 형성
2. 수업관찰의 목적과 기능 선정
3. 수업관찰 측면에 대한 합의
4. 관찰중 사용한 절차 개발
5. 관찰중 장학자와 교사가 수행할 역할 확인
6. 피드백 협의회의 목적과 성격을 결정
7. 수업관찰과 피드백 협의회에 대한 교사의 질문에 대답

[방법]
1. 수업에 대한 교사의 관심 확인
2. 교사의 관심을 관찰 가능한 행동으로 바꾸기
3. 교사의 수업개선을 위한 절차 확인
4. 교사로 하여금 자기개선의 목표를 설정하도록 돕기
5. 수업관찰의 시간결정
6. 기록할 관찰도구와 관찰행동을 선정하기
7. 자료기록을 위한 수업장면을 명료화하기

1. 계획협의회

임상장학의
순환과정

2. 수업관찰

3. 피드백 협의회

[목적]
1. 교사의 장점과 개선 필요 영역을 확인 진단
2. 학생학습을 손상시키는 상황을 관찰
3. 수업에 관한 객관적 자료의 수집
[방법]
A. 부분적인 정확한 기록 방법
  1. 교사의 발문
  2. 교사의 피드백 방법
  3. 교사의 지시와 구조적 진술
B. 좌석표에의 관찰 기록
  1. 과업집중
  2. 언어흐름
  3. 이동양식
C. 광각렌즈 방법
  1. 일화기록
  2. 녹음·녹화기록
D. 체크리스트
  1. 교사 이미지 질문지
  2. 학생 관찰 조사
  3. 교사 스타일에 대한 학생의 지각
  4. 문답식 수업
  5. 강의-설명식 수업
  6. 시간선에 따른 기록
    (플랜더스 언어상호작용분석)

[목적]
1. 수업상황에 대한 지각과 그 이유에 대한 이해
2. 수업문제에 대한 가능한 해결책과 탐색
3. 수업개선의 행동계획 설계와 합의
4. 교사의 수업개시 전의 진전 상황 검토
[방법]
제시 → 분석 → 해석 → 대안 → 강화
1. 객관적 관찰자료에 의해 교사에게 피드백
2. 교사의 추측과 의견, 느낌을 끌어내기
3. 대안적 수업목적, 방법, 이유를 고려하도록 교사를 격려하기
4. 교사에게 연습과 비교의 기회 제공하기

※ 비지시적 교사중심 장학협의회 방법
1. 많이 경청하고 덜 말하기
2. 교사가 말하는 것을 인정, 의역, 사용하기
3. 명료화하는 질문
4. 교사의 성과와 성장에 대해 구체적 칭찬
5. 직접적 조언을 피하기
6. 언어적 지지를 말하기
7. 교사가 느끼고 있는 것을 인정하고 사용하기

〈그림 9-5〉임상장학의 단계별 목적과 방법

5. 원장의 장학적 수업지도력

원장은 원아교육의 최고책임자로서 장학과 수업에서 지도력을 발휘해야 한다. 관리에 그치지 말고 행정가가 되어야 하고, 행정가 수준을 뛰어넘어 지도자로서 지도력을 발휘해야 한다. 원장에게는 교육적 지도력, 장학지도력, 수업지도력이 강조된다. 냉혹한 교육의 질 경쟁을 하고 있기 때문이다.

이제 유치원의 문화 자체를 통째로 바꿔 놓는 문화지도력(cultural leadership)이 강조되고 있다. 이것은 기업경영에서 기업문화가 강조되는 것과 마찬가지이다.

최고지도자가 윤리적·도덕적으로 지도력을 발휘해야 한다. 어른으로서 행동으로 모범을 보여야 한다. 이것이 도덕적 지도력(moral leadership)이다. 윤리적·도덕적으로 흠이 있어서는 지도자 노릇을 할 수 없다. 원장의 도덕적 지도력은 가장 강력한 지도력의 원천이 될 것이다. 원장은 원장으로서 행정과 장학을 함으로써 삶의 보람, 교육자의 보람, 지도자의 보람을 찾아야 한다. ≪우리의 교육, 몸으로 가르치자≫

제10장
장학에 대한 최근의 논란과 장학의 방향*

1. 장학직 폐지 논란

여기서 장학에 대한 최근의 논란이란 전 교육부장관의 대통령에 대한 교육부 업무보고에서 장학직을 폐지하거나, 교육정책관으로 전환하거나, 최소한 장학직을 축소한다고 보고한 것에 대한 논란이다. 그리고 교육전문직은 전직하지 못하도록, 다시 말하면 장학직에 있던 사람은 학교로 못 돌아가도록 차단하는 개혁적 조치를 한다는 것이었다. 이러한 보도와 함께 전국 교육감들과 장학과장을 비롯한 교육전문직들이 거세게 항의하고 한국교총은 성명을 내고 또 다른 일을 포함하여 서명운동까지 하기에 이르렀다. 그러자 교육부는 언론보도가 오보라든지, 아니면 보도는 진실인데 취소한다든지(일단 취소한 셈이지만) 명확한 답변 없이 우물우물 유보하고 있어 언제 다시 이런 문제가 뛰쳐나올지도 모르는 상태이다. 이에 대하여 일부 교사들까지도 깊은 생각 없이 당장 장학직이 없어져 장학이 없으면 편하다는 생각에서

---

* 서울시교원연수원 교감직무연수원고, 1995.

인지 찬성하는 반응을 보였던 것 같다. 그래서 교육지도자인 장학직·교감·교장·중견교사들이 분명한 실상을 알아 입장을 확고히 해야 할 필요가 있기 때문에 이런 주제가 연수프로그램 속에 들어간 것으로 이해된다.

그래서 교육부의 업무보고 자료를 봤으나 인쇄자료에는 없고 대통령께 보고 되었다면 구두보고였을 것으로 본다. 교육부의 장학직 폐지 또는 축소, 혹은 교육정책관으로의 전환, 교육전문직의 전직 차단의 논리는 이러했다. 앞으로 단위학교 자율책임경영제로 가야 할 텐데 지금까지 장학이 지시·감독·획일화시켜 왔기 때문에 이것을 없애야겠다는 것이었다. 일부 전문직은 소수로 하여 정책관을 두고 그들은 학교로 왔다 갔다 못하도록 한다는 생각이다. 또 하나 중요한 이유는 교육부에 있는 전문직들에게 일을 시켜 보면 무능해서 일반 행정직처럼 즉각즉각 반응이 없으니 시·도의 장학직까지 없애야겠다는 것이었다. 업무보고 당시 교육부에는 장학편수실(장)이 이미 없어진 상태였다.

여기서 단위학교 자율책임제는 방향만큼은 옳다고 본다. 최근 세계의 여러 나라에서도 그런 방향으로 가고 있다. 미국, 영국, 캐나다, 스칸디나비아 여러 나라에서 이 방향을 지향하고 있는 것도 잘 알고 있다. 그런데 단위학교로 하여금 그런 방향으로 가도록 하는 자체가 하나의 장학이라는 점을 교육부에서는 생각 못한 것 같다. 단위학교 자율책임제 정책을 장관이나 교육정책관이 결정했다면 이런 정책을 누가 실현시킬 것인가? 장관과 교육감의 참모인 장학직이 지도·조언·지원을 통하여 그런 정책을 실현시켜야 하기 때문에 정책관의 손과 발인 장학은 여전히 필요한 것이다. 단위학교 지도를 장관이 직접 할 수 없고, 그렇다고 일반직이 할 수 없는 것이다(일반직이라고 하니까 듣기 싫었는지 교육행정직이라고 슬그머니 이름을 바꾸고, 사무관을 교육행정사무관이라고 바꾸었다).

앞으로 지시·감독·확인하는 일은 전혀 필요 없고 모든 것을 학교장에게 완전히 맡겨놓을 자신이 있는가? 만일 지시할 일이 생기면 누구를 시켜서 할 것인가?

일반직을 시켜서 할 것 아닌가? 그렇다면 일반직의 지시·감독을 받는 학교가 될 것 아닌가? 금년에 인성교육, 경로효친교육, 창의성교육 등을 한다고 업무보고 했는데 대통령에게 업무보고만 해 놓으면 장학 없이 교장이 척척 알아서 자율적으로 책임 있게 할 것이라 기대하는가? 이런 일을 하는 데는 여전히 장학의 몫이 필요하다.

지금까지 장학이 지시·감독이었기 때문에 문제라면 누가 지시·감독하라고 했는가? 누구보다도 교육부장관이 제일 많이 했을 것이다. 그리고 정권유지 차원에서 지시·감독·확인하는 일이 많았을 것이다. 정권마다 정책을 펼치려고 할 때마다 지시·감독하게 했다. 새마을운동, 보리혼식검사, 자연보호운동, 88올림픽 협조 등 수많은 지시·감독이 필요했고 이것을 모두 장학직이 책임져야 했던 것이다. 장학직이 지시하기 좋아서만 했던 것은 아니다. 장학직으로 하여금 단위학교에 지시하지 않도록 하려면 장관 자신이 하지 않으면 된다. 지시·감독이 장학 본연의 임무가 아니므로 수업의 질 향상과 교육의 질 향상에 전념할 수 있는 여건을 만들어 주는 일에 교육부가 앞장서 나가야 했다.

현재 장학직이 하는 일은 모두 필요 없는 것인가? 필요한 부분이 있다면 그 일을 앞으로 누가 대신할 것인가? 예를 들면 교원인사를 일반직이 해야 할 것 아닌가? 장학직이 없어지는 것을 찬성한다고 했던 교사들까지도 자기들의 인사를 일반직이 한다고 할 때는 비참해진다는 것을 몰랐을 것이다. 또 지시를 받더라도 장학직에게서 받기를 원하지 일반직의 지시를 받기를 원하는 교사는 없을 것이다.

장학직은 수를 줄이거나 없앨 것이 아니라 오히려 수를 늘려 지금 현재 행정적인 일은 줄이고 대신 교육과정과 수업적인 일을 강화하고 또 거기에 전념할 수 있게 해주어야 한다. 세계는 냉혹한 교육의 질 경쟁을 하고 있는데 장학은 바로 교육의 질을 높이는 일을 하는 것이기 때문이다.

교육정책과 장학과의 관계에 있어서도 올바른 좋은 정책을 결정하려면 현장의 장학적 보고와 자료가 있어야 하기 때문에 정책은 장학에 근거해야 한다. 또 정책을 실현하려면 장학이 있어야 한다. 장학은 정책과 현장의 실천 사이의 교량적 역할을 해야 하기 때문에 정책만 있고 장학이 없으면 정책도 무용지물이 된다.

중앙(교육부)에 장학기능이 없다는 것은 한 나라의 교육의 방향감이 없다는 것이나 마찬가지이다. 교육의 방향은 장관이나 일반직이 책상 위에서 정하는 것이 아니다. 장학보고에 근거해야 한다. 영국의 HMI(Her Majesty Inspector)는 초 · 중등학교는 말할 것도 없고 대학(48개 종합대학은 성인교육과 교사교육만 장학 대상)까지 장학 나가 1주일 이상씩 머물면서 장학보고서를 써 교육의 방향, 장학방향 결정에 필요한 정보를 제공해주고 있다.

교육전문직이 교원직과 수시로 교류 · 전직하는 것은 필자도 찬성하지 않는다. 교육전문직을 비롯하여 행정직까지도 교육행정대학원 같은 곳에서 전문가로 양성하고 평생을 전문직에서 봉사하게 하여 고도의 전문성을 기르고 또 전문직에 전념할 수 있도록 그에 상응하는 최고의 대우를 해주어야 한다는 것이 평소 주장해온 필자의 지론 중의 하나이다. 그러나 이러한 전문적 양성과정과 연수과정도 없이, 또 어떤 단계적 준비과정도 없이 어느 날 갑자기 차단하는 것은 문제이다. 기본 교직경험(예 3년, 또는 5년, 7년)을 가진 자 중에서 ① 계속 교사로 나가는 길과(수석교사 포함), ② 교육행정대학원 양성과정을 거쳐 교감 · 교장의 학교행정가로 나아가는 길, ③ 과장 · 국장 등 교육행정가로 가는 길, ④ 국어 · 영어 · 수학 등 교육과정과 교과장학사로 가는 길, ⑤ 직업교육 · 특수교육 · 성인교육 등 특수영역 장학사로 가는 길, ⑥ 서무 · 회계 · 감사 · 공보 · 시설 등 지원행정가로 가는 길로 전문화시켜야 한다는 생각이다. 이렇게 되면 전문직 간의 교류를 차단할 수 있고 직렬을 바꾸려면 해당직에 필요한 전문(양성)교육을 필수로 요구하여 가능하게 해야 한다고 했던 것이다. 이러한 체제 없이 갑자기 물이 흐르던 길을 막는 것은 문제가 있다.

　지금까지 장학직에 근무하던 사람이 무능한 것으로 비쳐졌다면 전문직이 할 일은 일반직이 하는 일을 했기 때문일 것이다. 원래 전문직은 연구해야 하고 검증해야 하기 때문에 일반직보다 순발력과 요령이 떨어진다는 것을 이해하지 못했을 것이다. 정말 무능한 사람이 있었다면 그것 때문에 장학직 자체를 없애려고 할 것이 아니라 유능한 사람을 선발해 앉혀 놓으려고 했어야 한다.

　그리고 앞에서 말한 것처럼 유능한 사람을 선발하여 장학전문가로 교육행정대학원 수준에서 철저한 양성교육과 연수교육을 하면 근본적으로 해결될 것이다. 장학담당자의 질을 한 수준 더 높일 생각을 했어야 한다.

　정부에서 여러 가지 개혁적 노력을 하고 작은 정부를 만들려고 한 조치와 정책은 높이 평가하지 않을 수 없다. 그러나 기계적으로 일정 수를 줄이기보다는 무능자를 색출해내고 오히려 행정의 질을 높이기 위해 뛰도록 만드는 일이 필요하다고 본다. 일반직의 수가 많다고 줄이려니까 전문직을 잘라내고 대학의 교수 보직을 떼내는 것으로 대체하는 것은 옳지 못하다. 행정의 질을 높이고 봉사를 하게 하려면 오히려 일반직의 수도 더 늘려야 하고, 또 행정직을 가르치는 현장으로 내려 보내서 가르치는 일이 있는 곳에 일반직을 보내어 행정지원을 하게 해주어야 한다. 아직도 행정 직원이 없는 학교가 많다는 것을 생각하면 이해가 될 것이다. 행정직을 쓸데없이 근무하기 편한 중앙, 도시에만 배치하니까 문제이다.

　이제 장학은 올바른 방향, 제자리를 찾아가야 한다. 교사의 교수기술을 향상시키고, 교육과정을 개발·수정·보완하고, 학습환경을 개선하는 교육과정장학, 수업장학을 강조하는 방향으로 가야겠다.

　행정적 장학, 일반장학, 상부의 장학, 행정가중심의 장학, 거시적 장학으로부터 수업장학, 임상장학, 마이크로티칭, 교내장학, 교사중심장학, 구체적·실질적·미시적 장학으로 옮겨가야 한다. 그러려면 교육과정이론, 수업이론, 교수이론을 장학이론 및 방법과 밀착시키려는 노력을 더 기울여야 할 것이다. 이와 관련하여 장학이 무엇인지 그 개념을 분명히 하고 장학관

(觀)·장학철학을 분명히 해야 할 것이다. 장학은 교사의 능력개발과 자아실현을 도와주는 철학의 방향으로 가야 할 것이다.

장학의 성패는 교사의 자율성과 동시에 자발성과 동기유발에 바탕을 두어야 한다. 교사에게 권한을 대폭 위임하되 책임을 지게하고 스스로 참여하게 하는 방향을 모색해야 할 것이다. 자기장학과 동료장학의 동기유발에 발동을 걸어주어야 한다.

앞으로의 장학은 장학프로그램을 다양화하여 교사 한사람 한사람에게 맞추려는 개별화 방향, 다양성 속에서 선택의 자유를 보장해 주는 방향으로 연구되어야 할 것이다. 장학전문가를 계속적으로 양성하고 연수하여 장학담당자의 수준을 높이고 장학의 질을 향상시켜야 한다. 질 높은 장학이 질 높은 교육을 보장할 수 있다. 또한 장학기술과 방법을 계속 개발하고 정교화하는 노력을 해야 할 것이다. 예를 들면 장학협의회 방법, 수업관찰 기술과 방법을 계속 개발하고 정교화 해야 할 것이다.

근본적으로 장학의 문화와 풍토를 조성하고 다지는 노력을 해야 한다. 장학을 통해서 교사들이 발전할 수 있다는 믿음이 형성되어 장학이 적극적으로 수용될 수 있는 문화가 형성되어야 한다.

수업장학·임상장학을 통해서 수업의 질을 높이려면 교내장학이 활성화되어야 한다. 교육부와(현재 교육부의 장학기능 자체가 없어졌지만) 교육청의 장학은 교내장학이 잘 이루어지도록 (교내)장학의 장학(교육청)이 되도록 하여야 할 것이다.

수업에서 인성과 창의성을 개발하기 위한 장학의 방향을 찾아야 할 것이다. 그리고 기초교육을 어떻게 충실하게 할 것인가를 장학은 제시해 주어야 한다. 이것이 교육개편의 방향과 일치한다. 교육의 자율화와 자유경쟁을 어떤 범위에서 어떻게 할 것인가를 장학은 연구하여 제시해야 할 것이다. 공급자 경쟁과 수요자 선택의 정책을 어떻게 장학으로 풀어 갈 것인가 방향을 제시해 주어야 할 것이다.

최근 장학직에 관한 논란은 장학이 무엇인지 그 자체를 모르는 사람들의 보신적 발상에서 비롯되었으나 일단 보류된 상태라고 볼 수 있다. 이 휴화산이 언제 다시 불을 뿜게 될지 모른다. 전문직에 종사하는 교원으로서, 교육행정지도자로서 장학의 개념을 분명히 하고 장학의 필요성과 중요성을 방어할 수 있어야 하고, 장학의 질을 한층 높이기 위해서 최선의 노력을 기울여야 할 것이다.

2. 장학기능의 본질을 모르는 발상[11]

세계는 냉혹한 교육의 질 경쟁을 벌이고 있다. 질 높은 교육을 국민에게 제공해주는 나라는 지구상에 살아남고 그렇지 못한 나라는 흔적도 없이 사라지게 된다는 것이다. 그래서 제3차 세계대전은 교육전쟁이라고 할 수 있다. 세계교육전쟁에서 살아남기 위해서 지금 대통령은 세계화를 부르짖고 있다.

교육의 질을 향상시켜 교육전쟁에서 승리하기 위해서는 교육의 주요요소인 ① 교사와 ② 교육내용인 교육과정, ③ 교육자료와 환경에 변화를 주어 궁극적으로 ④ 학생의 학습성취에 변화를 주어야 한다. 이러한 변화에서 지도력을 발휘하는 것이 바로 '장학'이다. 그래서 세계 선진 여러 나라는 교육의 질을 향상시키기 위하여 장학의 지도력을 강화하는 경향이다. 세계 여러 나라의 교육개혁도 장학을 통해서 교육내용, 방법을 바꾸려는 데 초점을 맞추고 있다.

그런데 '교'자가 뭔지 '장'자가 뭔지도 모르는 사람들의 춤장단에 맞춰 교육대통령에게 장학기능을 폐지, 약화, 변질을 보고해 놓고 그것이 교육개혁

---

11) 한국교육신문 1995. 1. 25. 한국교총

인 양 알고 있으니 나라가 어디로 굴러갈 것인지 위기감을 느낀다. 교육의 본질에 해당되는 장학기능을 강화해야 할 판인데 반대로 없애거나 약화시킨 다니 본말이 전도되고 근본적으로 뒤집힌 것이다.

장관은 자신의 손발인 장학기능을 잘라놓고 무슨 힘으로 학생의 창의력을 계발하고 자율화와 다양화를 추진하고, 경로효친, 환경교육을 할 것인가. 장관이 교장과 교사 데리고 직접 이런 교육을 할 수 있을 것인가. 아니면 측근에서 장관을 위해서 충성(?)하고 있는 이사관·부이사관·서기관 일반직을 데리고 이런 교육을 할 것인가. 모순도 이만저만 모순이 아니고, 장관이 입을 열 때마다 도대체 아슬아슬해서 두고 볼 수가 없다.

명칭은 다르지만 어느 나라에나 다 장학담당자가 있다. 영국에서는 48개 종합대학을 제외한 다른 모든 대학까지도 칙임시학관(HMI)의 장학을 받고 있는 실정이다. 미국도 Cordinator, Consultant, Specialist, Supervisor 등 다양한 이름으로 교육본질에서도 지도력을 발휘하고 있다. 일본도 지도주사로 장학적 기능을 하고 있다. 어느 나라나 장학을 통해서 교육개혁을 하는 것이지 행정직을 통해서는 교장을 움직이고 교사를 움직일 수 없다는 것을 잘 알고 있다.

일선 학교를 규제하고 획일화했던 것은 기반이 약한 과거의 정권이 정권 유지를 위해서 행정지시를 하고 명령하는 데서 생긴 것이지 장학 본래의 기능에서 생긴 것이 아님을 알아야 한다. 정권차원에서 장학직들을 시켜서 지시하고 명령하고 공문을 내려 보내도록 강요했던 것이다. 그리고 지금도 장학직들이 인원부족으로, 때로는 전문성 부족으로 장학 본래의 업무를 하지 못하고 관리적인 일에 매달리는 것이 장관이나 일반직에게는 장학이 필요 없는 것으로 비쳤을지 모른다. 이 시점에서 장관은 오히려 장학직으로 하여금 장학 본연의 업무에 충실할 수 있는 여건을 만들어 주기 위한 개혁적 조치를 해주어야 한다.

혹시라도 현재 장학직을 차지하고 있는 사람들이 무능한 것으로 비쳤다면 유능한 장학전문가를 발굴하고 양성하는 개혁적 조치를 강구해야 할 것이다. 우리나라에는 더 이상 교육정책관이 필요한 것이 아니다. 장관과 교육감이 바로 교육정책관이다. 집단의 지혜를 모아 장관이나 교육감이 집단 결정을 하면 되는 것이다. 그런 굵직굵직한 결정을 하는 것이 정책관이다. 그래서 참모기능인 장학직의 명칭을 달리하여 정책관으로 바꾼다는 것도 잘못된 발상이고 교육자들을 우롱하는 눈가림이다.

교육의 본질에 가장 가까운 교육부의 장학실장이라는 장관의 참모를 잘라놓고 누가 준비한 자료를 가지고 대통령에게 업무보고를 하였을 것인가? 기획관리실장이 장학을 아는가, 교육정책실장이 장학을 아는가? 아니면 차관이 장학을 알 것인가? 장관이 장학에 대한 확고한 철학과 신념이 있을 것인가? 기구축소 등으로 위기감을 느끼는 일반직이란 사람들이 교육에서 중요한 가르치는 일과 관련된 장학을 대신 도려내려고 하는데 여기에 어른까지 놀아나서야 되겠는가.

실수는 누구나 하기 마련이다. 그러나 개혁을 개악하려는 실수는 더 이상 용서받을 수 없다. 하지만 실수를 인정하고 용서를 빌 때는 용서하지 않을 수 없다. 그러나 얼버무리려고 할 때는 용서받을 수 없다. 수많은 교육자들의 존경은 고사하고 그 직 자체를 인정받지 못하게 될 것이다. 교육자와 국민을 불안하게 만드는 행정가는 있을 수 없다.

학교장과 교사에게 자율권은 최대한 보장해 주어야 한다. 그렇더라도 자율권을 갖고 다양하게 학교와 학급을 운영하도록 도와주고 지도력을 발휘하는 장학적 기능은 여전히 필요하고, 그러기 위해서는 오히려 장학적 기능은 더욱 강화되어야 한다. 교육전쟁은 장관과 일반직의 힘으로 할 수 있기보다는 교사와 교장을 포함한 장학지도자의 힘으로 수행되는 것이다. 장학을 통해서 교육전쟁을 승리로 이끌 명장을 기다린다.

제3부
새로운 세기를 위한 교육개혁

제11장
5·31 교육개혁, 무엇이 문제인가

1. 목적과 방법상의 문제

세기적 전환기에 변화와 개혁의 필요성을 부인할 사람은 아무도 없다. 변화와 개혁으로 통일도 하고, 선진국이 되어 떵떵거리며 살아보고 싶은 마음도 가득 차 있어 국민 모두는 어느 정도 변화에 대하여 준비상태에 있는 유리한 조건임에도 불구하고 개혁발표마다 국민을 실망시키고 때로는 어지럽게까지 하고 있다. '신한국'·'신경제'·'신교육'의 '신(新)'자 돌림으로 신나게 돌리더니 몇 개월 만에 바꾸어 '세계화'로 돌리고 교육개혁은 그대로 신자 돌림 신교육체제로 돌리고 있다.

교육개혁위원회는 "누구나, 언제, 어디서나 원하는 교육을 받을 수 있는 길이 활짝 열려진 열린교육사회·평생학습사회 건설"이라는 교육이상향, 에듀토피아(Edutopia)라는 신조어까지 만들어내며, ① 열린교육사회, 평생학습사회 기반구축, ② 대학의 다양화와 특성화, ③ 초·중등교육의 자율적 운영을 위한 「학교공동체」 구축, ④ 인성 및 창의성을 함양하는 교육과정,

⑤ 국민의 고통을 덜어주는 대학입학제도, ⑥ 학습자의 다양한 개성을 존중하는 초·중등교육 운영, ⑦ 교육공급자에 대한 평가 및 지원체제 구축, ⑧ 품위 있고 유능한 교원육성, ⑨ 교육재정 GNP 5% 확보의 9대 교육개혁 방안을 제시하고, ① 지방교육자치제도 개선, ② 사학의 자율과 책임의 재고, ③ 교육법 정비 및 교육행정체제 개편, ④ 정보화 시대에 알맞은 직업·기술교육체제 구축, ⑤ 학제의 다양화라는 5개 방안을 완성 중에 있다.

이들 14개 개혁방안에 대하여 일일이 설명할 여유가 없으므로 홍보를 통하여 이미 알고 있다는 전제하에 몇 가지 비판을 가하고자 한다.

첫째, 기본적으로 교육개혁안은 비전과 목표·방향 설정의 현실성·우선순위에 문제가 있다. 교육을 보는 사람마다 가치판단이 다를 수 있으나 현실적으로 한국교육의 가장 급하고도 중요한 것은 '양(量)'이 아니라 '질(質)'이라고 보아야 할 것이다. 장기적으로 열린 교육사회를 지향하겠다는 것은 좋으나 이미 열려진 학교교육만이라도 질을 향상시켜 냉혹한 국제교육의 질 경쟁(전쟁)에서 승자가 되겠다는 목표를 제시하는 것이 더 국민을 미덥게 했을 것이다. 국민을 환상으로 몰고 가기보다는 정부를 신뢰하고 믿게 만들었어야 한다. 이미 열려진 교육도 감당 못하고 싸구려 교육을 시켜서 국제경쟁력을 잃는 판에 교육을 더 여는 쪽에 개혁의 방향을 잡고 있으니 모든 것이 비틀려 나갈 수밖에 없다. 한국교육, 열면 열수록 더 거칠어지고 경쟁력은 더욱 떨어진다는 사실을 왜 모르는 것인가? 자기들 입으로 양의 시대에서 질의 시대로 바뀌었다고 하면서 말이다. 싸구려 질의 교육으로 고품질 경제를 만들겠다는 모순을 스스로 저지르고 있다. 정권 말기 98년에나 가서 GNP 5%를 확보한다는 것 가지고는 계속 열리는 교육을 감당하기도 어려울 것이므로 이미 열려진 교육의 질을 높인다는 변명은 먹혀들 여지가 없다. 추측이긴 하지만 이번 교육개혁은 교육적 실현성 의도보다는 정치적 선언이라는 이익을 챙기려 했으나 그것마저 실(失)을 초래했다고 본다. 과거의 교육개혁도 선언이 문제가 아니라 실천이 문제였다. 이들 방안이 모두 성공적으로 실천되리라 기대하는 사람은 아무도 없다. 이러한 틀린 방향에 맞추어 각 지방 교육청이나 대학이 계속 교육을 열겠다면 문제이다. 현재의 학생들에게 세계 수준의 교육 서비스를 제공해 주고도 여력이 남을 때 교육을 더 여는 일을 해도 늦지 않을 것이다.

둘째, 교육개혁의 전략과 절차에 문제가 있다. 수십 년, 수백 년 내려오고 쌓여 온 교육을 일시에 혁명적으로, 종합적으로 바꾸려면 반드시 저항과 부작용이 따른다는 것을 알고, 개혁의 의지가 있었다면 개혁 아이디어를 일찍 공개적으로 내놓고 현장의 소리를 듣고 논의를 거쳐 의견을 수렴하여 방안을 결정하고 이를 발표했어야 한다. 개혁에서 반드시 거쳐야 할 절차를 생략하고 계속 비밀로 붙였다가 선거를 앞두고 급하게 터뜨리기식 전략을 쓰게 되니 개혁으로 이익도 보고 손해도 보게 될 당사자인 교육자나 학부모, 국민도 뒷짐 지고 팔짱끼고 구경이나 하는 구경꾼 신세가 되어 바쁜 개혁꾼들의 흥분된 목소리의 TV 인터뷰나 지켜보게 되었다. 당사자들을 제쳐두고 누구의 힘으로 개혁을 추진할 것인가? 교육개혁절차의 ABC를 무시한 것이다.

1983년 이후 그렇게 열을 올렸던 미국교육개혁 10년의 노력은 실패했다는 평가이다. 주정부 주도의 중앙집권식이었기 때문이란 것이다. 교육개혁은 더 이상 리모트컨트롤 가지고는 안 된다는 것이다. 그런데 왜 우리나라에서는 그렇게 참여를 외쳐 대는 사람들이 개혁에 당사자들을 소외시키고 비밀전략, 터트리기 전략을 썼는지 모르겠다. 교육개혁방안을 금융실명제 전략으로 착각했거나 그 재미를 또 보려고 했는지 모르겠다. 교육개혁은 금융개혁과는 다르다. 발표 후에 이제부터 참여하라고 하면 참여 의욕은 줄어들 수밖에 없으나 사후 참여라도 제대로 되어야 할 것이다. 일단 선언해 놓고 꿰어 맞추려니 시간과 노력이 더 들어가고 애초의 의도와 아이디어가 변질되어 목적대로 개혁하기 어렵게 된다.

개혁의 주역이 되어야 할 교원의 신바람을 불러일으키지 못하는 개혁 방안은 100% 실패한다. 교원을 개혁의 춤판으로 끌어들이지 못하고 개혁위원의 독무대, 장관의 독무대만으로는, 중앙의 솔로 춤만으로는 성공하기 어렵다. 교원은 지금 개혁에 신이 나지 않고 오히려 안개 속에서 불안을 느낀다. 비전이 환하지 못하고 오히려 환상으로 다가오기 때문이다.

교육개혁은 충분한 정보와 증거에 근거하여 점진적이고 단계적으로 이루어져야 한다. 현실을 무시하고 책상에서 생각해 낸 아이디어 발표에 그쳐서는 혼란만 가중시킨다. 단계적 전략이 수반되어야 한다. 무책임한 검증도 안 된 아이디어만으로는 부족하다.

셋째, 문화적 요인을 충분히 고려하지 못했다. 개혁안의 많은 부분이 선진외국의 것을 차용하고 있는데 우리나라의 문화가 거기에 맞기 어렵다. 열린 교육사회, 학교운영위원회, 입시문제, 초빙제 등 많은 방안들이 문화의 차이 때문에 진통을 겪게 될 것이다.

공급자 경쟁—수요(소비)자 선택의 문화를 어느 날 갑자기 180도, 360도 방향을 바꾸어 심으려면 어려움이 클 것이다. 그리고 경제 마인드, 경영 마인드로 교육개혁을 하려는 데 문제가 있다. 문화개혁, 의식개혁이 되지 못하면 근본적 개혁이 어렵다. 오늘날 기업문화가 강조되듯이 학교문화가 중요하다는 것을 알았어야 한다. 우리의 교육수요자들에게 당장 선택의 자유가 절실했는가? 아니면 선택은 잠시 유보하거나 점진적으로 하더라도 양질의 교육배급이라도 제대로 해 달라고 하는 입장이었겠는가? 설사 지금까지 잘못되었다 치더라도 하루아침에 주인 역과 머슴 역을 바꿔 놓는다면 제대로 연극이 이루어질 것인가?

기업에서도 시장원리, 자유경쟁이 제대로 안 되는 한국적 문화에서 교육의 자유경쟁이 문화개혁의 시간 없이 성공 가능한가? 자유경쟁 속에서 기업체가 부도를 내고 도산하듯이 학교가 자유경쟁 속에서 망해야 교육의 질이 올라갈 것인가? 교육이 부도를 내서는 안 된다.

학부모와 주민이 지금은 당장 교육수요자이지만 교육자치가 제대로 되면 그들이 바로 교육공급자가 된다. 교육위원회와 학교운영위원회는 교육수요자이면서 동시에 교육공급자가 된다. 원래 교원과 학교는 교육공급자도 수요자도 아닌 공급자의 머슴인 것이다. 기업과 달리 교육을 공급자—수요자의 이분법으로 볼 수 없다. 정치논리, 경제논리로만 교육을 보고 개혁의 칼날을 대서는 안 된다. 교육개혁은 경제적 효율성만으로는 안 된다. 정치적 흥정으로도 안 되고 순수하게 교육적으로 이루어져야 한다.

넷째, 돈 안 드는 개혁은 허상이다. 정권 중반에서야 발표된 개혁방안, 정권말기 98년에서야 GNP 대비 5% 교육재정 확보, 그러면 그동안 그 많은 교육개혁을 무엇으로, 누구의 손을 빌려 개혁할 것인가? 98년에 5% 확보하면 한국교육은 국제 경쟁력을 갖게 될 것인가? 없는 것보다야 낫겠지만 세계수준의 교육을 하기에는 역부족이다. 선진국들은 한 나라의 GNP 덩어리가 우리와는 비교도 안 될 정도로 큰 데다 그 비율이 6%, 7%, 8%가 되어도 이미 자기네 나라 교육이 국제 경쟁력을 잃었다고 엄살을 부리는 판이다. 한국교육이 지금까지 싼 값의 물건을 만들어 양으로 버텼으나 이제는 더 이상 안 된다는 것을 잘 알면서 교육투자에 그렇게 인색해가지고 교육개혁에 성공할 수 있겠는가? 지구상에 교수 1인당 학생 수 30명이 넘는 나라가 우리나라 말고 어디 또 있겠는가? 1인당 GNP 겨우 몇 백 달러 되는 나라도 1:30이 넘는 나라는 지구상에 없다. 교육개혁 각 방안에 투자 계획이 전혀 언급되지 않고 있다. 돈 안 들어가는 계획과 개혁은 있을 수 없다.

GNP 대비 5% 확보로 불어나는 돈이 생긴다면 그 돈을 몽땅 교실과 강의실, 실험실에 집어넣어 교육의 질을 향상시킬 생각을 했어야 한다. 그런 방안은 제시되지 않고 무슨 새로운 기구와 기관·조직을 또 만든다고 하니 그런 곳으로 돈이 다 새나갈 것이 우려된다. 교육은 교육환경(여건) 속에서 교사(수)와 학생 사이에 교육과정(내용)을 놓고 상호작용하는 것이다. 무엇을(교육과정), 어떻게(교수방법), 어디서(교육여건), 누가(교사·교수) 가르치느냐에 개혁의 핵을 잡지 못하고, 변두리 외곽만을 맴도는 제도개혁에 열을 올리는 것이 문제이다.

이번 교육개혁안은 너무나 많은 문제를 갖고 있어 일일이 모두 지적하고 비판할 가치도 못 느낀다. 문화가 다른 나라의 것을 차용하여 너무도 먼

이상향(스스로 말했듯이)을 제시하고 있다. 그리고 제시된 개혁안들 사이에 서로 모순을 일으키고 있다. 예를 들면 자율화의 방향을 잡았으면 자율화에 충실해야 한다. 개혁도 자율에 맡기고 개혁의 방향에 맞으면 간접적 지원만 해주면 되는 것이다. 자율화를 내세우며 시험을 보라 마라 간섭하고, 종합 생활기록부를 필수자료로 활용해라 마라 할 필요가 없는 것이다. 과거 대학은 절대왕권과 중세 종교로부터도 자유로웠다. 그래서 대학만은 자율보다도 자치인 것이다.

지금부터라도 교육개혁을 성공시키려면 먼저 교육여건과 환경을 개선하고 교육의 질을 향상시키는 데 초점을 맞추어야 한다. 또 자율적, 자발적으로 개혁에 참여하도록 '밑으로부터의 혁명'을 기대해야 한다. 최소한 새마을운동과 88올림픽의 동기유발과 참여의 신바람을 불러일으켜야 한다. 종합적인 것도 좋고 장기적인 것도 좋지만 실현가능한 것, 확실한 것부터 줄여서 착실하게 실천으로 옮기는 일이 더 중요하다. 교육재정 GNP 5%로는 이미 늦었으니 선진국에 진입하려면 선진국보다 더 많이 투자해야 할 것은 당연한 논리이다. 나라의 돈은 적은데 어떻게 교육에만 투자를 늘리느냐고 반문할지 모르나 질의 시대에는 교육·문화·예술에 치우쳐 투자하지 않을 수 없다. 병든 교육은 길 고치듯이 금방 치유되지 않는다. 지금 다리가 끊어지고, 백화점·아파트가 무너지고, 가스가 폭발하고, 배가 가라앉고, 비행기와 기차가 곤두박질하는 것은 20년, 30년 전에 이미 교육과 윤리·도덕이 끊어지고 무너지고 폭발하고 가라앉고 곤두박질했기 때문이다.

개혁에 열중하다 보면 무엇을 왜 개혁해야 하느냐 하는 근본적인 것을 잊고 개혁을 위한 개혁에 빠지게 된다는 점을 잊지 말아야 한다. 목표를 분명히 하고 구성원을 신나게 참여시켜 실천으로 옮겨 열매를 따내야 개혁이 비로소 이루어지는 것이다. 발표와 선언만으로 개혁이 이루어진다면 개혁 안 할 나라가 어디 있겠는가? 개혁의 실패는 엄청난 낭비와 좌절을 낳기 때문에 개혁을 함부로 발표할 것이 아니다. 개혁의 실패는 또다시 수많은 한국 교육행정의 조령모개를 낳게 된다. 그렇다고 조령모개를 않겠다고

무리하게 몰고 나가게 되면 개혁 아닌 개악을 낳게 된다. 과거에 무리는
했지만 한국의 가족계획운동, 문맹퇴치운동은 지금도 세계개혁사에 성공사
례로 남는다.

　이러한 교육개혁에 대한 비판과 의견은 각 교육청과 대학의 개혁에도 똑같
이 적용된다는 것을 알아야 한다. 이제 Great-Man-Theory, One-Best
Theory의 시대는 지나갔다. 중앙집권적, 장밋빛 선동적, 정치적·이권적
잔꾀는 개발의 연대에는 가능했을는지 모르지만 이제 21세기에서는 후진
국에서도 통하지 않는다. 정부는 많은 침묵하는 국민을 두려워할 줄 알고,
각 학교와 대학은 말 많은 사람보다 말 없는 교사와 교수, 학생을 더 두려
워하고 존중해야 한다. 교사·교수는 제자를 두려워하고 선배보다 후배를
더 두려워할 줄 알아야 한다. 말없는 사람들의 평가, 후세의 평가, 역사의
평가를 두려워해야 올바른 정책과 방침이 나온다. 나라를 위해, 각 학교를
위해 큰일을 해야 할 사람들이 개인의 이익이나 챙기고 패거리 짓을 하고
있을 때 우리는 실망하고 분노하게 된다.

　한국교육, 무엇이 문제인가? 양보다는 질, 외적 제도보다는 내적 내용과
방법·여건이 더 큰 문제이다. 교육개혁도 여기에 더 초점을 맞추어야 한
다. 변화와 개혁의 시대에 역사적 평가를 받을 만한 업적이 이루어지길 기
대한다.

2. 철학 없는 교육개혁안

　교육개혁위원회의 구성과 그간 해온 행위로 보아 애초부터 교육개혁안에
별 기대를 할 수 없게 만들더니 역시나 철학 없는 나열식의 검증되지 않은
몇몇 사람의 머리에서 나온 아이디어 제시에 불과했다.

첫째, 한 나라의 교육을 바꾸려면 어떤 철학과 원칙, 목표와 비전하에 일관되게 종합적으로 개혁을 시도해야 하는데 14대 과제, 9대 과제식으로 뿔뿔이 나열식 접근을 한 것부터가 잘못됐다. 지금 급한 것은 "교육의 질 향상"인데 여기에 철학과 목표를 두지 못하고 있다. 또 자율화·분권화·다양화·선택의 자유라는 원칙을 두었다면 모든 방안이 일관되게 여기에 충실했어야 한다. 예를 들면 자율화 원칙이라면 대학입시도 대학 자율에 맡겼어야 한다.

둘째, 세계 선진국과 교육의 질 경쟁을 하려면 엄청난 교육투자를 해야 하는데 교육투자 없이 몇 가지 아이디어만 제시한다면 또다시 '조령모개'를 추가하는 전철을 밟은 셈이다. 교사우대책, 교육시설 환경개선, 학급당 학생 수 축소 등을 위한 교육투자 없는 교육개혁은 모두 공염불이다. GNP 대비 5% 가지고는 우리의 교육이 국제경쟁력을 가질 수 없는데도 5%에 인색하니 지엽적인 교육개혁은 기대하나 마나이다.

셋째, 우수교원 확보, 교원우대책 없는 교육개혁안은 허상이다. 교사를 신바람 나게 하지 못하고 교육개혁의 방관자, 구경꾼으로 방치해 둔 교육개혁안은 성공할 수 없는데 이번 안은 교육개혁위원회를 위한, 보고를 위한 개혁안에 불과하다.

넷째, 정책의 일관성이 유지됐어야 하는데 그렇지 못하다. 예를 들면 고교평준화 정책도 획기적인 교육투자를 하여 모든 학교의 교육시설, 교사 등 교육조건을 같게 한다는 전제조건과 철학에서 나온 것이었는데 그런 투자 없는 평준화의 해제보다는 교육투자를 우선했어야 한다. 정부기구 축소로 교육부의 핵심부서인 장학실까지 이미 폐지했고, 중앙교육평가원을 없앤다는 얼마 전의 정책과, 교육과정평가원, 국가멀티미디어교육지원센터, 진학정보센터, 영재교육센터 등 많은 새로운 기구·기관을 설치한다는 정책은 서로 모순을 일으키고 있다.

또 학생의 학교선택권을 보장해 준다면 학교도 학생선택권을 주어야 한다. 학생이 중·고등학교를 3지망까지 했으면 학교도 학생을 선택할 수 있어야지 컴퓨터로 무작위 선발하여 운에 맡긴다는 것은 일관성이 없다. 초등학교 6학년 중에서 한글을 읽지 못하는 아동도 많은 거친 교육을 하는 상황에서 초등3년생에게 영어를 가르쳐야 세계화하는 것인가?

이렇게 지적하자면 이번 교육개혁안은 한이 없고 문제점이 많다. 한마디로 말한다면 과거 10년 동안 교육개혁심의회, 대통령교육정책자문회의를 통한 교육개혁안을 내놓아 실패했던 전철을 이번에도 반복하는 우를 밟을 가능성이 높아 기대할 것이 별로 없다.

국·공립대의 본고사를 폐지한다고 근본적으로 입시문제가 해결될 것인가? 근본적으로 대학 안 가도, 일류대 안 들어가도 성공하고 출세하는 데 지장이 없도록 하고, 차선책으로 입시공부 따로 하지 않아도 대학 가는 데 손해 보지 않게 하는 근본적인 개혁을 해야 하는 것이다. 우수교원을 확보하고, 교사를 우대하고, 획기적인 교육투자를 하고 나서 교육개혁을 각 대학, 각 교육청, 학교의 자율에 맡겨야 한다.

이번 교육개혁안은 부분적·지엽적으로 긍정적인 측면도 있다. 부분적인 자율화로 대학의 학생정원 자율화, 학사운영 자율화에다 평가를 덧붙인 것은 잘한 일이다. 그러나 출·퇴근시간 자율 등은 심각하게 고려해야 한다. 나중에 회복 곤란한 지경에 이를지도 모른다. 대학설립 자율화도 위험하다. 그러나 농어촌 학생 고려, 학점은행제, 전공 최소학점제, 프로그램 다양화, 능력중심보수·인사체계, 필수축소·선택확대, 교장·교사초빙제 등도 긍정적인 방향이다.

교육개혁을 한다고 또 하나의 규제를 만들고 중앙집권식 통제를 만드는 요소가 많다. 탈규제를 내걸면서 교육개혁이란 명분으로 또다시 금지와 폐지, 얽어매는 법제화의 우를 범해서는 안 된다. 또 교육개혁은 중앙집권식의 원격조정으로는 실패한다. 미국교육개혁 10년은 주정부 주도로 실패했다는 평가이다. 교실개혁·학교개혁, 밑으로부터의 혁명이 되어야 한다. 교사와 교장이 교육개혁에 바빠야 한다.

교육개혁안 자체의 문제보다도 그 실천이 더 문제이다. 10년, 20년 꾸

준하게 실천하는 것이 문제인데 2, 3년용 개혁이 되어서는 안 된다. 교육
개혁안에 큰 기대를 할 수 없으나 부분적으로 좋은 것 일부라도 제대로 실
천되었으면 한다.

3. 지옥에서 에듀토피아까지

누구나 꿈과 이상이 있다. 우리는 이 꿈과 이상을 지향하여 노력하게 마
련이다. 그러나 그 이상이 지나치게 이상적일 때는 실현성이 없어져 노력조
차도 하지 않게 된다.

교육개혁위원회는 교육개혁방안을 발표하면서 Education Utopia를
합성했다는 Edutopia란 말을 만들어냈다. 교육개혁방안의 내용을 봐도
이상을 지향한 흔적이 역력하다. 온갖 좋다는 처방은 다 내린 것이다. 선진
국의 온갖 아름다운 개혁방안도 서슴없이 다 동원된 느낌이다. 하지만 이상
이 실현성을 잃을 때는 하나의 환상이 되고 만다.

우리가 무심코 쓰고 있는 말 중에 끔직하고 섬뜩한 말이 있다. 그것은 '콩
나물교실'과 '입시지옥'이란 말이다. 어떻게 하다가 우리나라의 장래를 짊어
질 어린이와 청소년이 희망을 갖고 공부하는 교실이 '콩나물'에 비유되었단
말인가? 또 '콩나물'이란 말을 수십 년간 쓰면서도 특별한 감정 없이 무감각
하게 쓰고 있다는 점이 더 문제이다. 콩나물이 자라서 무엇이 될까? 콩나물
은 콩나물로서 끝장이다. 현재까지도 우리나라 대부분의 교실이 콩나물이다.
이렇게 만들어 놓고도 개선하려고 노력하지 않는 어른들이 원망스럽다.

한번이라도 '지옥'을 심각하게 연상이라도 해보았는가? 오죽 못살 곳이면
지옥이라고까지 했겠는가? 우리나라 교육환경을 지옥으로 만들어 놓고도
계속 우리의 귀여운 아이들을 지옥 속으로 몰아넣고 있으니 이렇게 만들어

놓은 어른들은 지옥보다도 더 나쁜 곳에서 온 나쁜 사람들인가 보다. 실지로 어떤 학생들은 지옥에서 못 살겠다고 하면서 시험이 없는 나라 천당에서 살겠다고 자살까지 하기도 한다. 시위하면서 그 많은 숫자의 사람이 자살했다면 아마 이를 심각하게 받아들여 지옥은 지금쯤 사라졌을지도 모른다. 그런데 아직도 지옥행진은 계속되고 있다.

그런데 이번 교육개혁위원회에서는 교육유토피아를 만들어 놓겠다는 것이다. 콩나물이 느티나무가 되고, 지옥이 낙원으로 변할 모양이다. 과연 믿어도 될지 모르겠다. 지옥에서 에듀토피아까지는 너무 거리가 멀기 때문이다. 이상이 실현 안 될 때는 실망은 더욱 커지게 마련이다. 실현 안 될 것을 터뜨리고 부풀려 실망시킨 것에는 누군가 책임을 져야 할 것이다. 교육개혁 방안에는 좋은 것이 많은 만큼 문제와 걱정도 많이 내포되고 있다.

첫째, 교육개혁의 목표가 뚜렷하게 초점이 잡히지 않고 산만하게 되어 있다. 무엇을 위한 개혁이냐가 분명해야 한다. 에듀토피아도 좋지만 지금 당장 급한 것은 국제교육경쟁력을 갖는 '교육의 질 향상'에 있다. 9대 과제, 14대 과제를 뿔뿔이 다루더라도 초점은 국가교육개혁 목표에 집중되었어야 한다.

목표가 열린 교육체제, 초·중등교육, 고등교육, 종합적 교육지원체제로 따로 놓고, 인간상과 기본 특징이 여러 개로 분산되는 것보다는 가능한 한 줄여서 목표를 분명히 하거나 꼭 필요하다면 상위목표를 한두 가지로 제시하고 하위목표를 구체적으로 몇 가지 나누어 제시했어도 초점이 잡혔을 것이다.

둘째, 교육개혁의 접근법에 문제가 있을 수 있다. 교육개혁의 모형에서 정책결정모형, 연구개발모형, 일선전파모형 등 여러 모형이 있을 수 있다. 이번의 접근은 정책결정모형의 성격이 강하고 권력강제적 전략을 쓰고 있다. 그래서 정치권력적이고, 규정을 가지고 제약을 가하거나, 정부규제적이고 법규적 힘을 동원하여 교육개혁을 하려는 것이다. 자연히 합리성이나 논리적 이유, 인간관계적인 것, 개혁채택자의 수락에 대한 내적 자발성 등은 뒷전으로 밀려나게 된다. 강제적 힘이 떨어질 때는 교육개혁은 지속성을 갖기 어렵다. 교육개혁 관련 개인이나 조직, 기관의 자기혁신적 내적 자발성에 근거하지 못했기 때문이다. 어떤 경험적 연구결과나 증거에 의하여 설득당하지 않았기 때문이다. 권력구조가 바뀌거나 힘을 잃을 때 백년대계의 개혁이 지속되기 어렵게 된다. 교육개혁 방안 내용에서는 자율화, 자발성, 참여를 강조하면서 교육개혁의 과정과 절차, 접근은 권력강제전략을 쓰는 모순을 저지르고 있다. 지속적 추진이 안 될 때는 또 하나의 조령모개를 만들게 된다.

마찬가지로 교육개혁이 중앙집권적 하향식 접근을 하는 데도 문제가 있다. 교육개혁위원회와 교육부, 청와대만 교육개혁에 바쁘고 지방과 학교와 교원이 교육개혁에 바쁘지 않으면 교육개혁은 백계백패가 되고 만다. 1983년부터 시작된 미국 교육개혁 10년은 중앙주도였기 때문에 실패했다는 평가를 받고 있다. 교육개혁은 밑으로부터의 혁명이어야 한다는 교훈을 배워야 한다. 지방화, 분권화, 지방자치를 강조하면서 교육개혁은 왜 중앙집권적이었는지 알 수 없다. 교육개혁방안에서 분권화, 자율화, 다양화, 선택의 자유를 강조하면서 교육개혁의 전략은 중앙집권적, 관료적 전략을 썼는지 알 수 없다. 하향식 교육개혁 전략이 얼마나 먹혀들지 걱정이다.

비밀주의 접근도 문제이다. 개혁의 아이디어가 있으면 그것을 내놓고 비판도 받고 의견도 들어 틀림없는, 자신 있는 것을 성안했어야 하는데 비밀주의 접근을 했던 자체가 실패와 수정의 화근을 초래하게 될 것이다. 교육개혁방안의 내용에서도 개방과 공개, 정보를 강조하면서 교육개혁전략으로 비밀주의를 채택했다는 것은 도저히 알 수 없는 노릇이다. 교육개혁위원회의 회의, 모든 활동 자체를 공개적, 개방적으로 했어야 한다. 충격요법, 깜짝쇼 식의 접근은 그만큼 생명력을 갖기 어렵다.

아이디어 제시, 아이디어 나열에 그친 교육개혁방안은 문제가 있다. 제시된 방안 하나하나가 실험과 검증을 요하는 것들이다. 실험과 검증에서 모든 방안이 통과될 것이라 믿기 어렵다. 그렇게 될 때 교육행정의 대명사가 되어버린 조령모개를 피할 길이 없을 것이다.

선진 서구식 아이디어가 많이 도입되었다는 것도 문제이다. 역사·전통·문화·사고방식 자체가 다른 우리나라에서 성공할 것인지, 문제없이 수용될 것인지 의심을 늦출 수 없다. 교육개혁위원회의 교육개혁 접근법과 전략 자체에 더 신중을 기했어야 한다. 어쩌면 교육개혁 내용보다 개혁전략이 더 중요할지도 모른다. 좋은 접근을 해야 좋은 내용도 나올 수 있다.

셋째, 교육재정투자 방안이 같이 따라 주었어야 한다. 교육개혁방안 하나하나에 소요되는 재정이 얼마인지 동시에 밝혀졌어야 교육개혁방안은 설득력을 갖고 신뢰를 하게 되는데 돈 없는 방향과 방안은 의미를 잃게 된다.

98년도에 GNP 5%로 우리 교육이 국제경쟁력을 갖기는 어렵다. GNP 대비 교육재정이 현재보다 얼마가 늘어나든 늘어나는 모든 교육재정을 교실과 수업에 투자할 생각을 해야 교육의 질이 조금이라도 올라갈 것인데 교육개혁방안을 보면 모두가 교실 밖으로 새나갈 전망이어서 걱정이 된다. 열린 교육도 급하고 각종 기구와 위원회 설치도 급하지만 투자의 우선순위를 교실에, 수업에 두었어야 한다. 교육의 질이 국제경쟁력을 갖기 위해서는, 인성교육·창의성교육을 위해서도 모든 돈을 절약하여 교실에 쓸어 넣어 학급당 학생 수를 줄이고 교재·교구·시설을 개선해야 하는데, 교육개혁방안에서 보면 돈 쓸 곳만 연구한 것 같은 느낌이다. 예를 들어 교수 1인당 대학생 수 30명이 넘는 나라가 지구상에 어디 또 있는가 찾아보고 교육이상향을 제시했어야 한다.

교육개혁은 투자를 전제로 한다. 투자 없는 교육개혁은 허상이다. 투자를 한다 해도 교실에다, 수업에다 해야 한다. 작은 정부를 표방하면서 무슨 기구와 센터를 그렇게 많이 만든다는 것인가? 그런 것을 만드는 인력과 돈을 우선 급한 교실에 집어넣고 좀 지난 다음에 숨 돌리고 고려해야 할 일이다.

넷째, 교육개혁에서 교원을 구경꾼, 방관자로 만들어 놓고는 성공하기 어렵다. 접근법, 중앙집권식 전략을 지적하면서 이미 함축·시사한 바와 같다. 아무리 제도와 정책·행정·법을 바꾸어 놓아도 수업자인 교사와 학교행정가 교장이 신바람이 나지 않으면 교육개혁방안은 의미 자체를 갖지 못한다. 교사의 질, 교장의 질, 그들의 의욕과 사기·동기유발을 우선적으로 고려했어야 한다. 우수 인력을 다른 곳으로 다 빼앗기고, 교원의 사기를 다 질식시켜 놓은 다음에야 교육개혁이 무슨 의미가 있겠는가? 아무리 신바람 난다고 해도 교육개혁위원과 장관, 학부모가 교원 대신 수업을 하고 학교행정을 할 수 없다는 사실을 심각하게 인식해야 한다. 교육개혁의 칼자루는 교사가 쥐고 있다는 현실을 제대로 봐야 한다.

다섯째, 입시지옥, 망국과외 문제도 이번 교육개혁으로 깨끗이 해결된다고 믿을 사람은 한 사람도 없다. 국·영·수 본고사가 없어지고 종합생활기록부 채택, 수능 개선으로 지옥이 교육이상향으로 바뀐다는 믿음이 갈 수 없다. 대학정원을 아무리 늘려도 또 다른 종류의 과외가 성행할지도 모른다. 강제적 권력을 가지고 물리적으로 과외를 막는다는 것도 불가능한 일이다. 과외와 학부모의 세무사찰을 억지로 연결시키는 것도 논리성·합리성·설득력이 부족하다. 대학 안 가도 손해 볼 것 없도록, 일류대학 안 가도 출세에 지장 없도록, 입시공부 따로 안 해도 되도록 하는 근본적 처방이 있어야 한다. '지옥'과 '교육 유토피아'와는 너무 거리가 멀다. '콩나물' 문제의 해결과 교육개혁과도 거리가 멀다.

여섯째, 교육개혁에서도 정책의 일관성은 유지되었어야 한다. 규제완화를 내걸었으면 교육개혁을 위한 또 다른 규제도 하지 말아야 한다. 교육개혁을 규제를 통해서 하려고 한 것이 없나 살펴보아야 한다. 앞에서도 언급된 것처럼 자율·분권·참여·개방·선택의 자유를 지향하는 정책이라면 교육개혁 자체도 그렇게 했어야 일관된 정책이 된다. 정부가 기구축소를 내걸었으면 교육개혁에서도 기구를 축소하거나 있는 기구를 활용하는 정책을 썼어야 일관성이 있다고 할 것이다.

언론에서는 교육개혁방안이 대체로 좋다고 홍보한다. 물론 좋은 것이 많을 것이다. 그런데 지금 좋다고 떠들어대는 것들이 2, 3년 후에는 모두 숨어 버리고 모두가 잘못됐다는 목소리만 나오고 또 고치자는 말이 나올까 걱정된다. 지금까지 그랬다. 현 입시제도를 3, 4년 전에 고칠 때도 모두 좋다고 떠들어댔는데 그때 좋다고 했던 사람들은 지금 모두 어디에 숨어버렸는지 그때의 목소리는 지금 하나도 들리지 않는다. 지금 교육개혁위원회는 2, 3년 후에 또 어디에 숨을 것인가?

지금도 교육개혁은 늦지 않았다. 교육개혁은 10년, 20년, 100년 지속적으로 추진되어야 한다. 95년 발표한 교육개혁방안을 95년, 96년, 97년, 98년에 모두 개혁하고 실천하고 정착시키겠다는 것은 분명 무리이다. 무쇠덩어리를 갈아 바늘을 만들겠다는 미련스러움도, 삽으로 산을 파서 옮기겠다는 우직스러움도 필요할지 모른다.

박수소리에도 흥분하고 열광해야겠지만 비판의 소리에도 조용히 귀를 기울여 보다 더 철저함을 기했으면 좋겠다. 교육개혁위원회 어른들이 빈틈없고 철저하고 장기적 전망인 것을 모범으로 보여주어야 교사들도 교육에서 그렇게 가르치고 아이들도 그렇게 배운 대로 살아갈 것이다.

교육개혁위원회가 했듯이 학교에서 교장이 중앙집권식으로 결정하고, 비밀주의를 채택하고, 돈도 없이 계획만 발표하고 돈 문제는 나중에 어떻게 할 것이라고 발표하면 그 교장은 어떻게 평가받을 것인가? 교육개혁은 다른 개혁과 달리 인간을 가르치는 개혁이라는 것은 꿈에도 잊지 말아야 한다.

콩나물과 지옥에서 교육 유토피아까지는 길이 멀고 험한데 그것을 너무나 쉽게 함부로 말하는 것에 교육행정, 교육개혁을 공부하는 한 사람으로서 일종의 불안을 느낀다.

머리가 선명하고 밝기보다는 오히려 어둡고, 무겁고, 멍하고 불안하다. 마치 다리 위를 지나가는 것 같고, 복공판 위를 걷는 것 같고, 흔들리는 배를 탄 것 같고, 기차를 타고, 비행기를 탄 것같이 공연히 불안하기만 하다. 그러나 모처럼의 교육개혁방안이 성공하기를 비는 마음은 여느 사람과 다를 바 없다.

제12장
학교장·교사 초빙제의 보완방안*

1. 변화와 개혁의 시대

우리는 변화의 시대를 살고 있다. 변화의 물결을 타지 못하면 발전은 고사하고 오히려 생존 자체가 위협을 받게 된다. 이제 발전을 위한 변화가 아니라 오히려 생존을 위한 변화를 하지 않으면 안 될 시기이다.

변화를 위한 몸부림이 교육에서는 교육개혁으로 나타난다. 미국도 1983년 '미국의 생존위기'를 느끼고 수월성 추구를 위한 교육개혁에 열을 올리고 있는 셈이다. 1980년대 교육개혁은 각 주의 중앙 주도하에 "기초로 돌아가자"는 생각에서 질서와 기강, 중핵교육과정, 교육의 기회균등, 책무성, 검사와 시험, 국가적 평가를 강조하였다. 이것을 미국 교육개혁의 제1의 물결이라고 하는데 강제적 추진과 외적 압력, 표면적 변경의 중앙주도적 원격조정으로 인해 실패했다는 평가가 나왔다. 그래서 1990년대에는 교육실천의 근본적 변화와 재구조화의 제2의 물결이 나왔던 것이다. 학교개혁, 학

---

* 교육진흥, 95 가을, 중앙교육진흥.

교재구조화가 제2의 물결의 구호가 되었다. 그러나 앞으로의 개혁, 제3의 물결은 21세기의 성공, 아니 생존을 위한 교육개혁은 문화개혁이 필요하다는 것이다. 그래서 행정가·지도자에게는 문화개혁을 위한 문화지도력이 요구되는 것이다. 학교 공동의 비전을 개발하고, 협동적 동료의식을 형성하고, 전문직적 혁신의 기풍을 발전시키고, 학교개선의 목표달성을 위한 의욕을 기르는 밑바탕의 문화적 개혁을 해야 하는 것이다. 효과적인 학교문화의 형성을 위해서는 깜짝쇼로는 불가능하다. 밑바탕 문화의 변화를 위해서는 중앙집권적·관료적·표피적·속성적 방법은 맞지 않고, 시간과 뜸 들이기가 요구된다. 이는 우리나라 교육개혁에 정확한 시사를 준다.

일본은 1984년 나까소네 정부에서 3차 교육개혁을 시도한 결과, 이제는 자신감에 차 있는 것 같다. 개성 존중의 교육, 평생교육, 철저한 일본인 양성은 세계 1등 국가, 선두주자로 나서기 위한 바탕 다짐이라고 볼 수 있다. 영국은 1988년 교육개혁법으로 학교자율경영제와 학교자유선택(자유등록)제에 의한 자유경쟁으로 살아남기 전략의 핵심으로 삼고 있다.

우리나라는 1985년 교육개혁심의회로부터 시작하여 10여 년간 교육개혁 노력이 계속되고 있는데, 과제 선정과 보고서 발표로 막대한 보고서 종이와 10년이란 세월만 허송한 셈이다. 이번 5·31 교육개혁 발표에서 몇 가지는 영국 것을 많이 차용해 온 것 같다. 그런데 중요한 것은 영국과 한국 사이에 대서양과 같은 넓은 문화의 차이가 있다는 것을 알아야 한다. 다른 나라가 속속 교육개혁을 착실하게 추진하고 있고, 우리나라 대통령도 개혁해야 한다고 하니 교육 측면에서도 뭔가 하기는 해야겠으니 책상 위에서 천정만 쳐다보고 아이디어 떠오르는 대로 발표만 해 버리면 다 되는 것이라고 생각하지 않았는지 모르겠다.

우리의 교육개혁은 첫째, 현장과 현실을 더 고려했어야 했다. 현장에 귀를 기울이지 않고 현장 검증 없이 발표만 하고 힘으로 밀어붙이면 뭔가 개혁되겠지 하는 접근인 것같이 생각된다. 그런데 분명한 것은 힘으로 밀어붙이기 개혁은 60년대, 70년대 개발의 연대에나 가능했던 것이라는 것을 알아야 한다. 중앙집권적 밀어붙이기식은 현재 후진국에서도 먹혀들기 어려운 방식이다. 이번 교육개혁은 이제부터 하나하나 검증해야 할 것들이다. 교육 개혁전략 자체에 문제가 있다.

둘째, 문화변화, 의식변화와 병행하는 개혁전략을 썼어야 한다. 교육개혁위원들의 교육 유토피아(edutopia인가 뭔가 하는)적 이상세계를 국민들이 따라갈 수 없는 것이다. 정부 따로 이상세계에서 놀고, 국민 따로 현실세계에서 놀아 가지고 개혁이 되기는 어려울 것이다. 교육개혁위원들만 TV에 나오기 바쁘고 국민들은 구경꾼으로 몰아넣고 있으니 언제 개혁이 될 것인가? 어느 날 갑자기 영국과 미국의 학교운영위원회를 우리나라 학교에 갖다 놓고는 더 얻어먹겠다고 사정하고 굽실거리고, 교육 구걸이나 하던 학부모들 보고 어느 날 갑자기 당신이 주인이니 주인 노릇하고 떵떵거리라고 하고, 주인 노릇하던 학교와 교사들 보고 이제부터 종노릇 하라니, 교원들이 개혁에 신바람이 나겠는가? 꼭 가둬 놓고 묶어 놨던 장닭을 보고 갑자기 소비자는 선택하고 공급자는 경쟁하고 경주해야 한다니 그 경주가 제대로 되겠는가? 영국 문화를 먼저 심어 놓고 영국의 학교운영위원회를 한국에 옮겨 놓을 생각을 했어야 제대로 될 것이다.

셋째, 교육개혁은 교육의 본질, 교육의 질 향상에 초점을 맞췄어야 한다. 지금 교육전쟁이 한창인데 외곽이나 주변만 때리며 시간과 노력을 허비하고 있을 때가 아니다. 교실과 수업, 교사를 어떻게 바꾸고 개혁할 것인가에 개혁노력을 집중했어야 한다. 돈도, 사람도, 물자도 모두 교실과 수업에 투자할 생각을 해야 국제경쟁력, 세계화란 말을 할 수 있는 것이다. 교실을 춥고 덥게 비워 두고, 교사의 마음을 교실과 학생들로부터 떠나게 만들어 놓고 개혁해서 뭐하겠다는 것인가? 누구를 위한, 무엇을 위한 개혁인가? 개혁을 위한 개혁이 아니라 보다 근본적인 것에 개혁의 초점을 맞췄어야 한다.

넷째, 교사의 개혁참여 의욕, 교사의 신바람을 불러일으킬 생각을 했어야 한다. 지금은 교사도 교장도 교육개혁에 신바람이 나지 않는다. 무엇을 어떻게 할지 모르고 있다. 모든 교원을 팔짱끼고, 뒷짐 지고 구경하는 구경꾼으로 만들어 놓고는 교육개혁은 절대 성공할 수 없다. 전 국민을 춤판으로 끌어들이는 데 성공했던 것은 그래도 새마을운동과 88올림픽이었다. 이 두 가지는 최소한 그 시대 그 상황에 맞았다. 이 두 사건의 성공 열쇠는 국민을 춤판으로 끌어들인 데 있다.

다섯째, 정부도 교육개혁에 의욕이 없다는 인상을 준 것이 계속 문제이다. 교육개혁은 투자가 따라야 한다. 정부가 교육개혁에 우선순위를 두었다면 돈을 몽땅 교육에 쓸어 넣을 생각을 했어야 한다. GNP 대비 5% 넣겠다는 것도 변칙적 잔재주를 부리려 하고, 그것도 마지못해 하게 되고, 부처 간에 손발이 안 맞는 인상을 국민들에게 충분히 심어 주었다. GNP 5%로 일본, 미국, 영국과 경쟁하기에는 너무나 역부족이다. 너무 늦었다.

이렇게 교육개혁 자체가 근본적으로 문제가 있기 때문에 각론에 해당하는 학교상 초빙제와 교사 초빙제라고 온전할 리가 없다. 어쨌든 교육개혁 전체에 대한 이러한 문제점의 윤곽을 갖고 숲으로 들어가 나무를 봐야 나무가 제대로 보일 것이다.

2. 학교장 · 교사 초빙제의 배경

학교장 초빙제와 교사 초빙제의 개혁방안은 "초 · 중등교육의 자율적 운영을 위한 '학교공동체' 구축"이라는 개혁과제 안에 들어 있다. 우선 과제명에서 보듯이 '자율적 운영'을 위해서 학교장 · 교사 초빙을 한다는 것을 알 수 있다. 또 하나는 학교공동체가 되어야, 또는 학교공동체가 되기 위해서 교장 · 교사 초빙제가 필요하다는 의미도 된다.

여기서 중요한 것은 학부모가 학교 운영에 참여하여 단위학교에서 자율적 자치 · 자율적 운영을 하게 하자는 것이다. 학부모의 자치와 참여의 한 방법으로 학교장 초빙과 교사 초빙을 하자는 것이다. 여기에 배어 있는 또 하나의 정신은 자유경쟁, 그것도 공급자(여기서는 교장·교사를 공급자로 본 것임)를 자유경쟁시키자는 것이다. 학부모자치와 공급자경쟁으로 교장·교사를 선발하여 이제는 학교 간 경쟁을 유도하여 학교경영의 질과 수업의 질을 높이자는 것이다. 공급자를 자유경쟁시키고 교육수요자는 선택하고 자치하여 경영의 질, 수업의 질을 높이자는 의도가 학교장 초빙제와 교사 초빙제 속에 들어 있다는 것을 먼저 파악해야 한다.

교육개혁안에 들어 있는 그대로를 먼저 소개할 필요가 있다. 우선, 이 초빙제는 시범 실시라는 전제를 달고 있으나 성공적이면 확대하겠다는 의도가 들어 있다. 그리고 관할교육청은 대략적인 방법과 기준을 정하고 실질적인 권한은 학교운영위원회가 갖는다. 실질적 인사권이 관할교육청에서 학교운영위원회로 옮겨가는 것이다.

'학교장 초빙제'를 일부 학교에서 시범 실시하여, 교육수요자인 학부모 등이 원하는 교장을 초빙한다. '학교장 초빙제'의 실시방법과 초빙교장의 자격기준 설정은 시·도 교육감이 지역 실정을 고려하여 결정한다. 관할교육청은 학교에서 요청한 초빙조건에 따라 후보자를 공개모집하고 학교운영위원회가 추천·구성하는 '학교장 추천위원회'는 해당 학교에 응모한 교장후보자 중에서 학교경영자로서의 지도력과 전문성, 학교경영 구상 등을 평가하여, 최적임자 2명을 선정한 후 임명권자에게 임용 제청한다. 초빙된 교장에 대하여는 연임제한을 적용하지 않는다.

'교사 초빙제'는 '학교장 초빙제'를 실시하는 학교와 그렇지 않은 학교로 나누어 달리 실시하게 되는데 먼저 학교장 초빙제에 의해 임명된 교장은 개별 학교 교사 정원의 20% 범위 내에서 학교의 다양한 프로그램 운영에 적합한 교사를 초빙할 수 있다. 관할교육청은 학교에서 요청한 초빙조건에 따라 추천자를 공모하고, 기준에 적합한 자격을 소지한 교사가 응모하도록 한다. 학교장은 해당 학교에 응모한 교사 후보자 중에서 학교운영위원회의 자문을 받아 최적임 교사를 선정하여 임명권자에게 임용 제청하도록 한다.

학교장 초빙제를 실시하지 않은 학교는 학교운영위원회에서 개별 학교 교사 정원의 20% 범위 내에서 교사를 초빙할 수 있다. 교사 초빙방법은 교장 초빙제 학교에서 실시하는 교사 초빙제에 준하되, 학교운영위원회에서 학교 장의 자문을 받아 최적임 교사를 선정한다. 학교운영위원회는 필요시 '교사 추천위원회'를 구성·운영할 수 있다. 단, 교사 초빙제의 시범실시 방법과 초빙 교사의 기준 등은 시·도 교육감이 지역 실정을 고려하여 결정한다.

이 제도의 도입배경을 요약하자면 학부모 참여, 학교 자율 경영, 자유경 쟁의 유도라고 할 수 있다. 미국이나 영국 등에서는 자치와 자유경쟁·공개 모집이 몸에 배어 일찍부터 이런 제도를 적용하고 있다. 자격증만 따면 우 리처럼 친절하게 발령이란 걸 내주고, 골고루 순환근무를 시키지 않는다. 빈자리가 있으면 공개모집한다. 대학에서 교수공개모집(초빙) 하는 것을 연 상하면 될 것이다. 이 교장·교사 초빙제는 학교운영위원회 제도가 성공해 야 가능하고 또 그중에서도 교사 초빙제는 학교장 초빙제가 성공해야만 가 능하다는 조건이 붙는 셈이다.

여기서 또 하나 생각할 점은 교육개혁위원들이 생각할 때 학부모는 교육 수요자이고 교장과 교사, 학교, 교육청, 정부는 교육공급자로 보아(2분법 논리)공급자 경쟁-수요자 선택으로 개혁하겠다는 것이었다. 그런데 교육수 요자(학부모)가 학교운영위원회를 만들어 운영하게 되면 학부모가 바로 공 급자이면서 동시에 수요자가 된다는 것을 생각해야 한다. 교육자치가 잘되 면 주민이 교육공급자가 된다. 학교운영위원회가 주체가 되어 학교장·교사 초빙제를 하면, 어떤 다른 측면에서는 초빙되는 교장, 초빙되는 교사가 학 교운영위원회의 수요자가 된다. 초빙된 교장·교사가 어떤 대우를 받느냐가 바로 수요자의 선택인 것이다. 교장·교사는 주민들이 내는 세금을 먹고 사 는 수요자로 뒤바뀌는 것이다.

3. 학교장·교사 초빙제의 몇 가지 문제점과 보완

이 학교장 초빙제와 교사 초빙제를 비롯하여 모든 개혁방안은 원칙대로 이루어지고 순기능을 발휘하기만 하면 문제는 없다. 이것이 이상대로 정착되지 못하고 부작용과 역기능이 강하게 나타날 때 문제가 된다. 그러나 분명한 것은 우리 사회가 공개경쟁, 능력본위, 자율과 자치의 방향으로 나아가야 한다는 점이다. 몇 가지 우려되는 점을 제시하면 다음과 같다.

첫째, 공개경쟁과 자율·자치의 문화 미숙을 들 수 있다. 우선 학교운영위원회가 학교의 주인이고 사용주라는 의식이 분명해야 한다. 사용주·고용주가 필요한 교장과 교사를 고용한다는 문화가 성숙되어야 한다. 그리고 교원도 능력 본위·실력 본위로 살아간다는 의식이 분명해야 한다. 이러한 문화가 성숙되려면 교장, 교사뿐만 아니라 우리나라 모든 면에서 공개모집의 방식으로 나아가야 한다.

둘째, 이 초빙제는 학교운영위원회가 정착되고 성공적으로 운영되어야 한다는 조건이 붙는다는 것을 염두에 두어야 한다. 그런데 학교운영위원회와 초빙제를 96학년도에 동시에 실시한다는데 일종의 불안 요소가 있다. 초빙된 교장이 20%의 교사팀을 구성하여 자율적으로 학교운영을 하여 성과를 올리게 하는 것도 좋다. 이런 경우 학교장 초빙제가 성공할 때 교사 초빙제도 실현 가능하다는 조건이 또 붙는다. 그래서 이 초빙제는 조건부의 연속적 개념으로 서로 연결된 제도라는 제한을 받는다.

셋째, 초빙유인가와 계약조건의 문제가 있다. 초빙 임용된 교장과 그렇지 않은 교장과의 차이는 현재로선 초빙된 교장은 연임제한을 적용받지 않는다는 것 하나뿐이다. 즉, 4년 근무 후 평가를 받지 않고 계속할 수 있다는 것이다. 그런데 8년 이상도 계속할 수도 있는 것인지는 알 수 없다. 연임제한 적용을 안 받으면 젊은 교장에게 유인가가 될 것이다. 그러나 초빙된 교사에게는 현재로서는 어떤 유인가도 나타나 있지 않다. 단지 초빙하는 학교의 지리적 조건이 좋으면 초빙받고자 지원할 유인가가 될지는 모른다.

초빙제는 일종의 계약제이다. 몇 년간, 대개 4~5년간 근무 후 성과를 올리면 계속 근무하게 하지만 기대된 성과를 못 올리면 직장을 그만두는 것이 원칙이다. 1~2년 전에 재계약이 안 되는 것으로 통보받으면 초빙하는 다른 학교에 다시 지원해서 새 직장을 찾아 옮길 준비를 해야 한다. 그래서 초빙된 교장·교사는 안정된 직장이라고 보기는 어렵다. 초빙되었다가 재계약이 안 된 교장과 교사를 교육청이 다른 학교로 발령을 내주는 것은 공개경쟁의 원칙이라고 볼 수 없다. 초빙된 교장과 교사는 그 학교에서 인생 전체의 승부를 걸어야 한다. 초빙된 교장이 20%의 교사를 초빙해 왔는데 그 교장이 퇴임하는 경우, 또는 그 학교를 떠나는 경우는 초빙 받았던 교사도 같은 팀으로서 일단 그 학교를 그만둘 생각을 해야 한다. 새 교장이 새 팀을 구성하여 다른 방식으로 학교를 운영하도록 해야 하기 때문이다.

그러므로 이 초빙제는 직장 이동의 기회가 많아야 하고 초빙의 기회도 오히려 많아야 한다. 학부모 입장에서는 교장·교사를 선택(초빙)할 수 있어야 하고, 교장·교사 입장에서는 자유롭게 학교를 선택할 수 있어야 한다. 초빙되었던 교장·교사도 계약기간을 채웠거나, 계약조건에 위배되지 않는 한, 맘에 안 들면 다른 학교를 찾아 떠날 수 있어야 한다.

초빙제의 유인가가 없다는 것은 문제이다. 연임제, 지리적 조건 이외에는 봉급이나 수당, 근무조건에 유인가가 없으면 구태여 초빙받아 긴장 속에서 근무할 필요를 못 느끼게 될 것이다.

현재의 학교운영위원회가 좋다고 보아 현재의 교장이나 교사를 초빙했는데, 새로 바뀐(구성된) 운영위원회가 계약기간이 끝난 후 초빙했던 교장이나 교사를 재계약하지 않으면 초빙 교장 혹은 교사는 그 학교를 떠나야 한다. 그러면 교장이나 교사들이 초빙 받기 위하여 이런 모험을 걸 것인가?

초빙된 사후가 문제이다. 초빙 받은 한 학교에서만 근무하게 하는 것이 계약제, 초빙제의 원칙일 텐데 교원은 교육공무원의 신분인데 이를 어떻게 할 것인가? 계속 초빙이나 재계약을 못 받은 교장이나 교사를 타학교로 교육청이 발령을 내준다면 윤리의 문제가 따른다. 계속 초빙을 못 받은 교장이나 교사를 받아들이고 그들 밑에서 배우는 다른 학교의 학생이나 학부모들은 이들을 환영할 리가 없다.

초빙하는 학교는 특수학교라고 인식되기 쉽다. 초빙 여부의 결정권은 교육청이 아니라 학교운영위원회가 가져야 한다. 유인가도 각 학교운영위원회가 마련하여 그야말로 자유경쟁의 승부를 걸게 해야 할 것이다. 초빙제를 도입한 학교는 오히려 낙후 지역에서 학교 살리기, 학교 발전을 위해 유인가를 마련해 가지고 유능한 교원을 초빙하는 것에서부터 출발해야 할 것이다.

넷째, 학교장 초빙제를 적용하지 않는 학교에서 학교운영위원회가 주도하여 교사를 초빙했을 때 교장과 교사와의 팀워크에 문제가 생긴다. 현 교장의 자문은 받았지만 어디까지나 초빙인사의 주도권은 학교운영위원회가 가지고 있고, 학교는 교장의 책임 하에 있기 때문이다. 이런 경우 초빙 받은 교원의 사후 인사관리를 어떻게 할 것인가가 문제이다. 학교운영위원회와 교장과 교사의 3자 사이에 갈등이 생긴다.

초빙 받은 교사와 초빙 받지 않은 교사가 같은 학교 안에서 근무하는 데 따른 갈등문제가 따를 수 있고, 또 이들을 구별하여 인사를 해야 하는 문제가 있다. 초빙 받은 교사는 특정 전공과목 또는 담임으로 초빙 받았기 때문에 교감이나 장학사로의 승진기회도 포기해야 할 것이다. 초빙된 교원은 사립학교 교원으로 초빙된 것으로 보면 좋을 것이다. 사립교원으로 지원하여 초빙되었던 사람들은 교감·교장도 포기하였던 것이다. 초빙되었던 교원이 나이 먹었을 때의 인사문제를 생각해야 한다.

다섯째, 초빙 과정에서의 잡음과 후유증은 어느 정도 예상해야 한다. 응모자가 많을 경우 두 명을 선발하기 위하여 학교운영위원들이 면접을 하고 투표를 하여 선발하게 된다. 자연히 누가 나에게 찬성표를 주고 반대표를 던졌는가를 알게 된다. 여기에 따른 후유증이 있을 수 있다. 초빙에 탈락한 경우보다 초빙된 교장이나 교사의 태도가 더 문제이다. 이것은 지금 선진국에서도 문제가 되고, 대학에서도 문제가 되고 있다.

여섯째, 연계적인 인사를 고려해야 한다. 초빙의 범위를 어떻게 할 것인지 모르지만 교장이나 교사가 초빙되어 가면 그 빈자리에 대한 인사를 해야 한다. 초빙의 범위를 같은 시·도 내로 한정하기가 쉬우나 원칙은 전국에서 공모해야 더 우수한 사람을 초빙할 수 있다. 이럴 경우는 빈자리를 메우는 시·도 또는 시·군에서는 인사에 어려움을 갖게 된다. 선진국처럼 최소한 1~2년을 내다보고 예약하고 인사를 하는 문화가 정착되지 못했기 때문이다. 초빙학교에 훌륭한 교원을 빼앗기는 학교의 비애를 생각해야 한다.

일곱째, 학교운영위원회와 교원, 교육위원회와 교육청의 관계를 잘 정립해야 한다. 원칙적으로 학교운영위원회와 교육위원회는 사(使)이고, 교원(교장)과 교육청은 노(勞)라는 것을 알아야 한다. 그래서 교원초빙의 주체는 사 쪽이지 학교장이나 교육청이 아니라는 생각을 해야 한다. 단지 교장은 직무수행과 학교목표달성을 위해서 교사팀을 구성하는 것이다. 교장·교사 초빙제에서도 이러한 생각이 바탕이 되어야 한다. 교육청 직원도 교원도 모두 고용당한 머슴에 해당된다.

여덟째, 학교장 초빙제는 교장임기제와는 논리적 모순을 낳고 있다. 임기제는 잘하는 사람이나 못하는 사람이나 무조건 8년이면 물러나야 했다. 다분히 나눠먹기식 생각이다. 그래서 능력이 있어서 일찍 교장이 될 수 있는 사람까지 늦게 교장이 되려고 하고 장학직으로 전전하기도 했다. 그러더니 몇 년 안 되어 초빙제의 경쟁논리를 도입하려 하고 있다. 몇 년 앞도 내다보지 못한 철학의 빈곤이다.

4. 결 론

지금까지 교직에서는 안정이 중요시 되었다. 신분이 보장되고 안정되어야 착실하고 차분하게 교육에 임할 수 있다는 생각이 지배적이었기 때문이다. 그런데 시대가 바뀌고 상황이 바뀌면서 경쟁논리가 지배적으로 작용하기 시작하고 있다. 교직을 경쟁으로 몰고 갈 것이냐를 신중히 다루어야 한다. 초빙제는 젊은 사람, 능력 있는 사람에게 유리한 게임규칙이다. 그것도 초빙 기회가 많이 있을 때 유리하지, 초빙된 곳에서 그만두게 되어 더 이상 갈 곳이 없게 된다면 불리한 게임이 된다. 그런데 젊은이도 언젠가는 늙는다는 사실이다. 능력도 항상 인정받기는 어렵다.

자유경쟁을 하려면 원칙이 철저하게 지켜지고 모든 사람에게 동등한 기회가 주어지고 모든 분야가 다 그렇게 되어야 한다. 예를 들면 행정실장도, 국장도, 교감도 초빙하고 자유경쟁시켜야 한다. 임기제도 교장만 적용하지 말고 모든 사람에게 적용해야 형평에 맞는다. 자유경쟁사회는 직업 이동이 많고 기회가 많은 사회에서 가능하다. 능력 있는 사람에게 기회가 주어지고 무능한 사람, 노력하지 않는 사람은 탈락해야 한다.

초빙제는 학교의 주인이 확실해야 가능하다. 일종의 공립학교의 사립학교화이다. 주인도 선택의 기회가 많아야 하고 머슴도 골라 갈 수 있는 충분한 선택의 기회가 주어져야 한다. 주인과 머슴에게 공평한 기회, 공평한 규칙이 적용되어야 한다. 좋은 머슴을 고르려면 줄 것(유인가)을 많이 가지고 있어야 한다. 주인(학교운영위원회)이 자주 바뀌면 주인 노릇을 제대로 행사하기 어렵고 그 주인은 힘을 갖지 못하게 된다.

선택된 초빙된 사람에게는 일단 믿고 초빙했으면 일정 기간 동안 전권이 주어져야 한다. 믿고 맡겼으면 일정 기간 동안 기다리면서 지켜볼 줄 알아야 한다. 장기적으로 초빙제는 또다시 정체성을 낳기 쉽다. 한 학교에서 평생을 바치게 되면 또다시 물이 고여 썩게 된다. 한번 잘못 초빙하면 그 학교는 발전하지 못하게 된다. 사립학교, 대학을 연상해 보면 좋다. 그런데 사립학교는 같은 주인이 계속 있게 되지만 공립학교의 주인은 계속 바뀐다는 데 문제점이 있다. 교장이나 교사를 초빙해 놓고는 그 성과나 효과를 보기도 전에 학교운영위원의 신분을 잃게 될 수도 있다. 이렇게 되면 운영위원이 무책임해질 수도 있고 초빙된 사람이 무책임해질 수도 있다.

교육개혁의 여러 안 중에서 그래도 적용해 볼 만한 것이 이 학교장·교사 초빙제이다. 충분한 연구에 의하여 성공 작품을 만들어야 한다. 여기서 논의된 것 이외에도 더 많은 문제가 돌출할 것이다. 문제는 학교운영위원회 자체가 정착되기 어렵다는 점이다.

교육자치제 자체가 겉돌고 있는 판이니 학교운영위원회가 순조로울 리가 없다. 교육자치의 정착이 우선되어야 한다. 학교운영위원회가 흔들리면 학교장 초빙제, 교사 초빙제는 어렵게 된다. 또 학교자율경영제가 정착하여 학교마다 특색이 있고 다르다는 것이 전제되어야 초빙의 의미가 있다. 학교 자율권을 동시에 주어야 한다. 학교장 초빙제, 교사 초빙제가 편법으로 악용될 소지도 있는데 이것도 사전 봉쇄해야 한다. 초빙조건과 기준을 가능한 한 완화해야 하는데 그래도 수준 이하의 인사가 초빙되었다는 평을 받게 해서는 안 된다.

미국식 기업경영방식은 합리성에 바탕을 두고 단기고용, 빠른 능력평가와 승진, 실적, 업적을 강조하지만 일본식은 종신고용, 느린 능력평가와 승진, 협동과 팀워크, 신뢰와 집단 충성심을 강조하는 기업문화로 미국기업을 누르고 있다. 합리성에 바탕을 둔 자유경쟁이 합리보다는 정(情)의 한국문화에서 성공을 거둬야 할 텐데 걱정이다. 또 하나의 졸속, 조령모개를 낳지 말아야 할 텐데 이것도 걱정이다.

제13장
교육경영의 혁신*

1. 교육을 걱정한다

우리나라는 자타가 인정하는 교육의 나라이다. 과거 우리는 제대로 먹지도 못하고 입지도 못하면서 자녀교육에 열중하였고, 또 그렇게 자녀교육에 열중한 대부분의 가정은 기대한 대로 성공하고 출세를 보장받을 수 있었다. 또 그러면 그럴수록 교육에 더 열을 올리게 되고 그 열을 과열이라고까지 하였다. 비록 과열이라고 하더라도 교육에 열을 올리는 것이 나쁠 것도 없고 더구나 그것이 죄가 될 수는 없다. 교육지도자들이 그 교육열을 올바른 방향에 쏟을 수 있도록 방향을 잡아 주는 일을 잘하기만 하면 국민의 교육열은 얼마든지 좋게 볼 수 있는 것이다.

국가적으로도 우리가 교육에 힘쓴 결과 나라가 이만큼 발전할 수 있었던 것이다. 일제 식민지에서 교육기회를 잃었다가 겨우 우리 손으로 우리의 교

---

* 교육행정학연구회소식, 한국교육행정학연구회 94. 12. 31.

육을 시작하자마자 6·25를 만나 잿더미 속에서도 교육에 힘쓴 결과 그 교육받은 인구가 60, 70, 80년대 우리나라 산업화에 크게 이바지했던 것이다. 결국 교육이 오늘날의 우리나라를 건설한 셈이다.

그런데 교육의 문제는 여기서부터 시작된다. 교육이 우리나라 산업화와 경제 건설에 기여하고 뒷받침 해주었으면 이번에는 반대로 거기서 번 돈을 재빨리 교육에 재투자했어야 국가가 균형 있게 발전할 수 있었을 것인데 그동안 경제가 교육을 외면한 결과 이제는 경제와 함께 교육을 걱정하게 되는 것이다. 이제는 교육은 말할 것도 없고 경제까지도 뻗어 나가지 못하고 멈춰선 것이다.

더구나 산업화와 함께 가치의 중심이 정신으로부터 물질로 옮겨가게 되면서 교육은 정신도 잃고 물질도 잃어 두 마리 토끼를 다 놓치게 되면서 더욱 처참하게 되었다. 그래서 예를 들면 교사들은 정신적 존경도 잃고 물질적 대우도 잃어, 결국 교육의욕을 상실하고 있다. 정신을 잃은 우리 사회는 지금 무질서를 연출하고 있다. 다리가 무너지고 기차가 곤두박질치고, 배가 가라앉고, 비행기가 떨어지는 것은 바로 우리 사회의 윤리·도덕 정신이 떨어지고 교육이 허물어지고 있다는 증거이다.

과거 30여 년간 산업화에 눈이 어두워 교육과 정신을 무시한 업보를 지금 받고 있는 것이다. 지금이라도 교육을 되찾고 바로 세우지 못하면 앞으로 더 많은, 더 큰 것이 내려앉을 가능성은 계속될 것이다.

교육은 더 이상 걱정만 하고 있을 것이 아니다. 교육에서도 개혁의 목소리가 높아지고 있으나 너무 형식과 구호, 보고서 작성에 그치는 것 같아 안타깝다. 근본적인 개혁의 결단이 요구된다. 우선 서너 가지 주요 개혁과제와 해결방향을 제시한다.

첫째, 대학입시가 우리나라 교육을 멍들게 하고 있다. 입시 때문에 우리나라 전체에 따르는 금전, 시간, 정력의 낭비가 이루 말로 표현할 수 없다. 지금 입시로 인한 부작용으로 낭비되는 자원만 정상교육, 창의력 교육에만 바친다고 해도 선진국으로 진입하는 데 크게 도움이 될 것이다. 입시의 문제는 시험제도나 과목만 바꾸는 잔기술 가지고는 도저히 해결이 안 된다. 교육부만의 노력으로도 근본적인 해결이 안 된다. 교육대통령이 나서야 할 때이다. 우리나라의 문화·역사·전통·사회구조 등 모든 것과 깊이 관련되어 있기 때문이다. 근본적인 해결방법으로는 대학에 갈 필요가 없도록 만드는 일이 첫째이다. 고등학교만 나와도 손해 볼 것이 없도록 만들어 주어야 한다. 직장마다 일정 비율의 고졸자를 의무적으로 고용하고 보수, 승진, 발전에 손해 볼 것이 없도록 제도적·법적 보장을 해주어야 한다. 일류대학이 모든 것을 독점하지 못하도록 배려를 해야 한다. 예를 들면, 대통령이 장관 임명하는 것부터 몇 개 대학 출신에게 편중되지 않도록 하는 과감한 조치가 따라붙어야 한다. 대학을 가지 않아도, 일류대학 못 가도 살아가고 출세하는 데 지장 없도록 하는 근본적인 해결책을 찾아야 한다.

입시문제의 두 번째 근본적인 해결책으로는 어떤 형태로든 시험공부의 효과를 보지 못하도록 하는 방법을 강구하는 일이다. 정상적인 학교교육을 받은 학생이 오히려 유리한 학생선발방법을 강구해야 한다. 고등학교 교육과정을 어기면서 입시준비하는 학교와 학생을 우선 배제시키는 방법도 생각할 수 있다. 입시준비학원을 왜 허가해 줬는지 알 수 없다. 나라 전체가 입시에 놀아나게 만들어 놓고 거기서 즐기고 재미보고 있는 셈이다. 고등학교도 더 이상 입시에 같이 춤추지 말고 고등학교 교육목표에 충실하기 위한 결단을 내려야 한다.

둘째, 가르치는 사람의 측면에서 철저한 교원양성과 교사에 대한 대우 없이는 우리나라 교육은 근본적으로 성공할 수 없다. 교육은 사람이 사람을 가르치는 일이다. 정신적·물질적 대우가 좋지 않기 때문에 우수집단에서 교원희망자가 없고, 교사양성교육도 거칠고, 교원의 사기와 의욕저하로 우리나라 교육은 지금 위기를 맞고 있다. 제2세 국민을 가르치는 교사가 지적으로 낮은 수준에서 충당되고 그나마 의욕과 사기마저 떨어져 있다면 개혁은 해 보나 마나이고 그 민족 그 나라는 희망을 걸 곳이 없다. 국가는 지금까지 계속 저질교사를 뽑고, 교사의 기를 죽이는 정책만 써온 셈이다. 결과적으로 그렇게 나타난 것이다. 교사 교육만은 일제보다도, 해방 직후보다도 계속 나쁜 쪽으로만 바뀌어 왔다. 아무리 교육제도를 바꾸고 개혁을 해도 교사 교육정책을 이대로 놔두고는 모든 것이 허사라는 분명한 사실을 알아야 한다. 군인출신 지도자들이 교사를 경시하고 재경부 사람들이 자기들 자녀를 가르치는 교사를 우습게 여긴 결과 교사들은 대충교육을 하게 되고, 거친 교육은 어른부재, 사회무질서로 표출된 것이다. 거기다 물질만능의 사회풍조까지 부채질했던 것이다.

지금이라도 정신을 가르치는 교사들에게 최고의 대우를 해주도록 개혁적 조치를 하여 우수인력을 교직으로 끌어들이고 사기충천하도록 해야 한다. 최고의 대우 속에는 두말할 것도 없이 물질적 대우와 함께 정신적 대우가 합쳐져야 한다. 교사가 예뻐서라기보다도 자라나는 국민들을 제대로 가르치기 위해서이다.

셋째, 교육과정의 측면에서 인간으로서 필요한 바탕교육, 기초교육에 철저하고 나머지를 소질개발·전문교육에 할당하도록 고려해야 한다. 인간성 교육을 공통기초·필수로 하여 철저한 교육을 하고 소질개발·전문교육은 다양한 선택의 기회를 제공해 주어야 할 것이다. 가르치는 교과목 수와 내용의 분량을 최소한으로 줄이고, 그 대신 몸에 밸 때까지 철저한 교육을 해야 한다. 양으로부터 질로 전환을 해야 할 시점이다. 선택에서는 창의성 교육의 기회를 충분히 제공해 줄 수 있어야 한다. 학생들에게 생각할 수 있는 시간을 충분히 줄 수 있도록 교육과정이 운영되어야 한다. 사람 만드는 교육에 실패하면 고도의 과학과 기술, 지식 교육도 쓸모없고 오히려 해악이 될 수 있다는 것을 우리는 이미 너무 많이 보아 왔다. 교육개혁을 교육의 질에 초점을 맞추지 못하면 또 다른 낭비를 낳고 만다. 지식정보사회에서 우리는 교육의 질에 모든 승부를 걸어야 한다. 한 나라의 장래는 그 나라 교육의 질에 달려 있다.

넷째, 교육투자가 최우선 과제이다. 교육할 사람과 교육내용과 함께 우수한 교육시설·자료의 확보 없이는 좋은 교육을 하기 어렵다. 앞에서 말한 우수교사의 확보를 위해서도 엄청난 교육투자를 필요로 한다. 과거에 경제가 교육을 외면한 결과 한 나라의 정신적 기반인 교육이 부실하게 되어 엄청난 일들이 자주 벌어지고 있다. 지금 GNP 5%만 교육에 투자하면 교육이 엄청나게 달라질 것처럼 거기에 온통 매달리고 있지만 교육이 국제경쟁력을 가지려면 그것 가지고는 이미 늦어 버렸다.

일본을 따라가려면 일본보다 교육에 더 투자하고 미국이나 캐나다를 붙잡으려면 이들 나라보다 몇 배나 더 투자해야 하는 것은 너무나 당연한 이치이다. 선진국들은 GNP 수준 자체가 우리보다 더 높다는 사실도 감안해야 한다. 지금까지 보면 개인적·가정적으로 보나 사회적·국가적으로 보나 교육에 대한 투자만큼 실속 있고 정확한 투자는 없었다. 재정투자 없이 구호나 외치고 표어를 써 붙이고 어깨띠나 둘러메는 식의 정책을 가지고는 교육에서 승산을 기대하기 어렵다.

그동안 교육을 소홀히 한 결과(부작용)가 사회 구석구석에서 총체적으로 나타나고 있는데도 이를 인간교육을 통해서 근본적으로 처방하려 하지 못하고 또다시 땜질하려는 데 실망하고 걱정하지 않을 수 없다.

교육행정학도는 정치인, 경제인, 국가의 지도자들에게 올바른 교육의 방향·정책의 방향을 제시해 주어야 한다. 우선 우리나라 교육이 정상적으로 굴러갈 수 있도록 해야 하겠고, 나아가서 냉혹한 국제적 교육의 질 경쟁에서 승자가 되려면 교육의 본질에 개혁정책의 초점을 맞출 수 있도록 해주어야 한다. 입시개혁으로 우선 교육의 정상화를 꾀하고, 다음으로는 교육하는 사람인 교사와 교육내용인 교육과정과, 시설·교재, 환경과 직결되는 교육재정의 네 측면에서 우리의 교육문제를 풀어 나가야 할 것이다.

2. 생존을 위한 교육

옛날에는 삶에 여유 있는 한가한 사람들이나 교육을 받았다. 그래서 학교(school)라는 말은 '한가하다'는 의미가 내포되어 있다. 그런데 이제 21세기에서는 죽느냐 사느냐의 경쟁에서 살아남기 위한 교육을 하지 않으면 안 될 처지이다. 교육을 잘 받은 사람, 교육을 잘 시킨 나라는 살아남고, 그렇지 못한 사람과 나라는 망할 것이다. 학교경영을 잘하고 교육을 잘 시키는 학교는 번창하고, 그렇지 못한 학교는 문을 닫아걸지 않으면 안 될 것이다.

교육이 계속 독과점 품목으로 국가독점, 경영자 독점으로 더 이상 남아 있을 수도 없을 것이다. 심지어는 사회주의, 공산주의 국가에서도 시장경제의 원리를 채택하는 판이니 유독 우리나라 교육만 국가비호 속에 안주하고만 있을 수는 없다. 교육도 시장경제의 논리에 의하여 경쟁체제로 옮겨가지 않을 수 없다. 교육도 생존을 위한 경쟁을 하지 않으면 안 된다.

세계 선진 여러 나라들이 눈에 잘 보이지 않는 교육에 국가생존의 승부를 걸고 있는데, 우리는 급한 나머지 끊어진 다리만 보고 한탄하고 있으니 한심스럽다. 개는 사람이 가리키는 손가락 끝만 보지만, 사람은 손가락이 가리키는 방향을 봐야 한다. 끊어진 다리가 가리키는 방향을 볼 줄 알아야 한다. 다리가 끊어지고, 기차가 곤두박질치고, 비행기가 떨어지고, 배가 가라앉고, 가스가 폭발하고, 세금 도둑이 날뛰고, 살인극이 벌어지는 이면에 이미 교육과 정신이 끊어지고, 내려앉고, 공중분해 폭발하고 있다는 사실을 알아야 한다. 눈에 보이는 지엽적인 것만 가지고 떠드는 동안 우리의 정신세계가 통째로 무너지고 있다는 사실을 잊고 있는 것이다.

이제 우리는 살아남기 위한 절박한 교육을 하지 않으면 안 된다. 입시교육으로 죄 없는 아이들만 들볶는 동안 우리는 계속 끊어지고, 떨어지고, 내려앉고, 폭발하게 될 것이다. 어차피 살아남으려면 교육개혁과 혁신을 하지 않을 수 없다. 그래서 2000년대에도 교육개혁과 혁신의 해가 되지 않으면 안 된다. 생존을 위한 교육으로 혁신해야 한다. 우리의 교육을 받은 사람들이 경쟁사회에 나가서, 냉혹한 국제무대에 나가서 생존해야 하고, 또 학교 자체도 망하지 않고 지구상에 살아남기 위한 생존전략을 강구하지 않을 수 없다.

3. 가르쳐줄 것을 오히려 배워야

과거에는 모든 문화가 학교로부터 지역사회로 전파되어 나아갔다. 즉, 학교가 기업체에 정보를 주고 교육과 연구를 제공해 주었다. 그런데 이제는 뒤집혔다. 기업으로부터 학교가 경영방식을 배워 와야 한다. 기업은 야생조직(wild organization)으로서 경쟁에서 살아남는 경영기법을 개발해 왔고, 교육은 가내(보호)조직(domestic organization)으로서 국가의 보호 속에서 자생력을 잃어왔기 때문이다. 기업들이 학교교육을 믿지 못하겠다고 하여 자체의 교육기관, 연수기관을 운영하고 있는 실정이다. 이제 우리는 기업체의 경영혁신과 교육방식을 참고할 필요가 있다.

그러나 기업경영방식을 배워 오더라도 교육조직은 근본적으로 기업조직과 다른 독특한 특성을 갖고 있다는 점을 잊지 말아야 한다. 기업은 이윤추구조직이지만, 교육은 도덕적 문화표현조직이라는 점이 근본적으로 다르다. 교육조직은 기업처럼 이윤과 효율성만을 추구할 수는 없다. 교육에 투자한 돈은 장기간에 걸쳐서 회수되고, 회수되는 것도 눈에 잘 보이지 않는다. 기업과 달리 교육조직은 목표도 불분명하고, 목표도달 방법과 기술도 다양하다. 기업의 야생성과 교육의 가내보호성도 어느 정도 인정하지 않을 수 없다. 기업은 어느 정도 조직구성원이 고정된 데 비하여 교육조직은 계속적으로 유동한다. 기업은 이윤추구가 주요 목적이지만, 교육은 근본적으로 인간봉사체제이다.

이러한 차이 때문에 최근의 여러 가지 기업경영 혁신방법을 교육에 직접 도입하려는 데는 위험과 모험이 따를 수 있다. 그러나 이러한 위험에도 불구하고, 우리는 혁신적이고 성공적인 기업경영에서 많은 것을 배워야 한다.

4. 사고의 전환

교육경영에 있어서 무엇보다도 근본적인 사고의 전환이 절실히 요구된다. 한 교사가 학생 4명이 전교생인 낙도에 발령을 받았다. 처음에는 불만이 목까지 차올랐다. 도대체 무슨 잘못을 저질렀다고 이런 낙도로 귀양 보내느냐고? 몇 달이 지나면서 생각이 바뀌기 시작했다. 저 네 아이 때문에 두 명의 교사가 그 섬에 와 있다는 것을 생각하니, 네 아이들이 귀엽고 귀중하게 생각되더라는 것이다.

그렇다. 학교는, 교사는 아이들 때문에 존재하는 것이다. 교장과 교육행정가는 학생과 교사 때문에 존재하는 것이다. 행정은 수업을 지원해 주기 위해서 생겨난 것이다. 교육경영에 있어서 학생과 수업을 중심에다 놓고 보는 사고의 전환이 절실히 요구된다. 이러한 사고의 전환에 근거하여 교육혁신의 방향을 모색해야 한다.

첫째로, 학생과 학부모, 국민을 교육의 귀중한 고객으로 보는 관점의 변화가 요구된다. 모든 교육과 교육경영을 고객의 필요와 요구에 맞추려는 노력이 전제되어야 한다. 교육과 교육경영은 학생과 학부모, 국민을 위하여 어떻게 봉사할 것인가에 초점을 맞춰야 한다. 기업에서 전개하고 있는 고객만족운동과도 상통하는 사고의 전환이다.

둘째는, 교육의 질에 대한 관심의 집중이라고 할 수 있다. 이제 양으로부터 질로의 전환이 절실히 요구되고 있다. 학생들은 학교에 공부하기 위해서 오지만, 결국 학교에서 일정한 기간 동안 삶을 살고 있는 것이다. 그들이 학교에서 사는 동안 행복이 보장되어야 한다. 우선 학교는 학생들의 아름다운 삶을 보장해 줄 수 있어야 한다. 다음으로 공부란 것도 질 높은, 밀도 높은 것이 되어야 한다. 아름다운 생각을 할 수 있도록 해주고, 미래에 대한 꿈을 갖고 준비할 수 있게 해 주고, 한 사람 한 사람의 개성이 존중되도록 교육과 교육경영은 설계되어야 한다. 그런 속에서 창의적이고 생산적인 생각이 창출될 수 있는 것이다.

교육을 담당하고 있는 국가나 지방자치단체, 경영자가 횡포를 부리고 군림하려는 사고 하에서는 기업경영에서 배울 것도 없고, 혁신이나 개혁도 허구에 지나지 않는다. 2000년대에는 이러한 근본적인 사고의 전환으로부터 교육경영혁신을 모색해야 한다.

5. 무엇을 혁신할 것인가

'교육 이대로는 안 된다'는 소리는 이미 우리의 귀를 따갑게 울린 지 오래다. 교육에 열중한 결과 우리가 이 정도 살게 되었지만, 앞에서 언급한 것처럼 자꾸만 모든 것이 '끊어지고' 있다. 보다 높은 질의 삶을 위해서는 교육을 바꿔야 할 전환점인 것이다. 지금도 우리가 교육에 열심이지만, 사실은 교육 아닌 입시에 열중하고 있는지 모른다. 이제 방향을 바로잡고 열심히 하면 승산이 있다고 본다.

학교는 어떤 목적과 일을 하기 위해서 조직구조의 틀을 갖고 목적을 달성하기 위한 기술을 동원하는 조직구성원인 사람들의 조직이다. 이것이 학교조직의 주요 요소인 ① 과업, ② 구조, ③ 기술, ④ 사람인데, 이를 중심으로 혁신해야 할 점을 찾아보기로 한다.

1) 과 업

학교의 주요 과업은 수업, 장학, 관리, 행정지원 봉사, 학생을 위한 특수 봉사로 나누어진다. 이들 과업을 알기 쉽게 나타내면 〈그림 13-1〉과 같다.

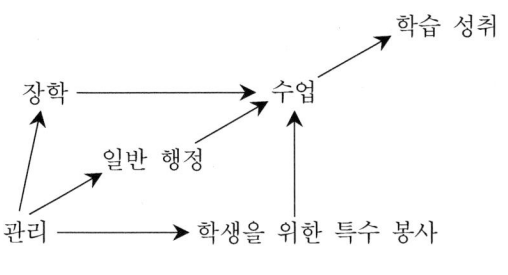

〈그림 13-1〉 학교경영의 주요 과업

이 그림에서 보듯이 학교에서 가장 중요한 과업은 '수업'이다. 나머지 모든 과업은 수업을 지원해주어 학습성취를 극대화하기 위한 수단이 된다. 수업을 잘하기 위해서 '장학'과 양호·상담과 같은 '학생을 위한 특수봉사'와 '일반행정'이 직접적으로 지원해준다. 앞으로 교육경영에서 수업을 어떻게 혁신하고, 차선으로 장학혁신, 학생을 위한 봉사의 혁신, 일반행정의 혁신을 어떻게 할 것인가에 관심을 집중해야 한다. 제3차선이 '관리'의 혁신이 된다.

수업의 질 향상을 위해서 기업에서 채택하고 있는 질 관리 운동을 참고할 필요가 있다. 기업의 상품의 질 관리보다 인간교육의 질 관리가 더 중요하고 앞섰어야 하는데 부끄럽게도 인간의 교육을 상품의 질 관리에서 배워 와야 하는 처지가 되었다.

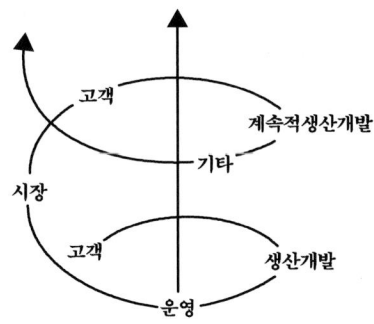

〈그림 13-2〉 Juran의 질 향상 나선형

첫째, Edwards Deming의 계획(plan)−실천(do)−연구(study)−행동(act)의 PDSA 주기를 계속적으로 적용하고, Joseph M. Juran의 고객(customers)−생산개발(product development)−운영(operations)−시장(marketing)−고객(customers)−보다 나은 생산개발(further product development)−계속적 나선형 주기의 질 개선 모형도 적용할 필요가 있다.

교육에서도 질 개선에 노력해 왔지만, 기업에서처럼 절박하게 노력하지 못한 것 같다. Deming의 모형에서 '연구'가 강조되고, Juran의 모형에서 '고객'으로부터 시작하여 '고객'으로 끝나는 '고객'의식의 수업과 장학, 봉사, 행정, 관리가 얼마나 있었느냐 반성을 하지 않을 수 없다.

둘째, 기업의 질 관리 QC(quality circle) 운동도 참고할 필요가 있다. 교사, 행정가, 직원, 때로는 학생과 학부모까지 참여시켜 학교교육의 질을 확인하고, 개선방향을 QC 집단, 어떤 학교에서는 이 QC를 S-team(esteem 높은 평가, 존경이란 말과 발음이 같은 것을 이용해서)을 조직하여 찾게 할 수도 있다. 이 QC와 S-team으로 하여금 계속적 개선에 영원한 헌신으로 질 개선의 나선형 주기를 타야만 한다.

셋째, 질 개선으로 교육에서도 고객만족운동을 벌이는 것도 생각해 볼 수 있다. 교육의 1차적 내적 고객은 학생과 학부모이고, 2차적 외적 고객은 국민과 기업체가 된다. 교육행정의 1차적 내적 고객은 교사가 되고, 2차적 외적 고객은 학부모와 국민이 된다. 내적 고객도 만족하지 못하는 교육과 교육행정을 한다면 문제가 아닐 수 없다. 이제는 교육소비자의 목소리에 귀를 기울여야 할 때이다. 교육소비자의 학교선택권을 보장해 줄 수 있어야 한다.

넷째, 교육의 질 개선을 위해서는 결과보다 과정을 중시해야 한다. 지나치게 결과를 중시하여 학생들을 경쟁시키는 한은 과정을 무시하게 되어 질이 개선되기 어렵다. 이런 면에서 초・중등학교에서 성적에 석차를 매기지 않도록 한 것은 잘한 개선책이라고 본다. 그러나 최소한의 기준 도달은 결과로 보여줘야 한다.

2) 구 조

학교경영에서 구조에 해당되는 것은 권위, 의사결정, 통제, 기획, 규칙, 부서, 의사소통 등이다. 경영의 혁신에서는 이러한 구조에 변화가 있어야 한다.

첫째, 구조변화에 있어서 분권화(decentralization)는 세계적 경향이다. 권위가 계속 하부로 이양되어야 한다. 학교단위 자율책임경영제가 채택되어 학교단위에서 인사·재정 등 실질적 권한을 행사할 수 있도록 구조적 개혁이 있어야 한다. 이러한 권한이양은 교사와 학생에게 이어져 교사자율권 확대, 학생자율권 강화로 가야 한다.

둘째, 의사결정에 있어서 참여적 의사결정(participatory decision making), 공유적 의사결정(Shared decision making)의 방향으로 가야 한다. 좀 시간이 걸리더라도 학교에서의 의사결정 형태를 가능한 한 많은 사람이 참여해서 결정하도록 바꾸기를 권고한다. 결정에 참여한 사람들이 결국 일을 하여 조직의 목표를 달성하게 되기 때문이다. 이제 교육경영은 관료가 하는 것이 아니라, 일에 의미와 가치를 부여하고, 자발적·헌신적으로 참여하는 사람들에 의하여 이루어지는 것이다.

셋째, 같은 맥락에서 의사소통 채널도 재검토하여 가능한 짧고 수평적으로 만드는 일도 고려할 필요가 있다. 의사소통 통로가 길고 수직적이다 보면 메시지가 왜곡되고 소음이 끼어들기 마련이다.

넷째, 학교에서의 시간구조도 근본적으로 재검토해야 한다. 학생과 교사가 다양한 경험을 하고, 서로 협동할 수 있는 시간을 제공해 주어야 한다. 융통적인 시간활용, 자신에 맞는 시간을 활용하고 살아갈 수 있도록 구조적 개편을 할 수 있다. 학생들 자신이 자기에게 맞는 시간을 계획하고 생활하게 할 수도 있을 것이다. 학생 수준에 맞지 않은 수업 시간을 억지로 허비하면서 무용의 시간을 살아가게 해서는 안 된다. 사람은 시간을 살아가는 것이다.

다섯째, 학교조직문화의 창조와 개선에 어떤 혁신이 계획되었으면 한다. 우선 인간존중과 신뢰의 문화 형성에 노력해야 한다. 가장 믿음이 통해야 할 교육조직에서 불신이 팽배하고 있다. 불신 속에서는 교육과 행정이 성립될 수 없다. 다음으로 자율의 문화가 형성되어야 한다. 교사도 학생도 위(사람이나 직책)를 보지 말고 스스로 옳다고 믿는 바에 의하여 행동하고 자기 행동에 책임을 지는 문화의 형성에 노력해야 한다. 마지막으로 학습의 문화를 강조한다. 학생만 배우는 것이 아니라, 교사와 교장도 모두 다 배우고자 하는 열망으로 가득 찬 학교문화를 말한다. 교장은 학교조직문화 형성에 지도력을 발휘해야 한다. 이것이 교육지도자의 문화지도력이고 도덕적 지도력이 된다.

3) 기 술

조직의 목표를 달성하고 과업을 수행하기 위해서는 알맞은 기술이 있어야 한다. 학교에서 동원되는 기술에는 시설, 자료, 스케줄, 교육과정, 지식 등이 있다. 하드웨어와 소프트웨어가 모두 포함된다.

첫째, 어린이들이 생활하고 교육받는 학교시설이 가장 아늑하고 안전해야 하는데, 성인들이 생활하는 다른 분야보다도 형편없이 뒤떨어져 있다. 예를 들면 은행이나 관공서는 시원한데 교실은 아직도 덥다. 아이들과 이들의 교육을 팽개쳐 놓고, 어른들 위주의 편안함을 추구하는 민족은 반드시 그 대가를 치르고 말 것이다. 더 늦기 전에 교육시설 개선에 과감한 투자를 해야 한다. 교육계 내부에서도 있는 시설이라도 최대한 활용하려는 노력을 해야 한다.

둘째, 교육과정에서는 사람으로서 살아가는 데 가장 기본적으로 필요한 인간교육적 요소를 최소한의 공통 필수로 하고, 나머지는 최대한 다양한 선택을 보장하도록 개혁되어야 한다. 사람 노릇하는 데 필요한 것은 필수로 하여 철저히 교육하고, 나머지는 개성을 살려 창의성을 발휘하게 할 수 있는 선택 과정을 많이 확보해 주는 방향의 개혁을 의미한다. 특별활동과 과외활동 프로그램의 확충이 요구된다.

셋째, 입시교육은 비상한 각오로 철저히 배격해야 한다. 지엽적인 입시로 모든 것을 망치고 있는 것을 차단하지 못하고서는 모든 혁신이 무의미하게 된다.

넷째, 최신의 교육공학적 방법이 교육에 동원되어야겠다. 이제야말로 칠판과 백묵의 장벽을 넘어서야 한다. 몇 개의 시·도에서 매체의 혁신으로 수업의 효과를 성공적으로 높이고 있다.

4) 사 람

교육경영에 있어서 사람은 가장 중요한 요소이다. 교장, 교감, 교사, 학생, 학부모, 지역 사회인, 장학자 등의 사람인데, 이들의 기술, 지위, 가치기준, 지도력, 보상, 느낌, 불만, 인사, 실천 등이 교육성공의 관건이 된다.

앞에서 말한 이들의 사고전환, 의미 있는 일에의 자발적 참여와 헌신, 능력개발과 성장이 교육경영의 혁신의 성패를 좌우하게 된다. 무엇보다도 교육자에 대한 최고의 대우, 정신적·심리적 존경과 동시에 물질적 대우 없이는 교육개혁도 말장난으로 그치고 말 위험성이 농후하다.

눈에 보이는 것에만 집착하지 말고, 근본적인 출발점이요 종점인, 보이지 않는 교육에 더 관심을 가져 주었으면 한다. 오랫동안의 군사통치, 개발의 시대에 교육을 구석에 처박아 놓고 거들떠보지도 않았던 대가를 지금 치르고 있다. 호미로 막을 데 가래로도 못 막게 되기 전에, 한 시간이라도 더 늦기 전에 정신세계의 교육의 개혁과 혁신에 관심과 애정이 요구된다.

교육은 국가를 지키는 최후의 보루이다. 교육이라는 마지막 요새가 무너지면 그 민족은 더 이상 희망을 걸 곳이 없다. 잘돼도 교육 때문에 잘될 것이요. 망해도 교육 때문에 망할 것이다.

제14장
세계화를 지향하는 지방교육*

1. 세계화

바깥세상이 너무 시끄럽고 정신없이 돌아가니 교육자들이 심난해서 차분하게 들어앉아 아이들을 가르칠 수가 없다. 개혁을 한다고 꺼내 놨다 다시들여갔다. 손바닥을 엎었다 젖혔다 혼란하게 하니 어지러워서 교육자들도 정신을 차릴 수 없다. 미래와 비전이 선명해도 교육이란 어려운 것인데 교육자들이 안개 낀 거리를 헤집고 나가려니 불안하기도 하고 자신감도 없게된다. 교육자들이 이렇게 되니 아이들도 덜렁대고, 나아가 사회 전체가 흔들린다. 교육자들이 좀 무게중심을 잡아야 한다.

문민정부란 곳에서 신한국, 신경제, 신교육의 신자 돌림으로 신나게 돌아가더니, 어느 날 갑자기 국제화로 바뀌었다가 다시 세계화의 장단에 맞추게되었다. 장단이 너무 자주 바뀌면 교육은 숨이 차고, 장단 소리와 반주가

---

* **대전교육** 95. 2. 대전교육연구원.

너무 세지면 교육이라는 노랫소리는 오히려 죽게 된다.

　좀 혼란스럽기는 하지만 우리가 뽑은 국가의 지도자가 가리키는 방향을 따라 국가의 각 분야, 모든 국민이 하나가 되어 최선의 노력을 다 바쳐야 할 때이다. 지금은 한가롭게 불평이나 하고 앉아 있을 겨를도 없다. 21세기 지식정보시대에서 멈칫거리고 방황하는 사이에 우리 민족이 낙오의 벼랑으로 떨어져 나갈 위험이 있기 때문이다. 이제 지방교육도 세계화를 지향하기로 마음을 굳히고 지방교육가족 모두가 그 방향을 모색해야 한다.

　'세계화'는 국가발전의 전략이고, 이 세계화 전략에 의하여 도달해야 할 국가목표, 또는 비전은 '통일된 세계중심국가'이며, 이것이 바로 신한국이라는 것이다. 그리고 국제화는 주로 국가 중심의 외교, 경제와 무역 등의 교류에 강조점이 주어지는데 이것만 가지고는 충분치 못하여 국가뿐만 아니라 국가・지방・국민 모두의 외교・경제・무역을 포함하는 모든 분야에서 세계제일을 지향하는 세계화로 바뀌었다는 것이다. 즉, 국제화는 세계화에 포함되는 개념이다.

　통일된 세계중심국가의 모습은 대외적으로는 다른 나라에 모범이 되고 존경을 받는 나라, 가보고 싶고 투자하고 싶고 살아보고 싶은 나라, 즉 모두가 동경하고 선망하는 나라이고, 대내적으로는 국민 개개인의 삶이 풍요롭고 살기가 편안한 나라이다. 우리가 20세기로 진입할 때 문호개방 등을 잘못하여 한 세기 동안 뒤쳐졌다가 다행히 60~80년대 집중적인 산업화로 중진국 수준에 도달하였는데, 이제 21세기에서 세계화에 성공하여 기필코 세계중심국가가 되어야 한다. 우리가 세계화하고 북한이 세계화하면 우리는 '통일된' 세계중심국가가 된다는 것이다.

　지금 이 시점에서 세계화가 등장하게 된 요인이 있다. 첫째, 1917년 소련의 공산화로 공산과 민주간의 치열한 체제경쟁을 했는데, 1989년 소련의 붕괴와 함께 체제통합으로 세계가 한 식구로 세계화하게 되었다. 둘째, 교통・통신・정보의 발달로 시간적 동시화와 공간적 지구촌화로 세계화가 등장하게 되었다. 셋째, 이제는 세계가 경제・문화・생활 등 모든 면에서 상호의존성이 강하게 되어 세계화하지 않으면 안 된다. 가난, 환경, 공해, 인구 모든 지구 상의 문제가 국지의 문제가 아니라 전세계의 문제가 되고 있다. 이런 요인으로 어차피 세계화하지 않으면 안 될 입장이다. 세계화가 필연의 방향이라면 기꺼이 즐거운 마음으로 일찌감치 세계화의 방향으로 떠나는 게 좋겠다.

21세기 새로운 여러 현상이 이미 나타나고 있다. 이러한 현상을 잘 포착하여 세계화에 성공해야겠다. 첫째, 경제와 기술의 무국경화 현상이다. 정치적 국경은 단단해지는 반면, 경제적 국경은 WOT로 허물어지고 세계 단일 시장 안에서 놓고 치기 씨름을 하게 되었다. 이것은 분명 강자에게 유리한 논리이다. 둘째, 사회의 정보화와 지식화가 이루어진다. 지식과 정보가 국가 최고의 자산이며 지식과 정보를 축적하는 학습사회가 되어야 한다. 정보와 지식은 국경이 없다. 각 나라는 정보 초고속도로망 확충에 열을 올리고 있다. 셋째, 문화와 의식의 지구촌화가 이루어지고 있다. 문화와 의식도 무국경화와 동시화가 이루어져 자신도 모르는 사이에 문화식민이 되기 쉽다. 넷째, 행정과 정치의 분권화와 지방화 현상이 두드러지고 있다. 분권화는 세계의 거대 조류의 하나이다. 다섯째, 민의 다양성과 참여의식 증대를 들 수 있다. 다문화·다가치를 상호 존중하고 또 이들이 공존해야 한다. 다양성 속에서 선택의 자유가 보장되어야 한다. 여섯째, 불확실성의 증대와 지구촌 문제가 심각하게 대두되고 있다. 지구가 하나의 부락이 되고 상호의존하게 되니 어떤 문제가 일어날지 예측 곤란하게 되고, 또 그들 문제가 심각하게 된다.

이러한 여섯 가지 분명한 현상에 맞추어 여섯 가지 국가발전원리를 적용해야 하는데, 이것이 곧 세계화의 영역·부문과도 연결된다.

첫째, 국가의 부와 삶의 질이 지식·정보에 의하여 결정되기 때문에 이를 창출하는 영역인 교육이 세계화되어야 한다. 둘째, 법과 제도가 공정하고 투명해야 국가의 성장 잠재력이 활성화될 수 있기 때문에 법·경제 질서가 세계화되어야 한다. 셋째, 정치적·사회적으로 국민통합이 이루어져야 국가가 발전할 수 있기 때문에 정치와 언론의 세계화가 요구된다. 넷째, 이제 정부주도만으로는 더 이상 국가가 성장·발전할 수 없으므로 정부의 역할이 달라져 행정과 지방이 세계화되어야 한다. 다섯째, 자연과 사람이 공생하지 않고는 더 이상 살 수 없으므로 환경을 세계화해야 한다. 여섯째, 의식과 관행이 합리적이고 질서가 생활화되는 문화가 바탕에 깔려야 국가가 튼튼하게 발전할 수 있으므로 문화와 의식을 세계화해야 한다.

이렇게 세계화의 3요인, 6현상, 6발전 원리와 영역을 제시했어도 세계화가 무엇을 의미하는지 선명하게 드러나지 않는다. 세계화의 개념 속에는 일류화, 합리화, 일체화, 한국화, 인류화의 의미가 포함되어 있다. 첫째, 세계화는 일류화를 의미한다. 이것은 곧 세계 최고가 되는 것이다. 세계제일, 세계적 존재가 되는 것이 세계화이다. 둘째, 합리화를 의미한다. 합리성은 세계적으로 통하는 보편적 가치로 세계적 통용으로 가는 길이다. 셋째, 일체화의 의미가 포함된다. 모두가 하나가 되는 것이 세계화의 길이다. 우선 국가적으로 일체가 되고 세계적으로 세계 공동체가 되는 것이 세계화이다. 넷째, 한국화를 의미한다. 가장 한국적인 것이 가장 세계적인 것이다. 한국 고유의 것을 세계적인 것으로 만드는 것이 세계화이다. 다섯째, 인류화를 의미한다. 인간을 생각하고 인류를 복되고 행복하게 하여 인류공영에 이바지하는 것이 세계화이다.

세계화 구상을 〈그림 14-1〉과 같이 요약하고자 한다. 세계화는 국가발전전략이고 이 전략에 의하여 도달해야 할 국가목표는 통일된 세계중심국가이며, 세계화의 3요인, 6현상, 6발전 원리와 6영역이 제시되고 각 영역에서 5개의 의미가 포함된 세계화로 통일된 세계중심국가가 되어야 한다.

정부는 교육의 세계화를 최우선 순위로 내세우고 '창의적이고 진취적인 차세대 국민을 양성하기 위해서 근본적이고 획기적인 교육개혁이 필요하다'고 보고 교육개혁의 방향을 모색하고 있다. 대체적인 방향은 ① 개인의 인성과 창의가 중시되고, ② 자유·자율과 경쟁원리가 존중되고 교육 수요자 선택 폭이 확대되고, ③ 평생학습사회가 보장되어야 하는데 여기서 세계화의 일류화, 합리화, 일체화, 한국화, 인류화를 찾아야 한다.

(국가목표·비전) (국가발전전략)	(국가발전원리)	(세계화 영역)	(세계화의 의미)				
			1. 일류화	2. 합리화	3. 일체화	4. 한국화	5. 인류화
미래현상 시 ┌1. 정보화·지식화 ├2. 다양화 └3. 불확실·지구촌 문제	1. 지식·기술·정보 창출	교육					
	2. 법·제도의 공정·투명	법·경제 질서					
통일된 세계중심국가 → 세계화	3. 정치·사회 통합	정치·언론					
	4. 정부의 역할 변화	행정·지방					
대의:동경·성망의 나라 대내:풍요·편안한 나라	5. 자연과의 공생	환경					
원인	6. 의식과 관행의 합리	문화·의식					
1. 체제통합 2. 동시화·지구촌화 3. 상호의존성							
공 ┌4. 무국경화 ├5. 지구촌화 └6. 분권화·지방화							

〈그림 14-1〉 세계화 구상개념

2. 세계화 지향의 지방교육

이제 세계화의 개념이 어느 정도 선명해졌으면 세계화 지향의 지방교육을 찾아야 할 차례이다. 세계화가 초등학생에게 영어단어 몇 개 가르치고 외국풍물이나 알려주는 것이 아니라는 것을 분명히 해주었으면 좋겠다. 또 교육이 구호가 바뀐다고 그렇게 한순간에 바뀔 성질의 것이 아니라는 것을 염두에 두고, 지방교육은 우리나라의 중심교육, 세계의 중심교육, 무게중심도 잡아야겠다.

앞에서 살펴본 것처럼 세계화의 개념이 복잡하면 할수록 지방의 교육도 복잡해야 하고, 많은 것을 내세워야 뭐 세계화를 위하여 움직이는 것같이 보일 것이라는 유혹을 받기 쉽다. 그렇게 되면 그것을 실천해야 할 교육자들은 무엇을 어떻게 해야 할지 모르게 된다. 그래서 여기서는 필자 개인적 입장에서 ① 지방교육 세계화의 정책방향, ② 교육내용, ③ 기본전제를 각각 두 가지씩만 제시하고 결론을 맺고자 한다.

1) 지방교육 세계화의 정책방향

지방교육의 정책방향으로는 첫째, 점진적으로 다양화·개별화에 의한 정책으로 개성·인성존중 교육·창의성신장 교육으로 가야 할 것이다. 세계 모든 사람의 입맛이 달라져서 이제 더 이상 관료화·획일화에 의한 양의 교육, 능률성·효율성·효과성 교육만으로는 세계적 수준으로 뻗어 나갈 수 없다. 다양한 교육적 메뉴·교육 프로그램을 마련하여 학생·학부모·지방의 시민의 입맛에 맞추어 한 사람 한 사람의 소질·적성·특기·잠재능력을 최대한 살려주어야 세계화에 접근할 수 있다. 이제 학생은 더 이상 1(개인) / 60(학급), 몇 천분의 1(학교), 백만분의 1(광역시)이 아니라, 1(개인) / 1(개인)이며 100% 중 100%인 것이다. 학생 한 사람 한 사람은 지구상에 하나(1)뿐인 '나(I)'로서 귀중하게 다루어져야 세계적인 일인자가 되는 것이다.

이것이 개별화·차별화·특성화 교육이 되어 개성과 인성교육이 살아나고 우리의 소원인 창의성교육도 가능해진다. 지금 우리가 쏟고 있는 교육적 열정과 노력·시간·재정이라도 우선 이런 방향으로 쏟기 시작하면 앞이 보이기 시작할 것이다.

개인이나 집단·조직·기관이 가지고 있는 능력을 최대한 발휘하게 하여 이끌어내는 교육이 바로 수월성추구 운동이다. 이것도 다양화·개별화 정책으로부터 가능해진다.

이제 지방의 교육은 학생 한 사람 한 사람에게 온갖 정성을 쏟는 확고한 방향을 설정해야 한다. 지금까지 천덕꾸러기로 팽개치듯 거들떠보지도 않던 아이들에게도 정성을 쏟아야 한다. 교육은 한마디로 정성 산업이다. 이렇게 되려면 교육에 엄청난 투자를 해야 한다. 이에 대하여는 세계화의 기본 전제에서 언급하려고 하는데 어쨌든 세계화의 꿈나무는 투자를 먹어야 자란다.

둘째, 자율·자유·자유경쟁의 방향으로 가지 않을 수 없다. 세계적인 경향이 모든 면에서 분권화와 참여에 의한 자율화의 방향이다. 특히 교육은 전문성을 요구하기 때문에 전문직의 특성인 자율성이 존중되어야 한다. 심지어는 공산주의·사회주의 국가에서까지 자유경쟁의 시장원리를 채택하고 있으니 교육도 국가 독점·공급자 독점이 지속될 수 없으며, 또 그렇게 되어서는 발전할 수도 없고, 세계화에 선수명단도 제출할 수 없다. 그래서 자유경쟁의 원리를 도입하기 시작해야 할 것이다.

권한이 밑으로 내려가서 단위학교가 자율적으로 운영하고 대신 학교단위에서 책임지게 된다. 학교단위의 의사결정기구는 학교운영위원회가 되고 교장은 집행자가 되는 것이다. 시·도의 교육위원회와 교육감이 학교수준(학생·학부모가 있고, 교육 작용이 이루어지고 있는 현장)으로 내려오는 것이다. 세계화도 교육개혁도, 일상적인 교육활동도 이제 더 이상 리모트컨트롤(원격 조정) 가지고는 먹혀들지 않는다. 학교단위의 자율교육개혁을 시도하게 해야 성공할 수 있다. 교육개혁촉진자(Change agent, 또는 Facilitator, Trainer, Coach)를 교육청에서 연수시켜 단위학교에 배치하고 각 학교는 교육개혁자문단을 구성하여 학교단위 교육개혁운동을 하면 좋을 것이다.

단위학교운영제는 교장의 능력에 성패가 달려 있다. 유능한 교장을 양성하여 길러내지 못하면 연수라도 제대로 받게 해야 한다. 학교운영위원회를 어떻게 구성하여 어떻게 운영하느냐를 잘 구상해야 한다. 종점은 교사의 자율성과 전문성, 책임성에서 결판이 나므로 교사의 질을 어떻게 향상시키고 사기충천하게 만드느냐를 같이 생각해야 한다. 이에 대하여도 뒤에서 별도로 다루고자 한다. 자율학교 운영에서 문제는 학교에 대한 주인의식, 소유의식이 있어야 한다. 떠돌이 모양, 철새 모양의 교원순환근무제는 재고되어야 할 것이다. 철새교사로는 자율과 자유경쟁에 한계가 있다.

지금까지는 교육 소비자·수요자인 학생과 학부모만 입시지옥에다 가둬놓고 극심한 경쟁을 시켰는데, 이제는 공급자인 교육지방자치단체 교육청과 학교가 경쟁을 하고 소비자는 교육을 골라 선택하게 해야 더 발전하게 된다는 것이다. 공급자가 경쟁하게 되면 국민·시민의 머슴인 교육자는 더욱 바빠지고 골치 아프게 되며 생존을 위해서 몸부림쳐야 한다.

자율과 자유경쟁은 공립학교의 사립학교화와 사립학교의 공립학교화 방향이 된다. 학교단위로 자율운영을 하게 되니까 공립학교가 마치 사기업·사

립학교처럼 자유경쟁체제로 가야 하고, 대신 사립학교는 공립학교처럼 공공
재정지원을 받아야 하므로 공립학교화 하게 되는 것이다.

　원래 교육에서 경쟁의 원리가 그렇게 바람직하다고는 할 수 없으나 세계가
교육전쟁을 벌이고 있는 판이니, 또 자본주의 경쟁논리를 피할 길이 없으니
학교 간·교사 간 경쟁이 없을 수 없다. 이제 능력본위 시대, 능력에 따른 보
상과 차별화가 적용되어야 할 것이다. 잘 가르치는 사람이 최우선 대우를 받
아야 할 것이다. 지방의 교육에서 조심할 점은 경쟁에서 부작용과 역기능을
최소화하는 일이다. 우리나라의 역사와 전통·문화를 충분히 고려하여 자율과
경쟁도 점진적으로 적용하면 획기적인 발전을 가져올 수 있는 여지가 있다.

　자율학교 운영과 경쟁원리의 적용을 위해서는 필연적으로 교육과정은 물
론이고 인사권과 재정권까지 학교 단위로 내려와야 된다. 교장과 학교운영
위원회에 사람과 돈에 관한 자율이 없으면 자율운영은 한계에 부딪친다. 학
교장에게 어느 정도 인사권과 재정권까지 주어야 한다.

　자율과 자유경쟁에 필연적으로 따라 붙는 것이 책임과 책무인데 이를 따지기
위해서는 엄정한 평가체제가 있어야 한다. 이 평가에 의하여 능력본위로 잘하
는 교사와 교장은 인정과 보상선택을 받고, 그렇지 못한 사람은 생존을 잃게
된다. 여기서 조심할 점은 평가를 한다고 하다가 앞에서 말한 개성존중·창의
성존중 교육을 망치게 해서는 안 된다는 점이다. 학교평가 결과와 학교에 관한
정보를 공중에 샅샅이 공개하여 학교 선택에 참고하게 해야 한다는 것이다.

2) 세계화 지향의 교육 내용

　① 다양화·개별화에 의한 정책과, ② 자율·자유·자유경쟁의 정책에 의
하여 실제로 무슨 교육을 할 것인가?

　첫째, 개성존중·창의성교육인데 이에 대하여는 앞의 정책방향에서 이미
약간 언급하였으므로 여기서는 줄인다.

둘째, 모든 면에서 다양한 교육을 해야 할 것이다. 세상이 복잡다양해지고, 전문화되고, 또 변화무쌍해지기 때문에 가르치고 배워야 할 것은 많아진다. 제한된 시간과 교육의 능력 범위 내에서 이것을 다 가르친다고 하다가는 아무것도 제대로 못하게 되고, 또 세계화와는 거리가 멀어진다. 그러므로 우선 응용력의 기초가 되는 기초교육에 철저해야 한다.

앞에서 말한 개성교육, 창의성교육도 기초가 튼튼할 때 가능해지고, 사람다운 사람을 기르는 교육, 윤리·도덕·예의교육도 기초로부터 나온다. 과학을 비롯한 교과교육·학문적·학술적인 면에서도 기초가 튼튼해야 한다. 예능·체능도 튼튼한 기초로부터 출발해야 한다. 초·중등의 보통교육인 지방의 교육은 튼튼한 기초교육으로부터 세계화를 지향해야 한다.

튼튼한 기초 후에 그 다음에 다양한 선택에 의한 소질·적성·특기교육으로 세계적인 사람을 길러 내는 일을 해야 한다. 한국교육은 지금 기초가 약한 데서 벽에 부딪치고 있다. 기초교육을 잘하기 위해서는 가르치고 배우는 양과 범위를 지금보다 대폭 줄이고 대신 깊이를 더하고 철저를 기해야 한다. 깊이를 더하고 철저를 기하는 교육은 질의 교육, 수월성 교육과도 통하고 한편에서는 평등성 교육과도 연결된다. 기초는 모든 사람이 통과해야 하고 필수가 되어야 하며 교사는 학생 개개인의 기초를 책임져 주어야 하고(평등), 기초 이상의 선택은 자유(수월성)여야 한다.

셋째, 문화·예술교육을 강조해야 할 것이다. 세계 사람들이 동경하고 선망하는 나라는 인간다운 삶을 영위하고 문화·예술에 의한 질 높은 삶과 편안한 삶을 추구하는 나라이다. 선·후진국의 결판은 격조 높은 문화·예술의 삶에서 난다. 지방의 교육이 이러한 미래를 전망한다면 이런 교육내용을 다루어야 한다. 앞에서 말한 기초가 필수라면 문화·예술교육은 다양한 선택으로라도 기회를 제공해주어야 한다. 특기교육으로 문화·예술의 바탕을 살려주는 방안도 고려될 것이다. 특별활동과 각종 행사와 학생활동 속에서 자연스럽게 문화예술교육을 접근할 수도 있을 것이다.

기초교육도 어려서 할수록 좋지만 문화·예술적 감각도 어릴수록 효과가

있다. 극성스런, 저질 사교육에 의한 과외교육을 뛰어넘을 수 있게 될 정도
가 되어야 한다.

3) 지방교육 세계화의 기본 전제

성공은 우연한 사고가 아니다. 세계화를 구호로 내건다고 해서, 액자에
간판을 내건다고 해서 저절로 이루어지는 것이 아니다. 지금 우리만 세계화
하려는 것이 아니고 우리만 세계중심국가가 되려는 것이 아니다. 세계화를
위해서는 최소한 사람과 돈이 기본적으로 전제되어야 한다.

첫째, 우수한 교원이 사기충천하여 신바람 나게 참여해야 한다. 우수교원, 능
력 있는 교원을 각 지방의 교원으로 끌어들여야 한다. 그러려면 교원에게 정신
적·물질적으로 최고의 대우를 해줄 수 있어야 한다. 약간의 경쟁도 필요할 것이
다. 조건이 좋은 지방은 좋은 교원을 골라 쓸 수 있는 방안을 강구하기에 유리하
다. 지방자치가 제대로 되면 각 지방만의 교원우대책을 강구할 수도 있을 것이다.

처음부터 우수교원을 확보하지 못했더라도 사기와 의욕·동기유발·자부심과
긍지를 불러일으킬 수 있으면 최소한 차선책은 된다. 세계화·교육개혁은 전적
으로 각 지방 교원에 달려 있다. 교원에 의한 세계화이고, 교원에 의한 교육개
혁이라는 점을 전제로 깔아야 한다. 특히 교장과 장학직은 각 지방 교육의 지
도자로서 가장 중요하다. 학부모와 주민 공공의 이해와 지원 없이는 지방교육
의 세계화는 불가능하다. 우리나라에서 그래도 신바람 나는 참여와 지원의 성
공사례는 새마을운동과 88세계올림픽, 2002월드컵 축구이었다고 본다.

교원을 세계화의 무대로 끌어올려 신바람 나게 세계화 춤을 추게 하지 못
하고 구경꾼과 방관자, 손님으로, 객으로 공문이나 받아 보라고 하는 한 교
육개혁은 백계백패는 분명하다. 그동안 교원들도 새로운 구호에 너무 시달렸
다는 점을 심각하게 고려해야 한다. 교육개혁·교육세계화에 성공하려면 마
치 새마을운동할 때처럼 덩어리돈과 사람을 학교에 완전히 맡겨 주고 학교구

성원과 지역주민들이 자율적으로 사업을 하도록 해야 할 것이다. 지방교육세계화는 교사와 교육지도자, 각 지방 시민의 손에 전적으로 달려 있다. 교육감만 세계화에 열을 올려 춤추려고 하지 말고, 교사와 지역주민을 세계화 춤판으로 끌어들여 이들과 함께 손잡고 춤추려 해야 한다.

둘째, 교육세계화는 교육투자가 따라야만 가능하다. 다양한 교육, 개별화 교육, 선택에 의한 교육, 철저한 기초교육, 인성·창의성 교육, 문화·예술 교육 어느 것 하나 지금보다 더 돈 들어가지 않을 것이 없다. 세계적인 교육을 내걸면서 현재의 투자수준으로 얼버무리려고 한다면 그것은 허구이고, 하나의 환상이며 대통령이 주창하니까 마지못해서 『한밭교육』에나 쓰는 것이 된다.

중앙으로부터도 재정적 지원이 있어야겠지만 지방 시민의 호주머니를 별도로 털어야 한다. 주어진 것만 가지고는 세계화의 액자값도 안 될 것이다. 또 주어진 적은 돈이라도 우선순위를 정하여 유용하게 쓰려는 노력은 계속 연구되어야 한다. 교육세계화와 교육개혁의 주도권을 단위학교에 주어야 하므로 교육청에서 보조금을 주고 이에 비례하여 학교자금(매칭 펀드)을 마련하여 스스로 개혁하게 하는 방안도 생각할 수 있다.

교육의 세계화로 법·경제 질서, 정치·언론, 행정·지방, 환경, 문화·의식도 살리게 된다는 점을 생각하면 교육의 세계화에 투자하는 것을 아까워하거나 인색할 수 없다. 교육은 모든 것의 출발점이요, 종점이다. 정신을 키우는 교육이 죽으면 우리는 4류 인생을 살 수밖에 없다.

3. 교육세계화 · 교육정상화

이제 결론을 맺어야 할 차례이다. 교육세계화는 이상야릇한 교육을 하는 것이 아니다. 40~50분 수업을 세계 수준의 질로써 보여주는 것이다. 그렇다고 밤잠 안 자고 계속 많은 것을 가르치고 배울 수는 없는 것이다. 정상 교육과정으로 정상교육을 하여 세계화할 생각을 해야 한다. 세계화한다고 우리가 문민정부 3년만 교육하여 3년 만에 결판내고 말 수는 없다.

우선 지금의 비정상교육을 정상교육으로 바로 잡아 놓는 것이 세계화의 1차적 작업이요, 2차적인 세계화도 정상교육을 하여 세계 사람들과 세계시장에서 만나야 한다. 정상인(正常人)을 세계 정상(頂上)에 내보내야 한다. 정상 교육으로 학생 각자가 가지고 있는 타고난 능력을 최고도로 발휘하여 각자 자아실현하도록 도와주어 행복하게 살아갈 수 있게 하는 것이 지방교육 세계화의 최종 목표가 될 것이다.

세계화 지향의 지방교육을 요약하여 〈그림 14-2〉로 나타내 본다. 이 그림을 보면서 앞에서부터 다시 읽으면 더 확연해질 것이다.

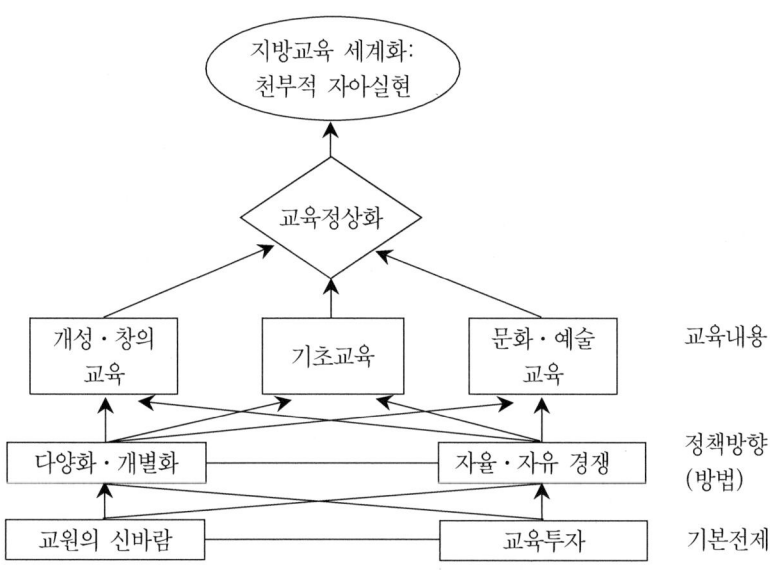

〈그림 14-2〉 세계화 지향의 지방교육

제4부
교직과 교사

제15장

초등교사의 전문성: 받은 교육·해온 교육· 해야 할 교육*15)

1. 서 론

필자가 우리나라 대한민국의 교육을 받기 시작한 것은 1948년 정부수립 하던 해 9월에 입학했던 것으로 생각된다. 그래서 초등학교 6년, 중학교 3 년, 고등학교 3년, 교육대학 2년의 기본교육 14년을 받고 개인사정으로 중간에 중학교 졸업 후 1년, 고등학교 졸업 후 1년, 그래서 2년을 쉬게 되었다. 어쨌든 기본적으로 가르침을 '받은 교육' 14년이 내가 받은 기본교 육 기간이다. 그 후 가르치는 일을 하면서 야간으로 대학 2년, 대학원 석 사 2년 해서 4년을 더 배웠으므로 4년은 가르침과 배움(받은 교육)이 중

* **초등교육발전연구** 제8집 Vol.8. 1995, 초등교육발전연구회.
  이 논문은 1994년 9월, 초등교육발전연구회 제8차 세미나에서 발표된 것임.

복되는 기간이다. 그 후 박사과정은 휴직상태에서 완전히 받은 교육기간 3
년이 기본교육에 또 추가된다. 그래서 총 받은 교육기간은 21년이 된다.
대학원 기간 5년을 연구기간으로도 계산할 수도 있으나 어쨌든 교육기간에
해당된다.

교육을 해온 기간은 이 글을 쓸 당시 1994년까지 약 33년인데 그중에
서 3년 박사과정 휴직기간을 빼면 29년으로 계산된다. 다시 군입대 휴직기
간을 빼면 순수하게 가르치는 일을 한 기간은 27년쯤으로 생각할 수 있다.

그러나 여기서는 초등교사의 전문성의 측면에서 '받은 교육'과 '해온 교육'
을 살펴보려고 하기 때문에 받은 (기본) 교육 14년(교사가 되기 위해서
받은 교육)과 해온 교육(초등교사로) 약 15년(군 복무로 휴직기간 2년 6
개월을 빼면 12년 반)을 대상으로 '해온 교육'을 반성해 보고자 한다.

앞으로 '해야 할 교육'은 후배교사에게 권고하고 싶은 내용으로 보아야
할 것이다. '받은 교육'을 통해서 은사님, 선배님들의 교사생활을 미루어 생
각해보고, 내가 '해온 교육'을 반성하여 앞으로 초등교사의 전문성 신장의
방향을 모색해 보고자 하는 것이다. 더 큰 의미로 확대하면 "한국의 초등교
사: 어제·오늘·내일" 쯤으로 제목을 잡아도 좋을 것이다. 그러나 거창한
제목을 피하기 위해서 나 개인에 초점을 맞춘 것이다. 이러한 시도는 지극
히 주관적이고 편견에 치우칠 위험이 있으나 자신의 경험에 바탕을 두고
있으므로 일면 실제적일 수도 있다.

2. 받은 교육

36년간의 일제 식민지에서 해방이 되고 미군정 3년을 거쳐 정부수립하
던 해 가을에 초등학교에 입학하였으니 당시 교육의 기틀이 잡혀 있지 못

하였을 것으로 보인다. 그리고 지금처럼 모든 사람이 완전 취학하지 못하여 주변에 학교에 안 다니는 사람도 있었고 나이를 많이 먹은 학생도 있었다. 나는 호적이 늦어 학교에 늦게 들어간 것 이외는 제 나이에 입학한 셈이다. 6·25전쟁으로 초등학교 3학년 때 공산교육으로 노래만 계속 불렀던 기억이 있다. 어린 눈에도 마을청년이 갑자기 선생이 되어 나타난 것이 이상하게 보였다. 그리고 교과서가 없어 (지금처럼 복사 시설이 없어서)등사해 가지고 배웠고 미국 원조의 우유 가루와 강냉이 죽을 얻어먹은 것 같다.

시대상황으로 보아 정식 사범교육을 받고 교사가 된 교사도 많지 않았을 것으로 추정된다. 그래서 풍금을 치면서 음악(노래)을 가르칠 수 있는 선생님도 한 학교에 몇 명 안 되었던 것 같다. 특히 시골학교의 경우는 더욱 그랬을 것이다.

희미한 기억으로는 교육에서 낭만 같은 느슨함이 있었던 것 같다. 싫증나면 공차기도 하고, 시냇가로 목욕을 가기도 하고, 청소하느라고 많은 시간을 보냈던 것도 같다. 시간표대로 운영이 되었는지는 잘 모르겠지만 아주 엄격한 시간운영은 아니었던 것 같다. 시작종, 끝종이 있기는 했지만 선생님이 들어오는 시간이 공부하는 시간이었을 것이다. 교육과정 운영의 비엄격성은 동시에 교사의 재량권이 많았고, 그만큼 어떤 면에서는 인간적인 교육을 할 수 있었을 것으로 보인다. 기계적이고 획일적인 교육에서는 좀 벗어날 수 있었을 것이다.

그래서인지는 모르지만 수업시간 이외의 활동, 다시 말하면 과외활동, 특별활동에서 많은 것을 배웠던 것으로 기억된다. 과외활동이라야 학예회, 운동회, 자치회, 미약하지만 지금의 클럽활동 같은 것이 있던 것 같다.

수업시간에서 생각나는 것이 있다면 모두가 책을 붙잡고 큰 목소리로 일제독을 했던 기억과 외우기를 많이 했던 것 같다. 서당에서 읽고, 외우고, 쓰고 했던 수업방법의 영향이 컸을 것으로 본다. 당시에는 아직 동네에 서당이 한두 개 남아 있었다. 그 당시에 외운 것들이 아직도 많이 남아 있다. 외운 것도 유용하게 잘 쓰인다. 외울 것은 외우게 해야 한다.

초등학교 시절에 있었던 가장 나쁜 기억은 '편애'이다. 2학년 때 한 선생님이 그 학교 동료선생님 동생 두 아이를 특별히 사랑해 주는 것이 어린아이들 눈에, 가슴에 가시를 박아 놓은 격이 되었다. 이 나쁜 기억이 나의 평생에서 지워지지 않는 것을 보면 편애가 어느 정도 나쁜 것인가를 알 수 있다. 사랑해 주더라도 드러나지 않게 속으로 '속사랑'을 해주어야 할 것 같다.

가장 인상에 남는 좋은 선생님, 존경하는 선생님은 역시 사범학교를 나오신 초등학교 3학년 때 선생님이신데, 그분은 어린이들의 자치성, 동기유발을 잘 하셨던 것 같다. 어린이 자치회를 통하여 자치적으로 하게 하여 우리 반이 공부(매월 전교적으로 실시하는 일제고사에서)도 1등, 청소도 1등, 환경미화도 1등, 퇴비(거름) 풀베기도 1등, 폐품수집도 1등이었다. 그래서 그분이 농담으로 우리 반은 떠드는 것까지도 1등이라고 말씀하였던 기억이 생생하다.

받은 초등학교 교육에서 전체적으로 생각해보면 그 당시 선생님들에게도 사범교육을 안 받은 사람도 있고 하여 교육이론과 '교수기술'은 부족했을지 몰라도 최소한 '열성'이 있었다. '헌신'이 있었고, 교사의 '정신' 같은 것이 있었다. 그래서 '존경'이 따라올 수 있었다. 이것은 아마도 유교문화의 바탕에서 나왔을 것이다.

선생님들의 보수는 어느 정도 받고 어느 정도 생활했었는지는 잘 모르겠지만 살림이 넉넉지는 못했을 것이다. 그래도 농촌에서는 선생님에게 고정된 수입이 있었으므로 괜찮은 편이었을 것이다. 초기에는 학생들이 사친회비로 농촌에서 쌀을 거두어 학교에 가지고 갔던 기억이 있다. 편애를 했던 선생님과 자치회를 잘 활용했던 선생님은 추후 나의 교사생활에 크게 영향을 주었다고 생각한다.

초등학교를 마치고 10km 이상이 되는 산골길을 걸어 중학교를 마치고, 1년을 집에서 농사짓다가 중학교와 같은 면소재지에 있는 농업고등학교 농학과를 졸업하고, 다시 1년을 농사짓다가 서울교육대학 1회로 들어왔다. 사범고등학교에서 초급교육대학으로 개편되는 초기라서 교수와 교육과정, 시설들 모두가 정비가 안 된 상태여서 잘은 모르지만 사범고등학교와 비슷한 교육을 받았던 것 같다.

그런데 교육대학에 대한 자부심과 사명감만큼은 대단히 높았던 것 같다. 특히 사범학교와는 무엇인가 달라야 하고 나아야 한다는 것이 강조되었다. 특히 교대 1, 2회는 맏아들로서 현장에 좋은 인상을 심어주지 않으면 안 되고, 뭔가 실력을 보여주지 않으면 새로 개편된 교대의 존립 자체가 흔들린다는 사명감에서 교육대학, 사범교육을 받았던 것 같다.

그중에 하나 생각나는 것이 메가폰을 거꾸로 통과하는 '메가폰 통과법칙' 이다. 들어올 때는 넓은 데로 많은 사람들이 들어와 통과하는 과정에서 들볶여, 나갈 때는 다듬어서 좁은 곳으로 적은 숫자만 나가게 한다는 서울교육대학의 소수정예 교육방침이다. 그래서 첫 학기에 재시험(E)과 낙제점수(F)가 반수 이상이었다. 그래서 서울교대 출신 1, 2회생으로 좋은 학점기록을 가지고 있는 사람은 극히 드물게 되었다. 서울시교육청에서 임용할 때 성적순으로 하여 지방교대 출신보다 불리한 입장이 되기도 했다. 그 후로 후배들에게는 학교의 방침을 좀 누그러뜨렸던 것으로 생각된다.

교대생의 고민은 예능교육에 있었다. 특히 '풍금(오르간)'을 통과하느라고 많은 고생을 했고, 대부분의 시간을 예능교과에 투자했다. 인상 깊었던 것의 하나는 남학생도 실과의 가사지도를 위해서 똑같이 가사실습을 했던 것이다.

개인적으로는 '아동연구회'를 조직하여 옛 '색동회'를 이어받으려고 했으나 2년의 짧은 기간이어서 목적을 달성하지는 못했고 비교적 학교의 지원을 받는 가장 활발한 서클로 후배들에게 이어졌다. 또 학생도서위원회를 조직하여 도서관 운영에 참여하면서 거기서 많은 것을 배우고, 특히 신간 외국 저널을 접할 수 있어서 좋았다. 이런 것들이 쌓여 나의 시각이 해외로 넓혀져 유학의 길로 연결되었는지 모른다.

2년간의 사범교육으로 만능선수, 팔방미인을 길러낸다는 것은 애초부터 무리이므로 기본적 실력을 갖춘 사람, 기본적 태도를 갖춘 사람을 교사후보자로 선발하여 스스로 노력하도록 동기유발하는 일이 사범교육에서 중요하다고 본다.

3. 해온 교육

사명감을 갖고 1964년 3월 처음으로 '교육'을 시작하게 되었다. '받은 교육'을 '하는 교육'으로 바꾸는 전환점이 되었다.

우선 아이들이 귀엽고 예뻤다. 아이들만 보면 나도 모르게 빨려 들고 저녁때면 지쳐도 아이들이 좋았다. 아이들만 있으면 모든 걸 잊어버린다. 편지를 써서 주머니에 넣고 다니며 1주일 이상 부치는 것을 잊어버리기도 했다. 아이들과 아이들을 가르치는 일에 대해서는 하나도 불만이 없었다. 아이들과 헤어질 때는 울기도 여러 번 울었다. 아이들을 두고 군대에 나갈 때, 서울시교육연구원으로 자리를 옮길 때는 눈물을 흘렸다. 몸을 대학으로 옮기고 나서도 어린 아이들이 그리울 때가 많고, 문뜩문뜩 내가 초등학교 교사라는 착각을 일으킬 때가 많았다. 이렇게 보면 나는 교수로서는 성공적일지 모르지만 교사로서의 삶은 실패한 것이다. 논산훈련소의 행군대열에서도 길거리에 재잘거리며 지나가는 아이들을 보면 대열에서 벗어나 아이들의 머리를 한번 쓰다듬어 주고 싶은 충동을 일으킬 때가 한두 번이 아니었다. 대부분의 교사가 아이들과 가르치는 일 자체에는 불만이 별로 없을 것이다. 잡무나 쓸데없는 지시사항 등에 식상할 뿐이다. 그래서 내가 석사학위논문에서 허즈버그이론을 다루게 되었는지 모른다.

나는 비교적 정해진 시간표를 지키려고 노력했다. 그래서 웬만해서는 "선생님, 체육해요?", "선생님, 음악해요?" 묻는 경우가 별로 없었다. 시간표에 의해서 자동적으로 아이들이 움직이게 된다. 시간표는 모든 사람들과의 약속이기 때문이다. 특별한 이유도 없이 선생님이 아이들과의 약속을 '행동'으로 안 지켜 놓고는 아이들 보고 약속을 지키라고 '말'로 가르치는 것은 아무런 교육적 효과가 없다. 이런 생각에서 "우리의 교육, 몸으로 가르치자"는 책을 산 게 되었는지 모른다.

받은 교육에서의 상처의 교훈으로 평생을 통해서 겉으로 드러나게 편애하지 않으려고 노력했으나 인간이기에 100% 공정했다고 맹세하지는 못한다. 더 예뻐

보이는 아이가 있으니 이를 어쩌랴! 많은 선생님으로부터 귀여움을 받아온 아이가 있었다. 친구 아이들로부터 시기를 받게 되었다. 나 자신도 예뻐하면서도 겉으로는 다른 아이들보다 더 엄격했다. 그 애는 지금까지도 내가 자신을 미워했던 것으로 오해하고 있다는 것을 간접적으로 듣고 있다. 나마저 겉으로 보이게 사랑해 주었더라면 그 아이는 아마 친구들로부터 따돌림을 당했을지도 모른다.

초등학교 때의 존경하는 선생님의 영향으로 어린이회, 자치회를 활성화하여 자치적으로 행동하도록 노력하였다. 그래서 우리 반 아이들은 단결을 잘했고, 다른 반과 다르다는 최고의식도 가졌다. 아이들도 단결하니까 안 되는 일이 거의 없었고, 아이디어도 백출하는 것을 경험했다. 자치회는 동기유발과 연결되어 신나게 목표를 성취할 수 있었다. 아이들이 반을 자랑하고 담임을 자랑하니 학부모도 지원해 주고, 교사의 웬만한 실수도 용서받을 수 있었다.

아이들의 성적은 나온 대로 내주려고 노력했고 비교적 후하게 주려고 하지 않았나 생각된다. 이 철칙은 지금까지도 지키려고 노력하고 있다. 때로는 친구 아들의 성적도 내야 하고, 연수원에서 친척 동생, 대학원에서 동기생의 성적을 매겨야 하는 경우도 여러 번 있었으나 이 성적철칙을 지키려고 노력했다. 봐주려면 다른 사람까지 고스란히 성적을 올려 줘야지 최소한 순서가 뒤바뀌어서는 안 된다. 이것은 편애 않으려는 원칙과 마찬가지다.

하루에 한두 가지씩 재미있는 이야기를 준비해서 들려주어 느끼고 생각하는 시간을 주려고 노력했다. 그래서 항상 이야깃거리를 준비하기 위해서 메모를 해야 한다. 이것이 인성교육, 인간적인 교육의 수단이라고 생각했던 것 같다. 내가 들려준 이야기대로 제자들이 살아가고 있는지 궁금하다. 제자 중에 교사가 된 사람 중에는 나를 본받아서 이야기 들려주기를 실천하고 있다는 소식을 가끔 들었었다.

몇 가지 교사로서 해온 일을 회상해 봤는데 지나고 보니 후회스러운 일이 많다. 나의 한 마디 말로 상처를 입은 아이들도 있을 것이고, 사랑을 제대로 나누어주지 못했던 것 같다. 지금 이름이 떠오르지 않는 사람이 모두 나의 사랑을 제대로 받지 못한 학생들일 것이다.

교사는 배운 대로 가르치게 된다. 그래서 교대·사대 등 교사양성기관의 교육방법이 가장 중요하다고 본다. 나는 이렇게 가르치지만 너희들은 나가서(교사가 되어) 저렇게 가르치라고 가르쳐 봐야 아무 의미가 없다. 가장 확실한 교육방법은 말로 가르치는 것, 글로 가르치는 것이 아니라 행동으로, 몸으로 가르치는 것이다(그래서 나의 교육수필집 제목을 『우리의 교육, 몸으로 가르치자』라고 하였다).

은사님들에게서 받은 사랑을 제자들에게 모두 반환해 주지 못하고 있다. 사랑의 빚을 지고 있는 셈이다. 이제 내 나이 50대 중반(이 개정판은 정년을 앞두고), 베풀어야 할 나이에 아직 베풀지 못하고 있다. 아마 영원한 빚으로 남고 말 것 같다.

은사님들 세대보다는 학력도 높아지고, 보수도 좋아지고, 국가의 틀도 잡히고, 특히 60년대, 70년대 우리나라 도약기에 서울시내 초등교사를 역임했으나 교사의 지위와 존경은 상대적으로 가라앉기 시작한 시기인 것 같다. 은사님들 세대는 다른 직업들이 많지 못하고 또 다른 직업들이 상대적으로 인기가 없는 속에서 교직에 매력이 있었으나 6~70년대 공업화, 산업화와 함께 교사의 지위와 자부심은 상대적으로 곤두박질하기 시작하였다. 이제 교사는 정신적 존경도 잃고 물질적 부도 잃고 있다. 후자보다는 전자가 더 큰 문제이다. 학력과 이에 따른 교육이론과 기술, 시설이 보충·발전해도 전자를 잃으면 모든 것이 허사이다.

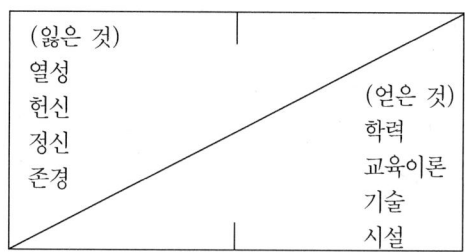

〈그림 15-1〉 시대 발전과 함께 교직에서
잃은 것과 얻은 것

교사존중의 민족운동을 벌여야 할 판이다. 교사(교사의 사기)를 잃어버려 놓고는 아무리 제도를 바꾸고, 교육개혁을 하고, 시설과 교재를 현대화해도 모두가 허사가 된다. 이것을 활용할 교사(정신)를 잃어 버렸기 때문이다. 국민들, 국가는 교사가 예뻐서가 아니더라도 자기들의 자녀를 가르치기 위해서라도 교사를 정신적으로라도 존경해 주어야(존경해 주는 체라도 해 주어야) 한다. 교사를 위해서가 아니라 민족과 국가를 위해서이다.

4. 해야 할 교육

지금은 모든 면에서 급격한 변화를 하고 있는 전환기이다. 국제화, 개방화에 의하여 교육에서도 변화가 요구되고 있다. 21세기에서 새로운 세기에 대비하지 못하면 우리는 퇴보의 낭떠러지로 떨어지고 말지도 모른다. 우리는 이미 88년 올림픽의 도약대·스프링보드로부터 도약과 비상은 고사하고 오히려 가라앉기 시작한 경험을 갖고 있다.

지금 현재의 여건·상태에서라도 교육의 방향과 방법을 바꾸면 교육의 효과를 더 높일 수 있다는 것이 나의 조그만 신념이다. 교육지도자·행정가가 방향을 잘 잡아 주고 교육자·교사가 지금 현재 하고 있는 똑같은 노력이라도 방법을 바꾸면 교육의 질은 더 올라갈 수 있다고 본다. 우리는 아직 열심히 하고 있는 것이다. 교사도, 학생도, 학부모도 열심히 교육에 참여하고 있는 것은 사실이다. 다만 입시 같은 쓸데없는 데 열심히 하여 귀중한 정력과 시간을 낭비하고 있는 데 문제가 있다. 교사가, 교육이 변하지 않으면 안 된다. "일본의 힘, 교육에서 나온다"고 하는데 국가의 생존, 경제와 기업의 존망은 모두 교육에 달려 있다 해도 과언이 아니다.

첫째, 사람으로서 살아가는 데 가장 필요한 공통기초를 최소한으로 줄여 철저한 교육을 하고, 대신 개성과 소질을 살릴 수 있도록 선택의 기회를 최대한 넓혀 주어야 한다. 현재는 기초에도 철저하지 못하고 개별화를 위한 선택도 고려하지 못하여 평균인간을 길러 내고 있는 셈이다. 못하는 사람을 끌어올리는 데는 신경을 쓰고 있는지 모르나 잘할 수 있는 학생들의 싹을 잘라 놓고, 잘할 수 있는 사람을 더 잘하게 하는 데는 실패하고 있다. 새로운 세기는 평균인간을 원하지 않고, 국민들도 평균으로 남아 있고자 하지 않는다.

둘째, 창의성 개발을 위한 창의적 교육을 하기 위해서는 창의적인 교사가 요구된다. 지금 우리 교사·학생·학부모가 열심히 하고 있는 만큼만 창의성 신장을 위한 교육에 바친다면 어느 정도 선진국 진입에 승산이 있다. 창의성 교육을 위해서는 창의적인 교사가 길러져야 한다. 이를 위해서는 교대, 사대의 교육이 창의적인 교육으로 변해야 한다. 창의성 교육은 개성존중의 개별화 교육과도 연결된다. 또 양의 교육이 아닌 질의 교육으로 전환되는 일과 맞물려야 한다.

셋째, 교과서에 나타나 있는 것만 가르치는 교사로부터 교육과정운영자로 변신하지 않으면 안 된다. 교육과정에 맞추어 수업전략과 수업모형이 달라져야 한다. 이것이 우리가 해온 교육(교사)과 앞으로 해야 할 교육(교사)이 달라져야 하는 중요한 차이일지도 모른다. 교사의 수준이 연구자의 수준으로 격상되어야 한다. '초등교육발전연구회'에 참여하는 사람들은 이미 새로운 시작을 한 것이다. 과거에 교육과정에 관하여 중앙에서 다루어지던 많은 일들이 밑으로 내려와 교사의 손에 의하여 결정되어야 할 시점에 와 있다.

넷째, 교대·사대 교사양성교육이 달라져야 교사가 달라질 수 있다. 이미 이에 대하여 약간 언급되었으나 이를 심각하게 받아들여야 한다. 먼저 교대, 사대 교수가 교사양성교육에 애착을 가져야 한다. 자신의 전공이 교사양성이란 것을 잊지 말아야 한다. 또 현장과 밀착해야 한다. 교사경력을 갖고 교수가 되어야 할 뿐만 아니라 교대·사대 교수가 주기적으로 현장교사로 근무하면서 실제로 초·중등학생을 가르쳐 봐야 한다. 학생들은 "배운 방식대로 가르치게" 되므로 교대와 사대의 수업방법이 바뀌어야 현장에서의 수업방법이 바뀔 수 있다. 강의식 수업을 하게 된다.

다섯째, 마지막으로 교사의 전문직화(Professionalization)를 강조하지 않을 수 없다. 우리의 교육이 한 단계 비약을 하려면 교육을 직접 담당하고 있는 교직이 더 높은 수준으로 전문직화되지 않으면 안 된다. 교사의 완전전문직지향이 필자의 주장의 결론이 될 것인데 이를 중심으로 좀더 자세히 부연해 보기로 한다.

5. 초등교사의 전문직화

세분화·특성화에 의한 전문화와 이를 포함한 직업으로서의 전문직화는 약간 구분되어야 한다. 전문직화란 초등교사직이 하나의 전문직으로 성숙해야 한다는 것이고 그래야만 교사도 살 수 있고 국가도 살 수 있다고 보는 것이다.

전문직의 특성이나 기준에 대해서는 지금까지 수많은 학자들이 제시하였으므로 여기서 다시 상세히 논의하고 싶지는 않다. 첫째가 고도로 전문화된 지식, 비장의 지식, 둘째 장기간의 대학 훈련 프로그램, 셋째 전문직화 판단을 하는 데 상당한 정도의 자율성, 넷째 개인적·사적 이익보다는 봉사와 헌신을 강조하는 이념, 다섯째 동료실천가의 전국조직(단체)의 회원정신[1]을 전문직의 특징과 기준으로 들 수 있다. 이러한 기준에 비추어 볼 때 초등교사는 의사나 변호사와 같은 완전전문직의 수준에 이르지 못하고 아직

---

1) Ann Parker Parelins & Robert J. Parelins, *The sociology of Education* (Englewood Cliffs. New Jersey: Prentice-Hall Inc., 1978). P.185.

반전문직 정도로 보고 있다. 전문직에 대한 견해도 합의론자(consensus theorists)는 ① 비장의 지식의 중요성, ② 전문직에의 사회화, ③ 봉사 지향성을 강조하는 반면, 갈등론자(conflict theorists)는 ① 여러 직업 집단 사이의 권력관계성, ② 전문화된 숙달과 이타적 동기에 대한 폭로적인 전문직적 요구, ③ 정당화된 신비의 수준으로 끌어올리고 직업으로 들어오는 사람을 통제하고 이미 직업에 들어온 사람들의 자기 이익 보호를 위하여 전문직 단체의 권력을 강조하는 경향이 있다.

어떤 측면으로 보아도 교직은 아직 완전 전문직으로 인정받지 못하고 있으므로 이를 위해 부단히 노력하여 쟁취해야 할 입장이다. 전문직은 저절로 굴러 들어오는 것이 아니다.

교사들이 존경도 잃고, 물질적 보상도 잃은 현시점에서 전문직 인정을 위한 노력으로 잃어버린 두 가지를 동시에 찾아야 하는 이것이 만만치 않은 도전이다.

첫째, 학력은 계속 높아져야 한다. 초등교육발전연구회원처럼 석사·박사로 계속 연구해야 한다. 그것이 비장의 지식이 되고, 장기간의 훈련도 되고, 또 전문직 단체의 회원정신도 여기서 나온다고 본다. 초등교사가 박사를 했다고 해서 그것이 낭비라고 보지는 않는다. 학력이 높아져야 우선 깔보이지 않는다. 초등교사 다수가 고학력을 가질 때, 강력한 힘이 생길 것이다. 초등교사를 하찮은 직업으로 생각하여 고학력자가 갈등을 일으켜서는 안 된다.

둘째, 특수화, 세분화에도 노력해야 한다. 교과전담제도 확대해 나가고, 행정전문가, 장학전문가, 수업전문가, 교육과정 전문가로 특수화, 전문화해 나갈 필요가 있다. 각 분야에서 세계적 존재로 인정받기 위해 부단히 노력해야 한다.

셋째, 고독한 직업에서 협동적 직업으로 옮겨가야 한다. 혼자서 계획하고 실천하며 평가하는 외로운 노력으로는 교직이 전문직으로 부상하기 어렵다. 가르치는 과정에서도 협동적 노력을 해야 하지만, 강력한 전문직 단체로서도 목소리를 내야 한다. 갈등론자의 주장처럼 전문직의 역사는 곧 인정받기 위한 투쟁의 역사이다. 개인의 이익이 아니라 교직 전체의 이익을 위해서 똘똘 뭉쳐 목소리를 내야 한다. 의사회, 약사회, 변호사회를 생각하면 된다.

넷째, 고도의 도덕성과 윤리성을 유지해야 한다. 단체활동을 하더라도 곧 장 노동자와는 다르게 해야 한다. 똑같이 행동하다 보니 전교조 교사들이 똑같이 닭장차에 끌려 다니고 전경들의 곤봉에 나뒹구는 선생님들의 모습이 전국 TV화면에 내비치게 된 것이다. 이렇게 되면 다른 동료 선생님들이 어떻게 아이들을 가르치고, 어떻게 국민의 정신적 존경을 받겠는가? 가장 강력한 지도력은 고도의 도덕성과 윤리성에서 나온다.

다섯째, 국가와 국민은 교사에게 최고의 대우를 해주지 않으면 모든 것을 잃고 나중에는 더 많은 후회를 하게 된다. 최고의 대우를 해주어야 우수한 사람들이 교직으로 몰려들고 자부심과 긍지를 갖고 당당하게 전문인으로서 직업에 임하게 된다. 이것은 교사만을 위해서가 아니라 국민과 국가를 위해서이다. 전문직화도 최고의 대우를 받을 때 가능해진다.

우리의 전 세대는 유교정신에 바탕을 둔 정신적 대우를 받고 나름대로 열성을 갖고 버티었을 것이다. 그 당시 교사는 특별한 존재였다. 전쟁통에도 교사는 전쟁터에 나가지 않거나 단기복무를 시켰다. 전쟁 중에도 교육을 계속해야 했기 때문이다.

우리 세대는 사범교육이 체계화되고 학력도 높아지고 보수도 높아졌으나 산업사회의 도래와 함께 교사의 지위는 상대적으로 하락하기 시작했고 국가에서도 교사를 특별한 존재로 생각해주지 않는 정책을 썼다. 직업의 종류가 많이 생겨나면서 우수한 인력은 다 인기직종으로 빠지고 나머지 층에서 마지못해 교직으로 들어와 교직은 위기에 봉착해 있다. 교육을 통해서 무엇을 한다는 것이 어렵게 되었다. 산업화, 경제적 발전, 물질적 가치의 숭배로 정신세계에서 사는 교직은 점점 매력을 잃고 있다. 정신을 잃으면 다시 물질도 잃게 된다는 것을 알아야 한다.

교사가 대우를 받고, 또 국가도 무한경쟁에서 살아남으려면 어쩔 수 없이 교육을 재건하지 않으면 안 된다. 교사들 자신은 교직의 전문직화를 위해서 피나는 노력과 단결을 해야 하고 동시에 국가도 교사에게 최고의 대우를 해주어야 전문직으로 상승할 수 있어 교육도 살리고 국가도 살릴 수 있다.

우리는 열심히 일을 할 때 행복할 수 있다. 무언가 열심히 추구할 때 살아가는 재미도 있고 삶의 의미도 찾을 수 있다. 선생님에게 돈만 많이 주면 잘 가르치고 또 행복감을 가질 것인가? 돈 바라고 열심히 하는 것과 일 자체가 좋아서 열심히 하는 것과는 근본적으로 차이가 있다. 여건이 어려운 속에서도 무엇인가 추구하고 나를 찾으려고 할 때 살맛이 있는 것이다. 인생결산을 해야 할 때 하늘을 우러러 부끄럼 없이 열심히 연구적으로 아이들을 가르치며 살아왔다는 결론이 나온다면 그것으로 만족할 수밖에 없다. 남이 알아주느냐 국가가 인정해 주느냐는 부차적인 문제이다. 나에 대한 나 자신의 인정, 나 자신의 자기결산이 더 중요하다. 천하를 얻고도 나 자신을 찾지 못하면 허사이다. 어렵지만 같이 열심히 교사의 길을 걸어갑시다.

제16장
인간교육과 학교의 역할*

1. 서 론

학교와 학교교육은 19세기를 기반으로 하여 설계되고, 이 설계에 의하여 실천되고 있다. 그러나 어린이와 가정, 사회가 급변하는 속에서 21세기의 주인공을 길러 내는 학교교육은 어려움도 많고 또 이 어려움을 극복해야 할 뿐만 아니라 스스로 변하지 않으면 안 된다. 학교의 기능과 역할이 변하지 않으면 안 된다. 어린이의 변화, 가정의 변화, 사회의 변화, 학교교육의 변화에 대하여 생각해보기로 한다.

---

* 서울시교원연수원, 부장교사 직무연수, 1995.

2. 현대사회의 어린이

우리의 고객인 어린이를 모르고는 교육을 제대로 할 수 없다. 그런데
어른들은 모두 자신의 입장에서 어린이를 가르치려고 하는 데 문제가 있
다. 어린이를 이해하려고 한 사람들도 어른들의 입장에서 지나치게 낭만적
이었거나 지나치게 수단 시하였던 점도 있다. 현대의 어린이들은 한마디로
말하여 바쁘고 고달프다.

1) 감각적 자극에의 노출

현대의 어린이들은 옛날의 어린이에 비하여 눈이 시달리고 있다. 천연색
과 빛에 어려서부터 노출되고 있다. TV, 비디오, 전자오락기의 색과 빛에
자극을 받는다. 그것도 빠른 속도로 움직이는 빛과 색이다. 학교에서 웬만
한 색과 빛으로는 어린이의 흥미와 관심을 끌지 못하게 될 것이다.

소리도 대부분 크거나 자극적이다. TV와 라디오의 볼륨은 점점 커지고 있
다. 괴성을 오히려 즐기고 있다. 음악이 나오면 어린애도 저절로 몸을 흔든
다. 이렇게 된 아이들의 귀를 학교에서 어떻게 기울이게 할 것인가 걱정이 된
다. 아이들이 선생님의 목소리는 지루하게 되고 코미디언의 목소리에는 재미
를 붙이게 될 것이다.

어린이들의 혀와 코도 자극에 둔감해지고 때로는 버리게 된다. 단 것,
매운 것, 짠 것에도 쉽게 조기에 노출되어 웬만한 것에는 자극을 못 느끼
게 된다. 촉각도 마찬가지이다.

어린이의 감각기관은 조기에 혹사당하고 때로는 공해에 시달리고 있다.
학교교육에서는 자극의 강도를 높일 수도 없고, 그렇다고 낮추어서는 자극
의 효과를 보기 어려울 것이다. 학교교육의 고민이 여기에 있다.

2) 인지발달의 변화

감각기관의 조기의 강도 높은 노출로 인지발달에도 많은 변화가 있을 것이다. ① 감각운동기, ② 전조작기, ③ 구체적 조작기, ④ 형식적 조작기의 순서에는 변화가 없다고 하더라도 최소한 그 기간은 단축될 것으로 본다.

지능의 개념도 바뀌고 있다. Howard Gardner는 ① 언어, ② 음악, ③ 논리-수학, ④ 공간, ⑤ 신체-접촉, ⑥ 대인 관계, ⑦ 대내적 자아의 7개 다지능으로 제시하고 있다.

학교에서 무엇을 강조할 것인가, 어느 한쪽에서 능력을 발휘해도 될 것인가를 생각해야 할 것이다. 다양한 넓은 능력 범위를 인정해야 할 것이다. 시각에 강할 수도 있고 청각에 강할 수도 있으며, 신체적 접촉에 강할 수도 있고, 협동적 환경에서 능력을 발휘할 수도 있다. 다양한 학습형태를 고려해야 할 것이다.

3) 사회성 발달의 기회

아이들은 일찍부터 엄마 이외의 많은 사람과 접촉하게 되고 또래와도 접하게 된다. 어린이방, 놀이방 등에서 또래를 만날 수 있는 기회도 일찍 다가오게 된다. 따라서 심리사회적, 정서적 발달을 조기에 잘 하도록 해야 할 것이다. 잘못된 것을 학교에서 바로 잡으려면 상당히 어려울 것이다. ① 신뢰감, ② 자율성, ③ 솔선·주도성, ④ 근면성, ⑤ 정체감, ⑥ 친밀성, ⑦ 생산성, ⑧ 통합감의 속도와 시기도 재검토해야 할 계기가 올지도 모른다. ① 전인습적 도덕성(처벌지향, 보상지향), ② 인습적 도덕성(착한 소년 / 소녀 지향, 권위지향), ③ 후인습적 도덕성(사회계약적 지향, 윤리적 원칙지향)도 현대인에게 맞는지 연구해 볼 필요가 있다. 최소한 시기에는 변화가 있을지도 모른다.

4) 신체발달

옛날의 어린이는 많은 시간을 누워서 지냈으나 현대의 어린이는 걸음마차에서 마음대로 움직인다. 서기와 걸음마가 빨라진다. 물론 영양도 좋아졌다. 항상 입에 무엇인가 채워 넣을 수가 있다. 그래서 X세대는 무엇인가 항상 먹을 것, 마실 것을 들고 다닌다. 그러면서도 한쪽에서는 몸도, 마음도 약하다고 한다. 학교에서는 어떻게 이들을 교육시켜야 할 것인가?

5) 다양한 가치에의 노출

현대사회에서는 다양한 가치에 노출되고 있다. 과거에는 시대, 지역에 따라 획일적이고 지배적인 가치가 있어 이를 신봉하고 따랐으나 이제는 사람마다, 가정마다 다른 가치를 신봉하고 또 동시에 타인의 가치도 인정하여 다가치, 다문화가 공존하고 있다. 이런 속에서 아이들은 가치혼란을 갖게 된다. 학교와 가정 사이에도 가치가 다르므로 어린이들은 혼란에 빠지고, 이들을 지도하는 교사는 어려움에 빠지기 쉽다.

6) 흥미에의 노출

어린이의 흥미를 끄는 일들은 너무나 많게 된다. 오감을 유혹하는 흥밋거리가 너무 많다. 책을 읽고, 선생님의 이야기를 듣는 것도 그 한 부분이 될 수 있으나 바깥세상의 흥밋거리는 너무나 많다. 이들 여러 흥밋거리와 교사는 경쟁에서 이겨서 어린이의 흥미를 끌어내야겠다.

현대 어린이에게 자극은 ① 조기부터 시작된다는 점, ② 그 속도가 빠르다는 점, ③ 강력하다는 점, ④ 다양하다는 점 등으로 요약될 것이다. 학교

교육에서 교육의 효과를 높이기 위해서 이에 준하는 또는 그 이상의 자극을 가할 것이냐, 아니면 조화를 이룰 것이냐를 판단해야 할 것이다.

3. 가정의 변화와 교육의 문제

가정은 삶과 교육의 가장 중요한 기본단위이다. 인간은 가정에서 나서 가정에서 삶을 마친다. 그런데 가정의 모습이 변하고 있다. 전통적으로 가정은 ① 성적 욕구충족의 기능, ② 출산과 종족번식의 기능, ③ 사회화와 교육의 기능, ④ 애정교환의 기능, ⑤ 지위부여의 기능, ⑥ 보호기능, ⑦ 경제적 단위로서의 기능, ⑧ 종교적 기능 등 종합적 기능을 감당해 왔다. 가정의 형태와 모습이 변하면서 여러 기능이 변하여 우리의 주요 관심인 사회화와 교육의 기능도 변하게 되고 이로 인해 학교교육의 역할도 다시 생각하게 되었다.

1) 핵가족화와 가족 수 감소

가장 중요한 변화는 핵가족화와 가족 수의 감소이다. 예전에는 여러 가족이 모여 살면서 가족의 여러 역할을 배우고 자연스럽게 사회화될 수 있었는데 이제 그것이 어렵게 되었다. 할머니 할아버지의 교육적 기능도 삼촌·고모의 교육과 애정의 기능도 이제 기대하기 어렵게 되었다. 여러 가족 간의 권위분배도 배우기 어렵고, 권위가 조부모에서 부모로, 부에서 모로 옮겨 가고 있는지 모른다.

핵가족화로 인한 가족 수 감소뿐만 아니라 형제자매 수의 감소로 어린이는 외아들 외동딸로 자라게 된다. 미국에서도 50% 이상이 한 자녀 어린이이다. 사회화의 대상을 잃게 된 것이다. 미워할 사람도 사랑할 사람도 잃게 된다. 싸우면서 크려고 해도 싸울 사람도 없어진 것이다. 외아들 외동딸은 미움도 슬픔도, 사랑도 기쁨도 모두 혼자 독차지해야 한다. 인간은 인간 속에서 자라야 인간적인 것을 배울 수 있는데, 이제 부모와의 상호작용을 잃게 되면 어린이는 모든 것을 잃게 된다. 학교교육에서도 독자로 인한 교육의 어려움을 실감하고 있다. 형제 없는 독차지는 애정의 충족기회도 되지만 동시에 감당하기 어려운 부담이 될 수도 있다. 중국에서 하나만 낳기를 한 결과 8세아가 달걀을 깨먹을 줄 모른다는 이야기가 있다. 싸우면서 자란 쥐보다 독방에서 자란 쥐가 수명이 단축되었다고 한다. 독방의 죄수가 가장 불쌍한 죄인이다. 인간은 상호작용 속에서 성장한다. 가정에서의 상호작용 결핍을 학교에서 상호작용의 밀도를 높여 가정의 교육적 기능을 보완해 줄 수 있을 것인가? 상하급 학년을 섞는 교육활동을 고려할 수 있을 것인가?

2) 일하는 부모

이제 여성들이 직업을 갖는 경우가 많아지면서 자녀의 양육과 교육에 많은 문제를 갖게 된다. 교육 이전에 키우는 일 자체가 어려워지고 그래서 자녀출산 자체를 억제하고 있다. 미국의 경우 1995년 66%의 엄마가 일하고 있는 것을 추산했다. 학교에서 귀가한 후 보살필 사람이 없게 된다. 부모와 어린이 간의 상호작용의 기회가 줄어들고 있다. 그래서 때로는 학교에서 온종일방을 운영하기도 한다. 아이들이 취학하기 전에 어린이방이나 놀이방에 수용되었다 오게 되는데 취학전 교육과 학교교육과의 연계관계에 대해서도 연구해야 할 것이다. 어린이방은 어린이들에게 사회화의 좋은 기회가 될 수도 있다.

3) 이혼과 가정파괴의 증가

알게 모르게 이혼이 증가하고 가족이 흩어지는 일이 늘어나고 있다. 외국에서는 몇 번 재결혼하다 보면 핏줄과 전혀 상관없는 사람과 가족을 구성하는 경우도 생긴다. 편부·편모와 소년·소녀 가장도 늘어난다. 부모라는 말 대신에 보살펴 주는 사람이 누구냐고 묻게 되기도 한다. 부모의 역할을 누가 담당할 것이냐가 문제이다. 어린이들이 사랑과 교육 이전에 생존에 위협을 받게 된다.

이들에게 어떻게 휴머니티를 교육시킬 것이냐가 교사의 고민으로 떨어지게 된다. 교사가 부모 역할의 일부를 감당하기를 기대 받고 있을지도 모른다. 가정의 보호·애정·교육의 기능을 학교가 감당해야 할 것인가, 감당할 수 있을 것인가가 문제이다.

이러한 가정의 변화로 어떤 어린이는 과보호와 과도애정을 받고, 어떤 어린이는 과소보호와 무관심을 받게 되는데 이들이 모두 학교교실로 모이고 있는 것이다. 과대도 문제이고 과소도 인간화교육에 문제이다.

학교교육과 가정교육이 따로 노는 것을 막고 학교교육의 효과성을 높이기 위하여 부모교육이 중요 시되고 있다. 학교가 학생교육의 부담만으로도 힘겨운데 부모교육까지 떠맡아야 하는 입장이다. 그래도 학교교육과 가정교육의 불일치로 인한 문제보다 부모교육을 실시하는 편이 훨씬 낫다.

가정은 어린이의 ① 탐구성을 제한하는 환경이고, ② 언어표현의 취약성을 낳고, ③ 성취동기를 육성하는 조건이 미흡하게 되고 있다. 창의성 교육은 학교만의 힘으로는 어렵다

4. 사회의 변화와 인간교육의 저해

가정도 사회의 일부분이지만 가정보다 더 넓은 사회 자체가 변하고 있다. 사회가 변함에 따라 학교도 변해야 한다. 사회변화에 따라 상황과 사회환경도 변하고 어린이가 길러지는 세상이 변한다. 아동은 사회변화의 바로미터이다. 이제 학교가 적극적으로 사회를 변화시키기는 극히 어렵게 되었다. 달걀로 바위치기

격이다. 사회가 변하는데 학교가 꼼짝도 않고 있으면 교육은 의미를 잃게 된다.

1) 불안정성

현대사회는 계속 변화하고 있어 불안정성이 그 특징이라고 할 수 있다. 같은 방향, 한 방향으로 변하면 그런대로 안정을 찾을 수 있으나 예측할 수 없기 때문에 불안하게 된다. 변화의 파도를 타고 성공했다가도 잘못하면 벼랑에 떨어지기도 하고 생존 자체에 위협을 받기도 한다. 그래서 생존하는 힘을 갖는 것이 무엇보다 절실하게 요구된다.

이러한 급격한 변화의 사회에서 교육이 문화유산·지식의 전달이라는 기능만 담당한다면 문제가 될 것이다. 많이 아는 사람, 백과사전과 같은 사람의 효용성이 빛을 잃은 지 오래다. 많이 아는 것보다 필요한 정보를 필요한 때에 입수하여 처리할 줄 아는 힘이 더 요구된다.

2) 다가치·다문화 공존

이제는 한 사회에 다가치, 다문화가 공존하고 있다. 가치가 다른 사람과 같이 살 수가 없었는데 이제는 다른 가치를 인정하고 수용하면서 살아야 한다. 내 가치만 존중하고 남의 가치를 무시하면 내 가치 자체도 무시당하게 된다. 다른 문화에 접하면 충격을 받고 이질감을 느꼈으나 이제는 타문화를 즐겨야 할 판이다. 증대되는 문화의 다양성, 복합성을 받아들이고 또 키워주어야 한다. 한복으로 성장한 사람과 배꼽티가 나란히 걸어가야 한다. 된장국과 시리얼이 아침상에서 동시에 만나야 한다. 퓨전 음식이 인기를 끌 수 있다.

다양한 가치, 다양한 문화를 가진 학생들이 한 학교, 한 학급에서 만나야 한다. 어떤 것은 존중하고 어떤 것은 무시할 수 없다. 공부 못하면 청소부 노릇이나 하게 된다고 나무라면 청소부 어머니를 둔 어린이에게 상처를 주게 된다.

다양한 욕구가 한 사회, 한 학급에서 충돌하게 된다. William Glasser의 통제이론에 의하면 잘못된 권력달성의 욕구가 95%의 풍기 문제를 일으킨다고 한다. 학습에서 학생도 통제하고자 하는 욕구를 갖고 있다. 그래서 협동적 학습팀을 이루어 학습하게 되면 학습에 대한 통제욕구를 충족시켜주어 학습의 효과를 높일 수 있게 된다. 자유와 즐거움의 욕구도 있다. 이들 욕구를 학교교육에서 어떻게 충족시켜 줄 것인가?

다양한 능력, 넓은 능력 범위를 인정하고 또 격려해 주어야 한다. 학교에서 언어능력, 수학능력만 중시하고 인정해 줄 수는 없다. 어떤 사람은 시각에 강하지만 다른 사람은 청각 학습형태에 강할 수도 있다. 신체적 접촉이나 협동적 환경에 강점을 가질 수도 있다.

또 지식에의 접근에도 차별이 있을 수 있다. 머리로 접근하느냐 손으로 접근하느냐에 따라 차이가 있을 수 있다. 손으로 접근하는 데 강점을 가진 아이에게 학교에서 머리로 접근하는 기회만 주면 그 아이는 실패하게 될 것이다. 획일의 사회에서 다양성의 사회로 옮겨가고 있다. 이것이 학교교육에서도 인정·존중되고 또 다양한 기회가 마련되고 제공되어야 한다는 시사를 준다.

3) 불평등

평등을 많이 부르짖는 것만큼 불평등은 심각해지고 있다. 도시와 농촌, 상류층과 하류층의 차이는 점점 더 벌어진다. 아파트 평수 가지고 집단이 구별된다. 이러한 불평등의 문제가 학교로 몰려온다. 이것이 학교의 불평등을 낳고 또 공립학교에 대한 불만으로 표출되기도 한다. 모두를 만족시켜 줄 수 없는 학교가 되고 있다. 교육과정이 학생에게 맞지 않고 특정인에게 유리하게 구성되었다고 불평할 수 있다.

학생들의 성취도가 낮다고 한다. 학생과 학부모의 걱정하는 바에 학교가 민감하게 대응해 주지 못한다고 한다. 그러니까 학부모는 학교에 등을 돌리고 학원과 과외, 특기지도, 해외교육으로 발길을 돌린다. 학교선택권, 교사선택권, 프로그램 선택권을 달라고 한다. 공립학교는 재생이나 수선해서 쓸 길이 막막하다고 한다. 학교 내에 도대체 선택의 기회가 없다고 불평한다. 학생은 다양한데 적당히 가르치면 모든 학생이 다 배움에서 성공할 수 있다는 가정은 틀렸다는 것이다. 평균으로는 성공할 수 없고, 능력발휘는 불가능하다는 것이다. 학교는 불평등을 조장할 것인가 아니면 불평등을 해소할 것인가?

4) 교직의 삼류화

사회변화와 함께 새로운 전문직이 각광을 받으며 샛별처럼 떠오르고 교직은 반대로 삼류직으로 떨어져 나가고 있다. 교직은 더 이상 경쟁력을 잃고 있다. 우수하다는 고등학생은 교직에 더 이상 머리를 두지 않고 있다. 삼류직으로 세계 일류의 교육을 하여 세계 일류의 학생을 배출해야 하는 모순을 안고 있다. 그것도 다 낡은 시설과 교재를 가지고 말이다. 삼류의 사기(士氣)로 일류에 맞서 싸우기는 어렵다. 인간교육의 고민은 여기에도 원인이 있다. 교직을 경쟁력 있는 전문직으로 끌어올리는 방안이 선행되어야 할 것이다.

5) 사회의 교육적 기능

학생은 교실에서만 배우는 게 아니다. 가정에서도 배우고 사회에서도 배운다. 학교 안에서보다 학교 밖에서 배우는 것이 더 많다. 학교 밖에서 배우는 것은 더 생생하고 교육적 효과와 교육력이 강하다. 학교의 교사는 말로 가르치는데 사회의 어른은 몸으로 행동으로 생생하게 나쁜 짓을 가르치고 있는 것이다.

그런데 사회에는 비교육적 요소가 더 많아지고 있다. 어른들의 방종, 매스컴,

컴퓨터, 비디오·오디오 등 각종 매체 속에 비교육적 장사속이 판을 치고 있다. 이런 사회환경 속에서 어린이들이 온전하게 자라기 어렵다. 사회의 교육적 교실화가 문제이다. 좁은 학교교실에서 가르친 것을 넓은 사회교실에서 망쳐 놓고 있다.

사회는 극심하게 변화하고 불안정 속에서 다양성과 불평등이 공존하고 있으며, 교직은 3류로 떨어져 교육력을 잃어 가는데 사회의 넓은 교실은 교육보다는 교악의 방향으로 가거나 교육포기의 상태로 가고 있다. 사회가 교육적 정화력을 잃고 있는 속에서 학교는 인간화교육을 고민해야 하는 어려움을 안고 있다는 말로 줄이고 다음으로 넘어간다.

5. 학교교육의 역할과 변화

우리의 학교는 19세기 시대상황을 기반으로 하여 조직되었다. TV가 나오기 전, 컴퓨터 전 시대, 대중고등교육기관 이전에 나온 것이다. 모든 것을 다 아는 교사 1명이 학생을 지도한다는 조건하에서 학교가 설계된 것이다. 그러나 어린이, 가정, 사회 모두가 변하고 있다. 또 앞으로 더욱 변할 것으로 예측된다. 이런 속에서 학교의 기능과 역할도 변해야 한다.

1) 학교와 교사의 위치

우리는 흔히 가르치는 일은 학교만의 전유물로 생각해 왔다. 그러나 이제 교육은 학교만으로는 불가능하다는 것을 확인하게 되었다. 가정교육과 사회교육, 평생교육의 몫이 더 크다는 것을 알게 된다. 학교는 인간의 교육을 도와주는 위치에 서게 된다.

교사의 위치도 학생의 학습을 도와주는 위치에 자리 잡게 된다. 교사는 필요한 자료와 정보를 준비해 놓고 학생이 주체적으로 공부해 나갈 수 있도록 도와주는 위치가 된다. 수업시간보다 수업시간 이전에 자료를 제작하고 준비하는 일이 더 중요하다. 수업시간은 질문에 답하고, 곤란에 부딪친 학생 곁에서 도와주기만 하면 된다.

학교와 교사가 학생교육의 모든 것을 다 하겠다는 생각은 버려야 한다. 학습자는 수동적 존재가 아니라 학습의 적극적 주인으로 자기지향 학습을 하고 자유의 학습을 해나가는 존재로 보아야 할 것이다. 어린이도 알고자 하는 기본욕구를 가지고 있고, 많은 능력을 가지고 있다고 보면 다양한 프로그램에 의해, 다양한 기구의 도움으로 어린이의 개인적 욕구를 충족시켜 주는 방법으로 수업방법이 바뀌게 될 것이다. 어린이는 학습의 주체자이고 주인이라는 인간관, 아동관, 학습관을 갖는 것이 변화하는 시대의 인간교육의 출발점이 된다. 교사는 지식의 정보원이 아니라 학습프로그램을 설계·운영·평가하는 학습조직의 관리자이고 지식·정보의 관리자로 인식된다.

학교와 교사가 학생교육의 모든 것을 도맡아 다 하겠다는 생각은 이제 버려야 할 것 같다. 괜히 학생교육을 책임지지도 못하면서 학부모나 학생으로 하여금 지나치게 학교의존, 교사의존으로 몰고 갈 필요가 없다.

2) 가정교육의 보완

교육의 주인은 가정이고 학교는 가정교육을 보완해 주어야 하는 보조적 위치이다. 학교는 학생의 장래를 책임져 주지 못한다. 그러나 가정기능의 약화를 학교는 가능한 범위에서 보완해 주어야 한다. 때로는 부모·형제의 역할을 보완해 주고 학교에서 부모교육의 프로그램을 운영할 필요도 있을 것이다. 특히 결손가정, 분리한 조건에 있는 어린이에 대한 학교의 배려는 필요하다.

3) 새 학교 구조

굳어져 있는 과거의 학교구조로는 변화하는 상황에 적절히 대처할 수 없다. 4세부터 배우기 시작하여 4년씩 교과별로 무학년제의 3층 구조를 가상적으로 생각해볼 수 있다. 학생은 각자 자기 페이스대로 자기 트랙을 갈 수 있게 해주어야 한다. 300~400명의 학생을 12~20명의 교사가 팀을 이루어 지식과 기술을 공유하며 4세~7세의 1수준을 가르치고 4세~15세의 3개의 수준의 교사들이 함께 공동으로 계획하고, 적용하고, 작업하는 학교공동사회를 생각해 본다. 교사와 학부모, 보조교사가 성인팀이 되어 지도하고, 상급생이 하급생을 도와 지도하는 학습공동사회도 생각해본다. 초등, 초급중등, 고급중등의 세 수준의 행정가가 행정팀을 구성하여 학생의 보통교육 전과정을 함께 생각하면 어떨까?

학생은 3수준을 옮겨가는 데 개인차에 의하여 자유스럽게 되어야 한다. 늦은 사람은 늦은 대로 빠른 사람은 빠른 대로 각 단계별로 옮겨간다. 개인차가 인정되고 존중된다.

새학교 구조에서는 정보에 기반을 둔 학교가 된다. 좋은 정보를 저장해 주면 학생은 주체가 되어 저장된 정보를 활용하여 배운다. 교사는 필요하다면 학습을 위한 학습, 정보를 찾고 활용하는 학습으로 학생을 도와주게 될 것이다.

4) 다양성에 대한 학교의 대응

현대는 다양성이 존중되어야 하는 사회이다. 다문화, 다가치, 다양한 욕구, 학문적 다양성, 다(양한)지능, 다양한 능력, 다양한 학습형태가 인정되고 존중되어야 한다. 이러한 다양성, 복합성에 대한 요구에 학교는 빨리 대응을 해 주어야 한다.

다문화교육 프로그램, 특수교육 프로그램, 천재·수재교육 프로그램, 국제교육 프로그램, 다양한 취미·소질개발 프로그램을 마련하여 다양성의 요구에 대응해 주어야 한다. 굳어진 행정조직, 교원조직, 교육과정과 교육 프로그램을 가지고는 민감하게 대응하기 어렵다. 교사도 한 학급, 한 교과 내에서도 다양성에 대하여 대응해 줄 수 있어야 한다. 교사는 일단 다양한 차원을 알아야 한다.

5) 인간적 상호작용

인간교육은 인간적 접촉과 상호작용 속에서 이루어진다. 기계와의 접촉, 정보와의 접촉도 앞으로의 세계에서 중시되고 강조되지만 가장 확실한 인간교육은 인간미 넘치는 인간적 접촉에 의하여 이루어진다. 가정·사회·학교에서 인간적 접촉의 빈도와 밀도, 질을 높이는 노력이 뒤따라야 한다. 인간적 접촉은 민주적 교육에도 중요하다. 민주주의 이상도 이론으로써가 아니라 인간적 접촉을 통해서 이루어져야 한다.

이제 학교는 자리매김을 분명히 하고 다양성을 수용할 수 있는 새 구조를 모색하여 끝까지 인간적 접촉을 통한 인간교육을 추구해야 할 것이다.

6. 결 론

어린이도 어제의 어린이가 아니고, 가정도 사회도 과거의 것이 아니다. 현대의 어린이는 지적·정서적·사회적·신체적으로 고달프다. 조기에 노출된다고 해서 모두 좋은 것은 아니다. 가정과 사회의 교육적 기능은 한편으로는 유리하겠지만 어떤 면에서는 불리해지고 있다.

어린이와 가정·사회는 학교와 교사에 대하여 변화를 요구하고 있다. 학교와 교사가 인간교육을 도맡아 책임질 수 없다는 선언을 하지 않을 수 없다. 다양한 문화와 가치·욕구·능력을 갖고 모두 이를 인정받고 존중받고자 학교와 학급에 오는 어린이들에게 우리 학교와 교사는 다양하게 대응을 해주어야 한다. 다양한 프로그램으로 다양한 기회를 제공해 주어야 한다.

첨단공학과 정보에 의한 교육이 기대되지만 가장 확실한 인간교육은 인간미 넘치는 인간적 접촉과 상호작용에 의한 교육이다. 인간미를 갖춘 교사와 교육환경은 변화의 시대에도 우리의 선결과제가 된다. 가정과 사회의 교육적 기능을 회복하고 좀더 겸손한 자세로 돌아가 봉사해야겠다.

지금까지 다룬 내용을 요약하면 다음 〈그림 16-1〉과 같다.

```
┌─────────────────────────────────────────┐
│ Ⅰ. 서론-같이 변해야                        │
└─────────────────────────────────────────┘
              │
┌─────────────────────────────────────────┐
│ Ⅱ. 현대사회의 어린이-고달프다              │
│     (조기, 속도, 강도, 다양)               │
│  1. 감각적 자극에의 노출                   │
│  2. 인지발달의 변화-속도, 나시능           │
│  3. 사회성 발달-조기접촉                   │
│  4. 신체발달-조기발달, 심약                │
│  5. 다가치에의 노출-가치혼란               │
│  6. 흥미에의 노출-관심거리, 강도 높여야     │
└─────────────────────────────────────────┘
              │
┌─────────────────────────────────────────┐
│ Ⅲ. 가정의 변화와 교육문제-과보호,          │
│     과소보호, 부모교육                     │
│  1. 핵가족화 가족 수 감소-상호작용         │
│     감소, 자기중심                         │
│  2. 일하는 부모-어머니와의 접촉            │
│     감소, 친구필요                         │
│  3. 이혼과 가정파괴의 증가-교사의 고민      │
└─────────────────────────────────────────┘

┌─────────────────────────────────────────┐
│ Ⅳ. 사회의 변화와 인간교육 저해-           │
│     교육적 정화력                          │
│  1. 불안정성-변화의 파도, 생존,            │
│     정보활용                               │
│  2. 다가치·다문화 공존-다양한 욕           │
│     구, 능력인정, 다양성                   │
│  3. 불평등-공립학교에 대한 불만            │
│  4. 교직의 삼류화-심각한 문제              │
│  5. 사회의 교육적 기능-중요하나 위험        │
└─────────────────────────────────────────┘

┌─────────────────────────────────────────┐
│ Ⅴ. 학교교육의 역할과 변화-위치,           │
│     다양성 대응, 인간접촉                   │
│  1. 학교와 교사의 위치-보조, 촉진자        │
│  2. 가정교육 보완-보조, 보완               │
│  3. 새 학교 구조-3층구조 학교공동사회       │
│  4. 다양성에 대한 학교의 대응-프로          │
│     그램 다양화                            │
│  5. 인간적 상호작용-인간적 접촉            │
└─────────────────────────────────────────┘
              │
┌─────────────────────────────────────────┐
│ Ⅵ. 결론-인간미 넘치는 교사와 교           │
│     육환경, 사회적 교육기능 회복            │
└─────────────────────────────────────────┘
```

〈그림 16-1〉 인간교육과 학교의 역할 - 사회변화와 학교교육

제17장
도덕성 함양을 위한 인간교육의 방향*

1. 서 론

까딱 잘못하면 이 글도 종이와 시간만 잡아먹고, 일종의 공해만 일으킬 가능성이 높다. 이미 다른 사람들이 말이나 글로 떠들어댄 수준을 뛰어넘기 어렵고, 또 좀 색다른 말을 한다고 해도 독자들이 읽는 것으로 끝나 버리고 실천으로 옮기지 않으면 공해를 일으켜 남에게 해를 끼치는 결과가 되기 때문이다.

주어진 주제를 보면 '도덕성 함양'과 '인간교육'의 두 부분으로 되어 있다. 중간에 '위한'이란 말이 있어 '도덕성 함양'이 상위목표이고 '인간교육'은 하위목표이거나 아니면 '도덕성 함양'을 위한 수단이어야 한다. 그리고 필자가 실지로 해야 할 일은 '인간교육'의 방향을 제시해야 하는 것이다. 또 여기서 '인간교육'이란 말도 'human education(단순한 인간교육)'이라기보다는

---

* **충남교육** 제111호, 1995. 3. 충남교육연구원.

'humanity education(인간성 교육, 인본교육)'이어야 할 것이다. 그러나 이러한 점을 다 고려하여 이 주제를 깊이 다루려면 너무나 어렵고 넓기 때문에 '도덕성 교육' 정도로 생각하고 이에 대하여 평소에 필자가 가지고 있던 점을 몇 가지 강조해 보기로 한다.

도덕이란 인간으로서 마땅히 지키고 실천해야 할 도리이며 삶의 규칙이라고 할 수 있는데, 이러한 도덕적 품성과 덕성을 도덕성이라고 할 것이다. 바람직한 것으로 받아들이는 보편적이고 이상적인 가치가 시대와 장소에 따라 다를 수 있으므로 시·공에 따라 도덕률과 도덕성이 다를 수 있으나 근본적으로는 '인간의 도리'이므로 시간과 장소를 초월할 수 있다고 본다.

어떤 나라에서는 신사도와 무사도, 시민정신이 그 사회를 떠받치는 기둥이 되기도 하였으나 우리나라에서는 예의가 도덕의 바탕이 되었다. 대표적인 것이 삼강오륜이었을 것이다. 이것은 결국 사람과 사람 사이의 관계를 다룬 것이다. 사람은 관계 속에서 존재하여 관계 속에서 살아야 하기 때문에 예의가 필요하고 도덕이 중요한 것이다. 사람은 도저히 혼자서 존재할 수 없기 때문에 '인(人)'이 아니라 '인간(人間)'이며, '인'이 되라 하지 않고, '인간'이 되라고 하는 것이다. 사람은 남과 어울리지 않으면 도저히 사람으로서 사람답게 살아갈 수 없기 때문에 사람과 사람 사이에 도덕이 필요한 것이다. 그래서 도덕은 우리 인간에게 불편을 주기 위한 것이 아니라 인간이 어울려서 편리하고 인간답게 살아가게 하기 위한 것임을 알아야 한다. 그런데 사람과 사람 사이는 상대적이기 때문에 모두가 같은 생각을 하고 같이 지킬 때 편리한 것이지 어느 한쪽에서 사람으로서의 도리를 지키지 않게 되면 불편해진다. 지금 도덕성이 떨어지니까 모두가 불편해져서 그 반작용으로 '도덕성 회복' 또는 '도덕성 함양'이 강하게 대두되는 것이다. 모두가 사람이 아니라 짐승같이 살고자 한다면 도덕성 이야기가 나오지도 않을 것이다. 역시 사람은 사람답게 살고자 하는 잠재태(潛在胎)를 가지고 있는가 보다. 이 도덕적 잠재태를 싹틔우고 곧게 자라게 하는 일이 '함양'이고 '교육'일 것이다.

우리 사회에 왜 도덕성이 떨어지게 되었는가? 아마도 여러 가지 이유가 복합적으로 얽혀 있을 것이다. 첫째, 해방과 전쟁, 혁명 등 급격한 변화와 30여 년간의 갑작스런 산업화 과정에서 물질적 가치가 도덕성과 관련된 정신적 가치를 누르고 지나치게 중시된 데 하나의 원인을 찾아볼 수 있다. 그러면 세계의 모든 산업사회는 모두 도덕성이 결여되었는가? 그렇지는 않을 것이다. 선진 산업사회에서는 흔들리지 않는 튼튼한 도덕적 기반을 갖고 있고, 또 이 기반 위에서 산업화와 물질적 풍요를 누리고 있다. 우리는 너무나 갑작스런 변화 속에서 도덕성마저도 갑자기 곤두박질친 것이다. 전적으로 지난날의 우리의 과오라고 하지 않을 수 없다.

둘째, 산업화와 관련되지만 특히 도시화로 사람들이 집중되면서 익명성의 보장으로 사람과의 관계가 나빠져 도덕성이 저하되는 측면도 있었다. 도시화는 편리한 점도 있지만 동시에 많은 문제점도 내포하고 있다. 그중에서도 가장 중요한 것이 사람 사이의 관계를 규정하는 도덕성의 문제이다.

셋째, 산업화, 도시화와 연결되어 핵가족화로 가정의 교육기능 약화를 도덕성 저하의 한 이유로 지적할 수 있다. 집안에 어른이 없어지고 부모들마저 바쁘다는 핑계로 자녀교육까지 포기하게 되었다. 어른이 어른 노릇을 하려면 고달프고 피곤하니까 일찌감치 어른이기를 포기하고 귀중한 자녀 교육마저도 과외, 학원과 같이 돈으로 사려고까지 한 것이다.

넷째, 입시위주의 교육도 도덕성 타락의 원인으로 꼽지 않을 수 없다. 교육에서 쉽고 편하고 금방 결과가 나타나는 지식, 그것도 암기만 편식하고 사람 만드는 일을 게을리 한 것도 중요한 원인이다. 학년이 올라갈수록 지식은 늘어날지 모르나 도덕성은 반대로 떨어지는 현상이 벌어지고 있다. 아이들은 작은 잘못을 저지르고 어른이 되어서는 큰 잘못을 저지른다.

결국 우리는 이 시점에서 총체적 도덕성 위기를 맞고 있다. 이 위기를 현명하게 극복하지 않으면 안 된다. 한국인은 가까운 사람끼리는 간을 빼 줄 정도로 친하나 낯선 사람과는 친하려 하지 않고 오히려 시비를 걸고 적대시하려는 경향이 있다. 혈연·지연·학연 등으로 맺어진 좁은 범위 안에서는 친절도 있고 결속도 있으나 조금만 낯설어도 배척한다. 약자에게는 강하고 강자 앞에는 비굴하게 약한지도 모른다. 세계화의 시대에 좀 넓게 사귀고, 인간적 도리를 하는 국제윤리와 국제도덕도 생각해야 할 때라고 본다.

마침 6차 교육과정에서도 '도덕적인 사람'을 인간상의 하나로 강조하면서 "도덕성과 공동체의식이 투철한 민주시민을 육성"하려는 지침을 첫째로 내세우고 있다. 이런 시점에서 우리는 과거 산업화, 도시화, 핵가족화, 입시에 바쁘던 그 몇 배의 노력으로 빨리 도덕성을 회복 또는 함양하고 또 본래의 잠재태를 살려 살기 좋은 사회를 만들어야겠다.

2. 도덕성 교육의 방향

여기서 방향이라고 했지만 방안도 되고 방법도 될 수 있으며 때로는 강조점, 제안점도 섞여 들 수 있다. 물질적으로는 풍요로워져 상향곡선을 그리고 있으나 도덕성은 하향곡선을 그리고 있다. 두 곡선이 만나는 이 시점에서 하향곡선을 교육을 통해서 모두 상향곡선으로 바꾸어야 할 과제를 우리는 안고 있다.

이러한 도덕성 곡선의 방향전환을 위해서는 비상한 노력을 경주하지 않으면 안 된다. 몇 가지 점을 강조하고자 한다.

첫째, 올바르고 철저한 '나'에 대한 교육으로부터 도덕성 함양을 위한 교육이 출발하길 강조한다. '나에 대한 교육'은 자아개념교육이라고 할 수 있다. 나는 누구인가? 다른 사람과 무엇이 다른가? 어디로부터 와서 어디로 가는 것인가? 소질과 적성, 강점은 무엇이고 약점은 무엇인가? 이 세상에서 가장 가깝고 하나뿐인 나(I)를 내가 진정으로 사랑해 주고 귀하게 여겨주지 않으면 누가 나를 사랑해 주겠는가? 이러한 자기존중, 자기사랑은 이

기주의와는 구별되는 것으로 올바른 자아개념으로부터 출발한다.

올바른 자아개념이 형성될 때 '너'와 '우리'가 올바르게 박히고 가정, 이웃, 학교, 사회, 국가, 민족, 인류에 대한 개념과 사랑으로 퍼져 나갈 수 있는 것이다. 마치 연못에 돌을 던지면 파문이 일듯이 말이다. '나'를 아무렇게나 여기는 사람이 '너'와 '우리'도 아무렇게나 생각하고 이 세상을 적당히 살다가 가려고 생각하게 된다. 나를 하찮게 여기는 사람에게 도덕성이 존재할 리 없다. 이러한 자아개념 교육은 아주 어려서부터 시작하여 평생을 통하여 지속되어야 한다. 나를 찾는 일, 나를 극복하고 발견하는 일은 가장 중요하면서도 어려운 일이다.

유치원에서부터 교실 안에 자아개념 코너를 만들어 놓고 자아개념 단원을 다루고 그것이 초등-중등-고등교육으로 지속되면 자연스럽게 도덕성 함양과 연결된다. 초등학교에서 배우는 첫 글자가 나-너-우리로 이어지는 것은 큰 의미를 함축하고 있는 것이다. 이에 글자만 가르치는 것이 아니라 '나'라는 글자가 함축하고 있는 의미를 가르쳐 나가야 하는 것이다.

'나'를 제대로 가르치려면 학교에서도, 가정에서도, 사회에서도 학생을 '나'로서 존중해 주어야 한다. 한 사람의 개인으로서, 인격체로서 귀중하게 존중과 사랑을 받아야 한다. 한 학생이 한 학급, 학년으로의 집단으로 다루어지는 것이 아니라 한 개인(나)으로서 귀중하게 여기고 장차 건전한 민주시민으로 성장하게 된다.

올바른 '나'를 교육하려면 먼저 교사 자신부터 올바른 자아개념이 형성되어야 한다. 비굴하고, 자기비하·자기학대를 하고, 사기가 떨어지고, 자존심·자긍심이 없는 교사들이 학생들에게 올바른 자아개념을 심어 주기는 어렵다. 국가와 사회가 어린이·청소년이 있는 교실과 학교, 교육을 업신여기는 한은 도덕성 교육이 제대로 될 수 없다.

둘째, 도덕성 교육은 가정과 사회, 환경으로부터의 교육이 결정적이므로 이들과의 협조·연계교육을 꾀해야 한다. 학교에서 교과서로 가르치는 것 따로 있고 가정에서, 사회에서 몸으로, 실천으로 가르치는 것이 달라서는 도덕교육이 제대로 될 리 없다. 그래서 학교는 아동·학생교육에 더하여 부모교육까지 떠맡자니 벅차게 되고 그걸 떠맡지 않으려니 도덕교육이 겉돌고 있는 것이다. 사회에서의 도덕교육적 요소의 중요성을 교육자들이 호소하려니 힘들고 또 먹혀들지 않고 있는 데 어려움이 있다.

그렇더라도 학교는 부모교육을 통하여 가정에서의 도덕교육을 이끌어 내야 한다. 역으로 학생을 통하여 가정까지 도덕성이 퍼져 나갈 수 있게 해야 될지도 모른다. 어쨌든 부모를 통한 가정교육과의 협조 없이는 도덕성 함양을 위한 학교교육은 한계를 느끼지 않을 수 없다. 가정과의 협조체제, 연계지도체제를 강구해야 한다.

셋째, 학교에서는 도덕성 함양을 위한 총체적 교육, 범교과적 교육, 우선적 교육이 되어야 한다. 사람이 도덕적이기 위해서는 먼저 옳고 그름을 판단할 줄 알아야 한다. 옳고 그름을 판단할 줄 아는 사람이 옳음을 행동으로 옮길 가능성이 높다. 옳고 그름을 판단하는 능력을 인지적 도덕성이라고 한다. 이 인지적 도덕성을 기르기 위해 학교에서는 도덕교과를 두어 가르친다. 또 가치갈등·가치판단 수업을 강조한다. 우선 알아야 도덕적 행동을 할 수 있다는 전제하에서 도덕을 가르친다.

그런데 옳고 그름을 판단할 줄 알아도 반드시 도덕적인 것만은 아니다. 옳음을 택해서 자신에게 큰 손해가 되거나 불리하면 그름을 택하여 부도덕한 행동을 하기 쉽다. 또 주위의 상황이나 환경 때문에 옳음을 택하여 도덕적이고자 하는 실천의지를 약화시켜 부도덕하게 행동할 수도 있다. 도덕적 행위의 의지 또는 덕성(moral virtue)으로서의 도덕성을 정의적 도덕성이라고 한다.

도덕성 교육은 앞에서 말한 인지적 도덕성만으로는 충분하지 못하다. 인지적 도덕성에 정의적 도덕성이 합쳐질 때 비로소 도덕성 교육은 확실하게 된다. 이것을 '지덕일치', '지행일치'라고 할 것이다. 도덕성의 내면화·인격화가 되어야 한다. 그런데 우리의 교육수준은 아는 것으로 그치는 경향이다. 아는 것 따로 있고 행하는 것 따로 있다. 아는 것은 시험용이고 그중

극히 일부만 가지고 살아가는 모양이다. '앎'과 '삶', 인지적 도덕성과 정의적 도덕성이 일치하는 교육을 해야겠다. 옛날에는 아는 대로 살고 또 살아가는 과정에서 배우고 알게 되었을 텐데 겉약은 현대에 와서 앎과 삶을 따로국밥으로 만들어 먹고 있다.

인지적 도덕성은 도덕교과에서 많이 가르친다고 하더라도 정의적 도덕성, 행위로서의 도덕성은 도덕교과만으로는 충분치 못하다. 다른 교과에 우선하여 도덕을 가르치고 또 모든 교과를 동원하여 지도해야 한다. 모든 교과를 동원해도 오히려 부족하다. 그래서 학생의 전 학교생활, 삶을 통하여 도덕성 함양 교육을 해야 한다. 도덕이라는 교과에 밀리거나 하나의 교과만으로 다뤄지는 한은 도덕성 교육은 계속 겉돌지 않을 수 없다. 비상한 각오와 희생을 감수해야 도덕성 교육은 가능해진다.

넷째, 모범에 의한 교육을 강조하고자 한다. 도덕교육에 있어서 교육매체는 교과서나 언어가 아니라 교사 자신의 몸뚱이이고 교사의 행위 그 자체이다. 책으로 읽고 말로 호소하는 것보다 몸으로 보여주는 수업이 더 효과적이라는 것은 누구도 부인할 수 없을 것이다. 그래서 사범이고 사표라고 했던 것이다.

그러나 교사가 몸으로, 행위로 아이들에게 보여주는 것이 교과서에 있는 것과, 더 절실하게는 교사 자신이 아이들 앞에 뱉어 놓은 말과 다를 때 아이들은 갈등을 일으키고, 혼란에 빠지고, 마침내는 앎과 삶이 다른 이중인격자가 된다. 교사 자신의 앎과 삶이 일치하고 도덕적이어야 하는 것은 그야말로 기본에 속한다. 교사는 입으로만 가르치는 것이 아니라 몸으로, 행위로써 가르쳐야 하기 때문에 교사는 고달프고 어려운 것이다. 이렇게 어려운 일을 해내기 때문에 교사는 마땅히 국민의 존경을 받아야 하고 또 당연히 받을 수 있는 것이다.

교사가 국민으로부터 정신적·물질적 존경을 못 받으면 학생으로부터도 존경을 받기 어렵다. 교사가 학생으로부터 존경을 못 받으면 학생들의 도덕교육은 어렵게 된다. 국가와 국민은 제2세 국민, 자녀를 가르치기 위해서라도 교사를 존경하는 '체'라도 해주어야 한다. 그래서 우수한 교사후보자를 선발하여 철저한 교사교육을 하는 일이 학생의 도덕교육에 선행되어야 한다. 필자는 항상 우리나라 교육개혁의 최우선 과제의 하나로 교사교육, 교사대우를 꼽았던 것이다. 교사교육에 투자를 않는 한 다른 곳에 아무리 투자해도 그 효과를 제대로 발휘되지 못한다.

교사뿐만 아니라 사회의 모든 지도자가 도덕적이고 윤리적이지 못할 때는 지도력을 상실한다. 가장 강력한 지도력은 도덕성에서 나온다. 그래서 최근에 도덕적 지도력(moral leadership)이 강조되고 있다. 지도자가 도덕적일 때 상대방은 기꺼이 지도자의 영향을 받고자 하게 된다. 이런 때 지도와 교육은 용이하게 된다. 앞으로 우리 사회도 도덕적 윤리적으로 흠이 있는 사람은 정치지도자가 되었든, 경제지도자가 되었든, 교육지도자가 되었든 지도적 위치에 올라설 수 없게 된다. 교사는 모범으로서, 사범으로서 도덕교육을 해야 한다. 이것이 가장 확실한 도덕성 함양교육 방법이다.

다섯째, 좀 반복되는 말이지만 철저한 교육을 강조하고자 한다. 앞에서도 잠깐 언급된 것처럼 우리의 도덕교육은 겉만 대충 훑는 식이 되어 내면화와 행동·실천의 수준으로까지 옮겨가지 못하고 있는 데 문제가 있다. 이제는 실천으로서의 도덕성이 되어야겠다.

그러려면 교육의 양을 줄이고 대신 질을 높이고 철저를 기해야 한다. 가르칠 내용이 많고 덕목이 많아 진도에 바쁘다 보니 표층적 교육이 되기 쉽다. 이제는 하나를 가르치더라도 끝내 주기를 해야 한다. 도덕적 덕목들도 서로 연결되고 관련되었기 때문에 하나만 철저히 가르쳐도 여러 덕목을 가르치는 효과보다 낫게 된다. 일본의 힘은 철저한 교육에서 나온다. 사람으로서 살아가는 데 가장 기초적이고 기본적인 도덕성을 최소로 하여 철저한 교육을 한 것이 저력이 되어 사회기강과 질서, 경제, 정치, 문화로 표면에 나타나게 된다.

철저한 도덕교육을 위해서는 현장성과 즉시성이 강조되어야 한다. 다른 교육도 그렇지만 도덕성 교육은 특히 그 현장, 그 상황에서 즉시 교육이 이루어져야 한다. 상황과 사건, 사례가 지나간 다음 미루어 두었다가 다른 장소, 다른 시간에 따로 가르치려고 하면 도덕교육의 효과는 심각하게 저하된다. 그래서 도덕교육이 다른 교과의 진도에 밀려서는 안 되는 것이다. 도덕교육은 장소와 시간을 가리지 말고 이루어져야 한다.

철저한 교육을 한다는 명목하에 강요와 강압, 타율에 의한 교육으로는 도덕교육은 실패할 수밖에 없다. 강요와 타율에 의한 교육은 아는 것으로 그치는 도덕교육이 된다. 자기선택과 자기결정, 동기와 의지를 불러일으키는 교육이 되어야 한다. 맹목적 순종은 우리가 바라는 철저한 교육에서 제외되어야 한다.

초등학교 1학년 학생은 부모님과 선생님께 인사를 잘 하는데 대학교 4학년 학생은 부모님과 선생님께도 인사를 잘 안하거나 못하는 현상을 무엇으로 설명할 수 있는가? 자율이 아닌 타율의 교육 때문이거나 아니면 인사가 몸에 배도록 하지 못한 대충교육 때문일 것이다. 도덕과 예의의 출발인 인사법 하나라도 철저히 가르쳐야겠다는 것을 시사해 준다. 또 지속적 교육을 해야겠다는 것도 느끼게 해준다. 어른에게 인사하는 것을 초등학교 1학년 때만 가르치고 말 일이 아니라는 사실을 알 수 있다. 가르치려면 평생 써먹을 수 있는 것을 평생토록 지속되게 철저히 가르쳐야겠다는 것을 알 수 있다. 이런 걸 가르치는 교사가 학생에게는 1년 교사가 아닌 평생교사가 되고 명교사로 기억될 것이다. 평생교사가 되려면 교과교사에 더하여 도덕교사가 되어야 한다.

3. 결 론

산업화와 도시화, 핵가족화, 입시위주의 교육 등으로 도덕성이 떨어져 우리는 지금 도덕적 위기를 맞고 있다. 물질적으로 풍요롭게 되어도 사람과의 관계의 끈인 도덕성이 끊어지면 우리 사회는 살기 나쁜 사회가 되고 만다. 그래서 늦었지만 지금이라도 도덕성을 회복하고 함양해야 한다는 목소리가 높아지고 있다.

도덕성 함양에 앞서 먼저 학생 자신에 대하여 정확하게 알게 하는 올바른 자아개념 교육부터 해야 한다. 나를 알 때 남도 알고 남과의 관계도 알게 된다. 나를 아는 일이 도덕성의 출발이라고 본다. 도덕성 교육에서는 가정과 사회환경과의 연계교육이 강조되어야 한다. 학교교육보다 가정교육이 더 중요할지도 모른다. 학교교육에서도 도덕교육은 범교과적으로 이루어져야 하며 모든 다른 교과에 우선해야 한다. 학교생활 전체가, 학생의 삶 자체가 도덕교육이어야 한다. 가장 확실한 도덕교육 방법은 모범으로 보여주는 것이다. 입으로 하는 교육이 아니라 몸으로, 행위로 해야 한다. 한 가지라도 철저히 평생 가도록 교육해야 한다.

사람이 사람답게 살기 위해서 도덕이 생긴 것이다. 사람을 불편하게 하기 위해서 도덕이 필요한 것이 아니라 편리하게 살아가기 위해서 도덕이 필요한 것이다.

곳곳에서 다리가 끊어지고, 아파트가 무너져 내리고, 비행기가 떨어지고, 배가 가라앉는 것은 우리의 윤리·도덕이 끊어지고 무너지고 떨어지고 가라앉는다는 의미이다. 이렇게 끊어지고 무너지는 속에서는 불안하게라도 살아가기는커녕 언제 죽을지도 모르는 절박한 신세가 된다.

이 시대를 살아가는 우리는 끊어지는 도덕을 이어주고, 떨어진 도덕을 일으켜 세워 주어야 할 의무와 사명을 갖고 있다. 우리는 도덕적 가르침을 받은 대로 후세를 가르쳐주어야 할 의무를 지고 있는 것이다. 도덕적 대물림을 해주어야 한다. 우리가 못 배운 것은 어쩔 수 없다 하더라도 선조로부터 배운 대로라도 후세를 가르쳐 내야 할 책임이 이 시대를 살아가는 우리에게 있다. 또 선조·선배에게 도덕적 대우를 해 드린 만큼이라도 후세·후배로부터 도덕적 대우를 받을 권리를 갖고 있다. 도덕성 함양만이 우리가 인간답게 살 수 있는 최선의 길이다.

제18장
생각하는 교사

1. 바람직한 교사상

교직은 가치 있고, 중요한 일을 하면서도 그에 상응하는 대우를 받지 못하고 있는 직업인지도 모른다. 그러나 우리가 생각을 어떻게 하느냐에 따라서는 "보람"을 찾을 수 있는 직업이라고 본다. 배우고자 하는 학생을 가르쳐서 기쁨을 주고 또 그들이 자라고 성장하는 모습을 곁에서 바라보면서 즐거움을 가질 수 있다. 이들이 자라서 국가와 사회에 기여하는 것을 보면서 가치 있는 일을 하고 있다는 보람을 느낄 수 있다. 세상에 수많은 직업이 있지만 이런 보람을 느끼면서 사는 사람들이 얼마나 되겠는가?

여기서는 성직이니, 천직이니, 사명감이니 하는 이야기를 반복하고 싶지 않다. 그저 산책하는 기분으로 이 이야기 저 이야기하면서 교사라는 직업에 대하여 함께 생각해보기로 한다.

유대인들은 국가는 멸망해도 교육은 계속되어야 한다는 믿음을 갖고 민족 대대로 노력한 결과 2,000년 동안 지구의 곳곳에서 갖은 고난과 학대를 받으면서 떠돌아다니다가도 다시 모여 이스라엘이라는 나라를 세웠다. 이것은 바로 교육의 힘에서 나온 것이다.

우리나라가 일제의 식민지, 6·25의 잿더미로부터 이만큼 일어설 수 있었던 것도 바로 교육의 힘이라고 평가하고 있다. 우리의 선배교사들이 어려운 역경 속에서도 희생적으로 열심히 가르쳤고, 국민들도 교육에 열을 올렸고, 학생들도 이에 잘 따라 주었기 때문이다(교사의 교육애, 학부모의 교육열, 학생의 향학열). 그래도 그동안에 교육받은 인구가 많이 있었기 때문에 이 정도의 국가 수준으로 올려놓을 수 있었던 것이다.

이렇게 해서 올려 세워놓은 경제성장과 국가발전이 교육에 재투자하지 않고는 한 단계 더 높은 수준으로 끌어올리기 어렵게 되어 있다. 교사를 대우해 주지 않고는 국가의 장래를 보장하기 어렵다.

우리가 하고 있는 일에 대한 올바른 평가와 대우를 끌어내기 위해서는 우리가 단결하고 더욱 우리가 하고 있는 일에 대해 열심히 노력하여 전문성을 확보하는 길밖에 다른 방법이 없다고 본다. 우리의 할 일을 열심히 하면서 우리의 요구는 요구대로 지속적으로 해야 한다고 본다. 몇 가지 우리의 할 일을 생각해본다.

무슨 일을 하든지 올바른 철학적 방향감이 있어야 한다. 철학은 행동의 방향을 제시해 주고 행동의 중심을 잡아 주기 때문에 중요하다(고속버스 손님 이야기, 바이런의 시 이야기). 또 인간을 어떻게 보느냐 하는 인간관과 학생관이 바르게 정립되어 있어야 한다. 학생들에게 인간의 존엄성을 가르치기 위해서는 교사가 먼저 학생들을 존엄한 존재로 대할 수 있어야 한다(생명을 중시하는 교육).

올바른 교사가 되기 위해서는 기본적으로 첫째는, 인간을 사랑할 줄 알아야 한다고 본다. 인간을 가르치는 사람이 인간을 사랑하지 않고 사람을 싫어해서는 근본적으로 교사가 되기 어렵다. 학생을 인격체로 존중하는 동시에 개성·인성을 존중해야 한다. 그래야 창의성 교육도 가능해진다.

둘째는, 가르치는 일을 사랑해야 할 것이다. 가르치는 일이 재미없어 가지고는 훌륭한 교사가 되기 어려울 뿐만 아니라 인생 자체를 재미없게 살게 된다. 가르치는 방법도 점점 고도화되고 있다. 이 고도화 대열에서 뒤쳐져서는 안 된다. 가르치고자 하는 강한 욕구를 가져야 한다.

셋째는, 교직을 사랑하고 진리를 추구하는 데 재미를 느껴야 한다. 특히 가르치는 교과목을 좋아해야 할 것이다. 끝없는 지적 호기심과 탐구정신이 있어야 한다. 연구하는 교사, 준비하는 교사가 되어야 교직이 재미도 있고 학생에게도 도움이 된다.

이제는 입으로만 교육하는 것이 아니라 온몸으로 하는 교육을 해야 할 때이다. "삶과 앎"이 일치하는 교육을 해야 한다. 민주주의도 입으로 하는 민주주의가 아니라 행동으로 실천으로 민주주의를 해야 할 때이다. 공부해라 하기 전에 내가 먼저 공부하는 모습을 보여주어야 한다. 입으로만 할 때에는 겉도는 교육이 되고 만다. 아버지가 버린 담배꽁초를 자식이 줍고 다니는 식의 교육이 더 이상 반복되어서는 안 되겠다.

교직이 전문직이어야 한다는 데에는 이의가 있을 수 없다. 그러나 의사, 변호사, 성직자, 교수와 같은 완전한 전문직이냐에는 논란의 여지가 있다. 우리가 완전한 전문직으로 인정받을 때 누구도 도전하거나 침범할 수 없는 권위와 자율을 누릴 수 있을 것이다. 이를 위해서는 그들 이상으로 피나는 노력을 해야 한다.

자기가 하고 있는 일에 대하여는 세계의 제1인자가 된다는 신념으로 노력해야 한다(세계 제일 가는 교사). 그리고 내가 맡은 실무면에서는 누구와도 비교할 수 없는 존재가 되어야 한다. 이론을 학자에게 맡긴다면 가르치는 실제는 교사에게 맡긴다는 분위기가 형성되어야 한다.

세상에 사람이 많은 것같이 보이지만 실제 꼭 필요한 사람을 찾으면 별로 없다고 한다. 우리가 하고 있는 일에 10년만 집중 투자하면 웬만한 부분은 통달할 수 있다(해인사 노스님, 10년 후의 얼굴). 먼눈으로 보고 부단한 노력을 하면 반드시 그 열매가 열릴 것으로 믿는다(무쇠를 갈아 바늘 만들겠다는 신념).

우리는 능력을 발휘하고 그 능력을 인정받을 때 행복하다. 보통 인간은 자기가 가지고 있는 능력의 겨우 15~20%밖에 발휘하지 못하고 흙으로 변한다고 한다. 나머지 능력을 언제 발휘하려고 묻어 두고 젊은 날을 불평불만 속에서 하루하루를 보내려 하는가? 우리는 "포도주 반병"에도 행복할 수 있다. 우리가 행복해야 학생들도 행복해질 수 있다. 멋있게 가르친다는 것은 우리가 평생을 건 도전이다. 정년까지 수업을 해도 멋있는 수업을 한 시간 하기가 어렵다(good-bye lecture).

이를 위해서 동료교사들끼리 서로 코치하는 일이 번져 나가고 있다. 전문가들은 동료들끼리 전문성 확립을 위해서 협동한다. 또 교사들이 갖춰야 할 능력을 정해 놓고(예를 들면 2,700개 항목) 이들 하나하나를 체크하고 확인하여 교사자격증을 주고 있다. 또 한편에서는 마이크로티칭이라고 하여 소규모 수업을 녹화하여 계속 반복하여 되돌려 보면서 교수기술 개선에 노력하고 있다. 가르치는 데 싫증을 느끼지 않고, 평생을 바쳐 배우는 데 권태를 느끼지 말아야 남으로부터 존경받는 교사가 된다. 우리는 존경이라는 이슬을 먹고 산다.

전문직은 자율과 책임을 동시에 요구한다. 완전 전문직이 되기 위해 최선의 노력을 해야 한다. 창의적인 교사가 창의적인 학생을 길러낸다. 수업에 승부를 걸고 교육과정 운영자가 되기 위해서는 연구자가 되어야 한다. 우리는 변화와 개혁의 시대에 살고 있다. 이 변화의 흐름을 잘 타는 사람은 살아남을 수 있고 그렇지 못한 사람은 생존에 위협을 느끼게 된다. 국가가 망하는 일도, 기업이 망하는 일도 금방이다. 이제 학교가 망하는 일도 생긴다. 학부모의 학교선택권이 보장되면 분명 망하는 학교가 생긴다. 망하는 학교의 교사는 비참하게 된다. 학생이 없어서 망하는 학교의 교사를 데려다 쓸 사람은 없다.

지금까지는 잘하는 사람이나 못하는 사람이나 같이 묻어갔으나 이제는 능력본위, 자유경쟁의 시대로 넘어가게 된다. 능력 있는 잘하는 사람은 그만한 대가와 보상을 받고 그렇지 못한 사람은 직장을 떠나야 한다. 우리들 자신이 생존을 위한 발버둥을 치지 않을 수 없다. 우리 자신이 살아남기 위한 생존교육을 해야 한다. 또 우리가 가르친 제자들, 학생들이 냉혹한 국제경쟁의 무대에 나가서 이겨야 하고 살아남아야 한다. 살아남고 이기는 제자를 길러 내는 생존교육을 하지 않을 수 없다.

우리 민족이 19세기에서 20세기로 넘어가는 전환기에서 일본에게 뒤쳐지기 시작했다. 그것을 다행히 1960~1980년대에 단축하여 이 정도의 국가수준을 이루고 있는데, 이제 우리는 20세기에서 21세기로 넘어가는 전환기에 비장한 각오를 하지 않으면 안 된다. 21세기는 지난 세기와 판이하게 다를 것으로 예측하고 있다. 새로운 세기에 선진대열에 낄 수 있도록 준비교육을 하지 않으면 안 된다. 세계적인 제자를 기르기 위해 세계적인 교사가 되어야 한다.

우리는 학생들에게 올바른 자아개념을 심어 주어야 하는데 이를 위해서는 우리가 먼저 자기 자신에 대한 올바른 자아개념과 교직에 대한 긍지를 가져야겠다. 나를 올바로 보고, 할 수 있다는 긍정적 자아개념과 우리가 하는 일에 대한 자부심을 갖고 학생들 앞에 떳떳하게 설 때 학생들을 제대로 가르칠 수 있다. 헨리칼슨과 쥐 이야기, 비둘기와 소년 이야기, 오크학교 이야기, 버나드 쇼의 꽃 파는 소녀 이야기, 토정비결, 사주팔자 이야기는 모두 자성예언과 성취동기와 관련된 좋은 이야기들이다.

남이 나를 어떻게 보느냐도 중요하지만 내가 나를 어떻게 보느냐는 더 중요하다. 천하를 얻고도 "나"를 잃으면 모든 것이 허사이다. 가장 가까운 나를 찾고 나를 사랑하고, 나를 먼저 귀중하게 여겨야 한다. 그러면 그때부터 학생들을 보는 눈이 달라지고 대하는 태도가 달라질 것이다.

우리 교사는 가진 것이 없다. 가진 것이 있다면 나보다 훌륭한 제자를 길러 내는 일이다. 나보다 훌륭한 제자를 길러 낸 스승은 교사로서 또 인간으로 성공적인 삶을 산 사람이다. 소크라테스-플라톤-아리스토텔레스의 만남은 멋있는 만남이다. 발전하는 자는 떠난다. 스승의 젖을, 스승이 파 놓은 우물물을 흠뻑 마시고는 어디론가 떠나서 스승과 쌍벽을 이루는 또 하나의 대가가 되는 것이다. 경허와 만공의 만남도 스승과 제자의 멋있는 만남이다. 스승을 위해서 기꺼이 죽겠다고 하고 또 제자를 잡아먹을 수 있는 사제관계라고 한다.

제자 없는 스승은 실패자다. 제자를 얻으려거든 제자를 두려워할 줄 알아야 한다. 그러한 스승의 인품이라는 향내를 맡고 벌과 나비라는 제자들이 몰려드는 것이다. 그러한 스승에게 제자들이 매달린다. 신은 나에게 무슨 힘을 주셨기에 제자들을 나의 팔에 매달리게 하는가?

교직은 국가를 지키는 최후의 보루이다. 교사를 믿지 못하면 국민은 더 이상 희망을 가질 수 없다. 우리는 이 최후의 요새를 굳건히 지킨다는 믿음을 주어야 하겠다.

우리도 언젠가는 늙음이 찾아와 황혼을 맞게 될 것이다. 그때를 우리는 어떻게 맞이할 것인가? 하늘을 우러러 한점 부끄러움 없이 스승의 길을 걸었다고 자부할 수 있어야 할 것이다. 관 뚜껑을 덮었을 때 올바른 평가를 받을 수 있을 것이다. 이것이 행복한 "교직자의 생애"가 될 것으로 믿는다.

2. 학교문화[2]

제2차 세계대전에서 패한 일본은 자기네 땅에 굴러다니는 질 좋은 미제 지프차를 보고 그렇게 부러울 수가 없었다고 한다. 일본은 언제 저런 지프차를 만들어 내나 하고 부러운 눈초리로 바라보며 미제 같은 지프차 만드는 것을 소원으로 삼았다. 당시 미국은 일본 사람들을 "잽(Jap)"이라고 하며 업신여겼다. 마치 일본인들이 우리를 조센징이라고 무시하듯이 말이다.

---

2) **교육저널**, 한국교육출판

패전 후 일제는 ① 싸구려(cheap), ② 거친 것(poorly made), ③ 금방 망가지는 것(easily destructible)의 대명사였다. 미국 학자들은 일본 기업계에 친절히 품질관리운동과 기업문화를 가르쳐 주었다. 미국인들은 일본 각처를 다니며 강연과 세미나를 개최하였다. 그리고 일본인들은 착실히 미국의 지도에 따랐다. 그 결과 오늘날 자동차의 나라 미국에서 크고 안락한 미제 자동차를 누르고 일제 자동차가 판을 치게 되었다. 오일 쇼크 등으로 미국을 비롯하여 세계 경제가 바닥을 기고 있을 때 일본 경제는 계속 상승 무드를 타고 있었던 것이다.

깜짝 놀란 미국 학자들이 일본에 가보니 기업마다 계속적인 품질 개선에 노력을 기울이고 기업마다 독특한 기업문화를 꽃 피우고 있더란 것이다. 그래서 이번에는 반대로 일본의 품질 개선운동과 일본의 기업문화를 미국에 역수입해 가서 미국 기업에 이식하려니 먹혀들지 않더라는 것이다. 일본과 미국 사이에 문화가 다르기 때문이다. 가르쳐주고 오히려 당하는 신세가 된 것이다. 당시 미국이 잘 가르쳐주기도 했을지 모르지만 일본이 착실히 배우고 자기들에게 맞게 잘 적용한 덕분이었을 것이다. 장기를 가르쳐주고, 씨름을 가르쳐주고 오히려 가르쳐준 사람한테 비참하게 깨지는 신세가 되었던 것이다.

그래서 미국은 얼마 전까지 자기들이 최고인 줄만 알고 게으름만 피우다가 선두주자의 자리를 일본에게 내주게 되자 갖은 압력을 넣거나 때로는 그 거대한 체구를 가지고 엄살을 부리기도 한다. 그러면서 계속 각 분야에서 "일본으로부터 배우자"는 목청을 높이고 있다. 일본기업에서 배우자. 일본교육에서 배우자는 글들이 자주 나왔다. 특히 자기들이 가르쳐준 일본 기업문화에서 배우자고 큰소리로 주장하면서 미국기업이 조금씩 살아나고 있는 실정이다.

문화란 조직 또는 사회 내에서 공유하고 통용되는 가치, 태도, 신념, 철학, 역사와 전통, 습관, 언어 등의 모든 것이라고 할 수 있다. 최근에 기업 내에서 공유하고 통용되는 이러한 기업문화의 중요성이 강조되고 있다.

기업의 생산성이 향상될 뿐만 아니라 기업조직 구성원들이 같은 생각을 가지고 일을 함으로써 일하는 의미, 보람과 삶의 보람을 느끼게 되는 것이다.

학교는 원래 문화유산을 유지·보존·전달하는 기관으로서 문화조직이기 때문에 문화와는 가장 밀접한 관계를 맺고 있다. 학교마다 독특한 학교문화를 갖고 있어야 한다. 학교의 역사와 전통은 독특한 학교문화 형성에 결정적이다. 과거의 명문학교는 나름대로 독특한 학교문화가 있었다. 학생들은 교실에서 배우는 것보다도 자기 학교의 이 독특한 문화 속에서 배우는 것이 더 많았다.

학교의 구석구석에 스며든 학교문화 속에서 생활하는 동안에 저절로 배우고 깨닫고 각오와 결심을 하면서 성장하고 발전하게 되었다. 각 학교의 독특한 역사와 전통, 학교문화를 이어받고, 보존·발전시켜야 하는데 우리나라의 학교는 과거에 있던 것마저 다 잃어버리고 사라져 버렸다.

그동안의 학교 관료화와 획일화의 부작용으로 그렇게 된 것이다. 그래서 심지어는 공립과 사립의 차이도 없어지게 되었다. 참 안타까운 노릇이다. 다른 나라에서는 없던 학교문화 하나라도 주워 모아 만들려고 하는데 우리나라에서는 있던 것마저 없애고 평준화·평균화시키고 있으니 말이다.

학교에 주인이 없던 것도 학교문화가 없어지는 하나의 원인이 되고 있다. 순환근무제라고 해서 교장, 교감, 교사도 4, 5년마다 철새처럼 떠돌아다니니 역사와 전통, 문화가 형성되고 보존될 수가 없다. 최근에는 용인과 청부들마저 한 학교에 오래 남아 있지 못하고 있으니 이거야말로 학교문화 말살정책이라고 할 수 있다. 거기다 학생들도 전학이동이 많아지고, 학부모와 주민들마저 이사와 이동이 많아지니 학교는 뜨내기의 일시적 거처가 되고 있다. 교직원이 한 학교에 평생을 바쳐 봉사할 수 있도록 해야 한다. 한 학교에서 교원들의 생을 건 하나의 교육작품을 만들 수 있도록 되어야 학생교육이 제대로 될 수 있다.

교원인사에서 경합지역은 어쩔 수 없다고 하더라도 비경합지역, 또는 기피지역에 희망하는 교원이 있다면 계속 그 학교에 근무할 수 있도록 해주어 그 학교의 문화의 맥을 이어갈 수 있도록 되어야 한다. 한 교사가 한 학교에서 학생의 아버지대, 아들대, 손자대까지 가르칠 수 있다면 아마 그 교사는 학생의 특성을 제대로 파악하여 교육할 수 있을 것이다.

앞으로의 세계는 문화의 시대가 된다. 문화·예술이 국가경쟁의 종점이 될 것이다. 최근의 한국문화의 한류는 아주 좋은 징조이다. 그래서 선진국들은 자기 나라의 문화·예술을 다른 나라에 전파하고 심기에 경쟁적으로 노력하고 있다. 나쁘게 말하면 군사(정치적)식민, 경제식민에 이어 문화·예술의 식민정책을 쓰고 있는 것이다. 정신적 식민은 물질적 식민보다 더 무서운 것이다. 이렇게 엄청난 생각을 하지 않더라도 각 학교는 그 학교 나름의 독특한 문화를 형성할 필요가 있다.

학교문화가 완전히 사라진 속에서도 어떤 학교는 지금도 교사들이 야간 대학, 대학원을 다니고, 현장논문 쓰기, 교육자료 제작 등 공부하고 연구하는 문화가 있고, 어떤 학교는 막걸리 파티의 문화가 유지되는 학교가 있을 수 있다. 좋지 않은 문화를 억제하고 좋은 문화를 살려줄 필요가 있다.

우선 나름대로 남아 있는 학교문화에 맞는 지도력을 발휘하고, 나아가서 좋은 학교문화 형성을 위하여 지도력을 발휘하는 것을 문화지도력이라고 해서 지도력이 나오는 근원으로서 도덕적 지도력과 함께 최고의 강력한 지도력으로 보고 있다. 학교장은 도덕적 지도력과 함께 문화지도력을 발휘해야 한다.

학교에 공통적으로 요구되는 문화로서 (1)신뢰의 문화, (2)학습의 문화, (3)자율의 문화의 셋을 강조하고 싶다.

첫째, 우리 사회 전체에 믿음이 통하지 않고 있다. 학교도 예외가 아니어서 학교 내에도 의심과 불신이 팽배하고 있다. 불신 속에서는 교육이 성립될 수 없다. 학생이 교사를 절대적으로 믿고 존경하고 따르더라도 가르치고 배우기 어려운 것인데 서로 믿지 못하면서 어떻게 가르치고 배울 수 있겠는가? 학부모도 학교와 교사에 대하여 경계의 눈초리를 늦추지 않는 것 같다. 학생과 학부모 사이도 그렇고, 교장과 교사 사이도 절대적 신뢰가 통하지 않고 있다. 그래서 장학력·행정력·지도력이 먹혀들지 못하고 있다. 교육 이전에 우선 학교에서 신뢰가 회복되어야 한다. 신뢰의 문화를 형성하기 위해 다 같이 노력해야 한다.

둘째, 학교는 교육기관이기 때문에, 그리고 현대는 평생학습 사회이기 때문에 학습의 문화가 형성되어야 한다. 모든 학교구성원에 배우고자 열망하고 배우고 가르침에 기쁨과 즐거움, 희열로 가득 차야 한다. 학교는 학생만 배우는 것이 아니라 교사도 배우고 교장도 배워야 한다. 교원도 남을 가르치려고 하기 전에 먼저 자신을 가르치고, 자신이 먼저 배우려고 해야 한다. 그렇게 되면 학생들에게 공부하라고 잔소리할 필요도 없고, 학생들은 공부하지 말라고 해도 공부하게 될 것이다. 학생들을 말로만 가르칠 것이 아니라 행동으로, 몸으로 가르쳐야 한다. 학교가 학습문화의 열기로 가득 차야 교육은 쉽게 이루어진다.

셋째, 자율의 문화가 형성되어야 한다. 자기 일은 자기가 알아서 책임지고 해내는 문화가 자율의 문화이다. 학생들도 선생님으로부터 배우는 것보다 스스로 배우는 것이 훨씬 많아야 한다. 스스로 하려고 하지 않으면 보고도 보지 못하고, 듣고도 듣지 못하며, 배우고도 배우지 못한다.

교직은 전문직이고 전문직의 특성의 하나가 자율성이기 때문에 교원에게는 최대의 자율성이 보장되어야 한다. 자율이라는 말 속에는 이미 책임이란 의미가 포함되어 있기 때문에 책임성을 특별히 떼어내어 강조할 필요는 없다. 자기 일을 자율적으로 해내지 못하게 되면 다른 사람의 간섭과 지시·감독·확인을 불러들이고, 끌어들이게 된다. 학교에서 학생과 교사가 최대의 자율과 자유를 누릴 수 있어야 폭넓은 사람, 열린 사람을 키울 수 있다. 자율과 자유는 저절로 주어지는 것이 아니라 엄격한 자기관리, 자기통제, 자기규율에 의하여 획득되는 것이다. 천부적인 자율과 자유가 있다고 하더라도 남용하고 오용하면 속박을 불러들이게 된다. 학교에 자율의 문화를 형성해야 한다.

학교문화는 학교의 밑바탕을 이룬다. 튼튼하고 넓은 문화라는 터전 위에서 학생들이 건전하게 자랄 수 있도록 올바른 학교문화를 형성해야겠다. 모든 사람들이 독특성을 갖고 한 사람 한 사람이 구별되듯이 모든 학교가 서로 다른 독특성과 차별화가 학교문화로부터 이루어져야 한다. 학교문화에 대한 색깔 있는 학교, 색깔 있는 교육이 기대된다.

3. 실수의 교육적 활용[3)]

인간은 누구나 실수를 하게 마련이다. 신이 아닌 이상 인간은 모두 실수를 하면서 살아가게 된다. 세상이 너무 급격하게 변하다 보니 때로는 신(神)도 실수하는 게 아닌가 하고 의심을 하게 만든다. 착한 사람이 손해를 보거나 고통을 당하는 것을 볼 때, 또 죄 없는 천진 그대로의 어린이가 죽음을 당하는 것을 보면 때로는 감히 신까지도 의심하게 만들고 불공평하다고 신을 원망하게도 만든다. 또 성공한 수많은 사람들이 다 한번에 완벽하게 성공한 것이 아니다. 그들도 거듭되는 많은 실패와 역경을 딛고 일어나 성공한 것이다.

그래서 실패는 성공의 어머니라고 한다. 갓난아이가 일어서서 걷기까지는 수도 없이 넘어져야 한다. 걸음마차가 없던 옛날에는 아이들 무릎에 피가 마를 날이 없었다. 그렇게 다치면서도 일어서고 걷고 달리게 되는 것이 우리 인간인 것이다. 누구나 저지르게 되는 실수와 실패는 교육적으로 활용될 때 귀중한 것이다. 실수나 실패가 그 자체로 끝나고 만다면 우리 인간은 발전하지 못하고 후퇴하게 된다. 우리는 똑같은 실수를 세 번 이상 반복해서는 안 된다고 한다.

실수를 인정하고 후회하고 또 무의미한 반복되는 실수를 안 하려고 새로

---

3) **교육저널**, 한국교육출판.

운 각오를 할 때 실수는 실수 이상의 가치를 발휘한다. 실패도 그 원인을 찾고 새로운 철저한 대비책과 계획을 함으로써 성공 그 이상의 효과를 가질 수 있다.

이것이 실수와 실패·오류의 교육적 가치이고 교육적 활용이다. 외국에서 자동차 사고가 났다고 하면 철저한 조사에 의하여 원인을 규명하여 이에 따른 조치와 홍보를 함으로써 같은 장소에서 같은 사고가 더 이상 발생하지 않도록 한다. 그래서 자동차가 많은 나라에서도 우리보다 사고가 적다. 자동차는 사고 없이 편리하게 타고 다니기 위해서 만들어진 것이지 사고나기 위해서 만들어 낸 것은 아니다. 사고가 나면 보험회사들이 철저한 원인 조사를 한다. 경찰도 조사한다. 도로 표지판, 도로 조건, 교통규칙, 기후와 날씨, 운전기사의 건강·심리상태, 차량상태 등을 정확히 조사한다. 자동차 메이커들도 자기네가 만든 차가 사고를 냈다면 그 결함여부를 조사하여 개선에 반영한다. 그래서 사고의 원인을 제거함으로써 같은 장소에서 같은 사고가 재발하지 않도록 근본적인 조치를 한다. 더구나 생명을 앗아간 사고라면 생명을 바친 그 사고로부터 무엇인가 배워야 하고 귀중한 생명의 값을 빼야 하는 것이 우리 인간이 동물과 다른 점일 것이다.

그런데 우리나라의 경우 똑같은 사고가 무의미하게 반복한다는 데 문제의 심각성이 있다. 심지어는 사고 불감증이라고까지 하게 되었다. 교통사고가 매번 같은 장소에서 반복해서 일어난다. 사고 표시가 지워질 날이 없다. 뭔가 고쳐서 최소한 그 자리에서는 재발을 막아야 할 것 아닌가? 겨울에 차가 미끄러지는 곳에서는 항상 미끄러지고 있다. 철도 건널목에서는 항상 고정적으로 사고가 일어나고 있는데도 멀뚱멀뚱 그대로 있다. 같은 장소에서 같은 사고가 반복해서 일어나는데도 시정하지 못하고 그대로 있는 것은 후진국 신세가 아니라 야만국 신세에 해당된다.

다리가 끊어지고, 기차가 곤두박질치고, 배가 가라앉고, 비행기가 떨어지고 사람이 죽었으면 그 원인을 밝히고, 책임을 따지고, 대책을 세워야 하는데 그것이 없기 때문에 끝없이 반복되고 있다. 잠시 흥분하고, 눈물을 짜

고, 성금을 걷고. 누군가 한마디 사과하고, 말로만 다시는 이런 일이 안 일
어나게 한다고 하니 근본적인 해결이 안 되고 끝없이 반복하게 된다. 그래
서 이제는 사과용 국무총리를 따로 두어야 할 처지가 되었다. 가스폭발로
100여명이 희생되었다면 이는 분명 세계적인 사건이다. 이러한 세계적인
사건을 다루는 것은 그만큼 철저하지 못하다. 실험을 통한 정확한 원인조사
가 안 이루어지고 재발방지책이 강구되지 않는 속에서 모든 것이 쉽게 덮
어지고 있다. 그러니까 연일 가스사건은 계속되고 국민은 각 기관과 담당부
서를 믿지 못하고 불안해한다.

　오클라호마시의 사건을 다루는 미국의 태도는 우리와는 사뭇 다르다. 전
문가를 동원하여 수색하고 구조하고 의료활동을 체계적으로 하고 있다. 인
명구조도 16일간인가에 걸쳐서 하고 마쳤다고 한다. 범인 수사도 과학적으
로 하고 있다. 사건 당시의 연락·구조활동을 시간대별로 하나하나 녹음테
이프와 비디오테이프와 맞춰 가면서 분석·평가하고 매스컴과 뉴스에서 다
루고 있다.

　선진국과 후진국은 사건을 다루는 데서 엄청난 차이가 난다. 정말 선진
국으로 가는 길은 너무나 멀고도 험한 것 같다. 호주에서는 우리나라에서의
가스사고를 타산지석으로 하여 자기네 가스와 안전시설을 점검하고 대비책
을 강구하고 있다.

　그런데 우리가 그 많은 희생자를 내고도 여기서 교훈을 얻지 못한다면 너
무 억울한 노릇이고 희생된 분들께 미안한 노릇이다. 사고를 일으킨 사람을
정확하게 찾아내 벌해야 하기 때문에 사고의 원인을 추측으로 때려잡아서는
안 된다. 죄 없는 사람이 벌 받게 되고, 죄 있는 사람이 벌에서 제외되는 일
이 없어야 하기 때문이다. 사고의 원인이 정확하게 밝혀지지 않으면 벌을 주
는 데서 또다시 잘못을 저지르게 된다. 실제 상황 그대로 놓고 소규모라도
실험을 하여 정확히 증명하여 모든 사람의 고개가 끄덕여져야 한다.

　우리는 사고에서 배울 것을 찾아야 한다. 우선 노동자, 기술자를 귀중하
게 존중해 주어야 한다는 점이다. 그래서 그들도 자신들이 하는 일에 자부

심과 긍지를 갖고 중요하고 의미 있는 일을 하고 있다는 생각을 가질 수 있어야 한다. 비록 지하에서 땅을 파고 구멍을 뚫는 일을 할지라도 그것이 상당히 중요한 일이고 자신이 조금만 잘못해도 엄청난 일이 벌어진다는 점을 의식해야 한다.

우리는 땅 위에서 일하는 사람, 책상 위에서 일하는 사람만 중시하고 그늘진 속에서 일하는 사람은 너무 무시해 왔기 때문에 엄청난 사고가 빈발하는지도 모른다. 높은 사람, 낮은 사람 없이 사람은 모두 각자 주어진 위치에서 중요한 일을 하고 있다고 생각할 때 일할 맛도 나고 살맛도 나는 것이다. 노동자, 기술자들이 하는 일에 자부심과 긍지를 갖고 일했더라면 많은 사고가 근본적으로 봉쇄됐을 것이다.

작업 중에 가스 누출이 감지되었으면 신고도 중요하지만 우선 비상조치로 사람들을 대피시켰어야 한다. 높은 사람이건 낮은 사람이건 누군가의 명령에 의하여 위기관리에 들어갔어야 한다. 누군가 머리가 그렇게 돌아갔다면 아마도 대구의 지하철 화재의 피해는 줄어들고 그는 아마 지금쯤 영웅으로 존경받게 되었을 것이다. 이것도 일에 대한 자부심과 책임감에서 나온다.

학교는 가장 인구밀도가 높은 인구집중기관이고 조직이다. 사람이 가장 많이 모여 있고 그것도 보호받아야 할 어린이와 젊은이가 모여 있는 건물이 학교이다. 그래서 가장 안전하고 편안해야 할 곳이 학교이다. 그런데 지금 우리나라의 학교가 안전하지 못하다. 위험 건물, 위험 요인도 많다. 그래서 학교 관리자는 불안하다.

학교에서 제일 중요한 것은 공부 이전에 학생의 건강과 안전이라는 생각을 갖고 안전대처를 해야 한다. 안전은 평상시에 훈련을 쌓아야 한다. 미국과 같이 안전에 완벽하다는 학교에서도 1년에 10회 이상 소방훈련을 철저히 한다. 우리같이 형식적으로 하는 것이 아니라 실제상황으로 철저히 하고 또 실제상황이 벌어져도 훈련받은 그대로 대처한다. 학교에서의 안전교육을 재고하는 계기가 되어야 할 것이다. 생명존중교육과 결부시켜 근본적인 안전대처가 요구된다.

다리가 끊어지고 가스가 폭발하는 사고가 무엇을 의미하는지 깊이 새겨 보아야 한다. 끊어진 다리가 가리키는 방향, 가스가 폭발하는 의미를 보고 깨달을 줄 알아야 한다. 끊어진 다리만 쳐다보고, 폭발한 땅만 쳐다보고 있어서는 안 된다. 다리가 끊어지고, 가스가 폭발한다는 것은 우리의 윤리·도덕·가치·기강·정신세계가 온통 끊어지고, 가라앉고, 곤두박질치고, 폭발하고 있다는 의미이다.

다리의 끊어짐과 가스폭발보다 더 무서운 것이 윤리·도덕·가치의 끊어짐과 폭발이다. 30여 년간 서두른 물질적 산업화에 밀려 정신적 교육이 경시된 결과로 윤리와 도덕이 끊어지고 폭발하고 있는 것이다.

노동자도, 기술자도, 공무원도, 정치가도 다 대한민국의 교육을 받고 일하는 사람들이다. 거친 교육을 받은 사람들이 거칠게 일할 수밖에 없다. 한 사람 한 사람에게 정성을 들여 귀중하게 교육할 때 그들이 사회에 나와 자부심과 긍지를 갖고 정성들여 그들의 일을 하게 된다.

근본적으로 인간교육에 투자를 하지 않고 국가적 정성을 쏟지 않고 임시로 그때그때 땜질하고 덧칠하고, 덮어씌우기를 하는 한은 근본적인 처방이 안 된다. 후진국형 사고의 교육적 의미를 깨달아야 한다. 실수와 실패의 교육적 승화가 요구된다.

4. 한국의 힘―여성의 힘[4]

몇 년 전에 우리나라 초등여자교육행정가 모임에서 여성교육의 중요성에 대하여 잠깐 언급한 적이 있다. 지금도 그 생각에는 변함이 없다. 우선 세

---

4) Education Journal. 1995. 4. 한국교육출판.

가지 측면에서 우리나라 여성교육의 중요성을 강조했다.

첫째, 어머니 교육의 측면이다. 이율곡의 어머니 신사임당 교육의 예를 구태여 들지 않더라도 자녀에 대한 어머니의 영향력은 거의 절대적이라는 것을 누구나 인정하지 않을 수 없다. 이 개정판을 교정보는 동안 미식축구 선수 하인즈 워드의 어머니 이야기가 연일 보도되고 있다.

우리나라에서는 어린이가 태어나기 전부터 교육이 시작된다고 믿고 있다. 태교가 바로 그것이다. 서양에서 조기교육의 중요성을 외치고 있지만 우리나라의 태교보다 더 빠른 조기교육은 없을 것이다. 서양에서는 20세기 앞에서야 "5세는 너무 늦다(5 years too late)"고 조기교육을 부르짖었는데, 우리는 임신과 동시에 태교를 시작했으니 우리 조상들의 슬기에 새삼 놀라지 않을 수 없다. 사실은 결혼 전부터 자녀교육을 계획한다.

이에 덧붙여 우리 조상들의 생명존중사상에도 경의를 표해야 한다. 서양 사람들은 태어나면서부터를 한 생명으로 생각하여 0으로부터 출발하여 0세라고 하는 데 비하여 우리 조상들은 임신 그 순간부터를 하나의 생명으로 보고 태교도 하고, 임산부는 두 생명으로 생각하여 몸조심을 두 배로 하고, 태어나면 한 살로 계산하여 하나로부터 출발하였던 것이다.

태교가 아니더라도 어린이는 어머니의 젖꼭지를 물고도 어머니로부터 학습을 한다. 어머니의 체온과 감정, 사랑을 배운다. 그래서 아무리 급해도 물렸던 젖꼭지를 함부로 빼지 않았을 것이다. 아기의 성격이 비뚤어지기 쉽기 때문이다. 젖을 빨면서 엄마의 인자한 얼굴 모습을 보고 아기는 인간관계를 공부하기 시작하는지 모른다.

우리나라에서는 아이들이 학교에 들어가기 전부터 하나하나 교육시킬 뿐만 아니라 학교에 간 후에도 책가방을 챙겨 주고, 숙제를 보살펴 주고, 자녀교육을 전적으로 책임을 지다시피 한다.

정확한 연구증거는 없지만 우리나라에서는 자녀교육에 아버지의 영향보다는 어머니의 영향이 더 클 것으로 본다. 유태인들은 아버지에게 자녀교육의 책임이 있다고 하지만 우리나라에서는 어머니에게 책임이 있다. 그래서 그런지 우리나라 어머니들은 극성으로 자녀들을 여러 학원에 보내고 또 과외 공부를 시키는지 모른다. 심지어는 남편 모르게 엄청난 과외비를 지불하며 여러 개의 학원에 보내거나 과외를 시키는 어머니들까지 있다. 우리나라 어머니들의 자녀교육에 대한 극성은 가히 세계적이라고 하지 않을 수 없다.

그러나 정상적인 자녀교육, 가정교육만으로도 여성인 어머니의 영향은 남성인 아버지보다 더 중요하다. 이것은 반대로 우리나라 아버지들이 자녀교육에 책임을 다하지 못하거나 등한시하고 있다는 비난이 될 수 있다. 옛날에는 아마도 자녀교육을 포함한 모든 가정 일에 남성인 아버지들이 더 책임을 졌을 것이다. 남성들이 근대 산업화에 바쁘다는 핑계로 아내에게 많은 짐을 떠넘기고 있는지도 모른다. 그런데 이제 여러 가지 이유로 어머니들도 바빠져서 옛날처럼 자녀교육을 하기 어렵다는 데 문제가 생기고 있다.

하여간 여성은 자녀교육에 결정적인 영향을 미친다. 그래서 우리나라 여성들이 어떤 교육을 받고 어떻게 자녀교육을 하고 있느냐는 중요한 일이 아닐 수 없다. 여성에 대한 어머니 교육이 중요하다.

둘째, 우리나라 학교교육의 대부분을 여성이 담당하게 되므로 우리나라 여성교육은 중요하다. 앞으로 최소한 우리나라 초·중등교육의 대부분을 여성이 담당하게 될 것이므로 여성들이 어떤 교육을 받고 어떤 생각을 갖고 학교교육을 하느냐가 우리나라의 운명을 결정하게 된다. 선진국의 보통교육은 이미 대부분 여성이 담당하고 있다. 그래서 선생님과 교장 선생님을 가리키는 대명사를 서슴없이 여성대명사(she, her)로 쓰고 있다.

우리나라에서도 도시, 초등에서부터 시작하여 전국, 중등까지 여선생님의 비율이 높아지고 있다. 과거에는 학교에서도 힘든 일은 으레 남자 선생님이 해야 한다고 미룰 수가 있었으나 이제는 남자 선생님 수가 절대적으로 부족하여 그럴 수가 없게 되었다.

과거 교육대학에서는 인위적으로 남녀 성비율을 맞추어 학생을 뽑고 있었으나 사범대학에서는 그렇지 않으므로 아마 이대로 간다면 중등이 먼저 여성으로 다 채워질 가능성이 있다. 교사후보학생을 뽑는 데 남녀 차별하여 비율을 정한다는 것은 무리가 있다. 자유경쟁의 원칙이 적용되어야 한다고 본다. 남자 교사가 필요하면 남학생이 교직에 매력을 갖도록 대우를 해주어 남성을 교직으로 유인해야 하는 것이다.

옛날에는 여자는 교직을 부업 정도로 생각할 수 있었으나, 이제는 여성의 교직이 더 이상 부업일 수 없는 생을 건 주업이다. 지금도 부업 정도로 생각하는 여교사가 있다면 우리나라의 운명은 슬프게 되지 않을 수 없다. 주업으로 인생을 건 나라의 교사와 국제교육전쟁을 해야 하기 때문이다. 주업자와 부업자의 대결에서는 부업자가 백전백패일 수밖에 없다. 기본적인 임전태도에서부터 지식, 기술 모든 면에서 뒤쳐질 것이다.

우리나라 여성이 우리나라의 기본이 되는 보통교육을 모두 담당하게 되므로 우리나라 여성교육은 중요한 몫을 하게 된다. 남성교육, 여성교육을 나누는 자체가 잘못된 것이지만 최소한 과거의 시각에서 보면 그렇다는 뜻이다. 이스라엘에서는 교육뿐만 아니라 국방까지도 여성이 많은 비중을 담당하고 있으므로 그 중요성만 인식한다면 더 좋은 교육 서비스를 국민들에게 제공해줄 수 있을 것으로 본다.

여성인 어머니의 중요한 자녀교육·가정교육에 더하여 여성인 여교사의 학교교육 담당으로 우리나라 교육은 전적으로 여성에게 달려 있다고 보아도 좋을 것이다. 우리나라 기초교육을 담당하는 여성교육을 정말 중시하지 않을 수 없다.

셋째, 우리나라 가정경제의 대부분이 여성에 의하여 운영되기 때문에 여성교육의 중요성이 더욱 강조된다. 현대에 오면서 우리나라에서도 집안 살림의 돈을 대부분 여성인 주부가 사용하는 경향이다. 자녀들 용돈과 교육비는 물론이고 집을 사고파는 일까지 대부분 여성이 처리하는 경우가 많다.

우리나라 여성이 어떤 가치관을 갖고 어디에다 돈을 어떻게 쓰느냐는 우리나라 운명을 좌우하게 된다. 가정경제권을 여성이 갖고 있는 경우가 많아지므로 여성의 소비생활이 우리 사회, 우리나라 발전에 지대한 영향을 줄 것으로 본다. 남성들의 봉급까지도 고스란히 통장에 입금되어 과거의 남성에 의한 낭비가 줄어들고 가정의 계획경제에 긍정적인 영향을 주는 경우도 있을 것이다. 하여간 기업경제나 국가경제는 남성들이 많이 다루는 경향이지만 최소한 가정경제의 대부분은 여성이 다루는 경향이므로 이런 측면에서의 여성교육이 중시되어야 할 것이다.

교육적인 측면에서 우리나라 기초교육인 가정교육과 초·중등 학교교육을 여성이 담당하고, 경제적인 측면에서 최소한 가정경제의 대부분을 여성이 책임을 지게 되는데 여성교육을 과거의 시각으로 보게 된다면 문제가 아닐 수 없다.

우선 여성교육의 중요성에 비추어볼 때 여성교육 기회를 확대하고 그 질도 높여야 할 것이다. 그리고 사회교육의 측면에서도 여성 담당 분야에 관련된 프로그램이 개발되고 발전되어야 할 것이다.

또 생활의 편리로 벌어들인 남는 시간을 활용할 수 있는 여성사회교육프로그램에 대한 연구도 강조되어야 할 것이다. "여자는 약하다. 그러나 어머니는 강하다"는 말에 이어서 "여자는 약하다. 그러나 여교육자는 강하다"는 말이 통용되어야 우리나라는 발전한다. 그리고 우리나라 주부의 씀씀이가 나라를 윤택하게 하는 데 결정적인 역할을 한다.

위대한 사람 뒤에는 반드시 여자가 있다고 한다. 훌륭한 어머니가 있든가, 아니면 훌륭한 아내가 있는 것이다. 그러나 이제는 이에 더하여 위대한 사람 뒤에는 반드시 훌륭한 (여)선생님이 있다는 말이 통용될 것이다. 국가발전의 가장 원초적인 원동력은 여성에게서 나오고 있는지도 모른다. 가정교육, 학교교육, 가정경제의 기초는 여성에게 달려 있다. 그렇다면 "한국의 힘, 여성에게서 나온다"고 해도 좋을 것이다. 앞으로 계속 여성의 영향력은 커질 것이다.

찾아보기

◆ 인 명

◆ 내 용

● 저 자 소 개 ●

주삼환(朱三煥)

●약력●

서울교육대학 교육학과 졸업
서울대학교 교육대학원 교육행정 전공(교육학석사)
미국 미네소타 대학교 대학원 교육행정 전공(철학박사)
前 서울 시내 초등학교 교사 약 15년
　　한국교육학회 회원, 한국교육행정학회 회장(1999)
　　미국 오하이오 주립대학교 객원교수(2003~2004)
現 충남대학교 인문대학 교육학과 교수

●저서 및 역서●

『사회과학이론입문』(공역, 한국학술정보(주), 2005)
『한국교육행정강론』(한국학술정보(주), 2005)
『질의 교육과 교육행정』(한국학술정보(주), 2005)
『수업분석과 수업연구』(공저, 한국학술정보(주), 2005)
『교육행정철학』(역, 한국학술정보(주), 2005)
『미국교육행정』(역, 한국학술정보(주), 2005)
『입문 비교교육학』(역, 한국학술정보(주), 2005)
『임상장학』(역, 한국학술정보(주), 2005)
『교육행정사상의 변화』(한국학술정보(주), 2005)
『위기의 한국교육』(한국학술정보(주), 2005)
『교양 인간관계론』(공역, 한국학술정보(주), 2005)
『우리의 교육, 몸으로 가르치자』(한국학술정보(주), 2005)
『전환시대의 전환적 교육』(한국학술정보(주), 2006)
『장학: 장학자와 교사의 상호관계성』(역, 한국학술정보(주), 2006)

『허즈버그의 직무동기이론』(역, 한국학술정보(주), 2006)
『대안적 교육행정학』(공역, 한국학술정보(주), 2006)
『전환적 장학과 학교경영』(한국학술정보(주), 2006)
『교육행정 특강』(한국학술정보(주), 2006)
『올바른 교육행정을 지향하여』(한국학술정보(주), 2006)
『교장의 리더십과 장학』(한국학술정보(주), 2006)
『교장의 질 관리장학』(한국학술정보(주), 2006)
『지방 교육자치와 대학자치』(한국학술정보(주), 2006)
『장학의 이론과 기법』(한국학술정보(주), 2006)
『전환기의 교육행정과 학교경영』(한국학술정보(주), 2006)
『고등교육연구』(한국학술정보(주), 2006)
『교육개혁과 교장의 리더십』(한국학술정보(주), 2006)

『교육조직연구』(한국학술정보(주), 2006)
『선택적 장학』(한국학술정보(주), 2006)
『리더십의 철학』(공역,한국학술정보(주), 2006)
『교육행정 및 교육경영』(공저, 학지사, 2003, 개정판)
『미국의 교장』(학지사, 2005)
『교육이 바로 서야』(원미사, 2002)
『교육행정 및 교육경영』(공저, 삼광출판사, 1995)
『장학론』(공저, 한국교육행정학회, 1995)
『장학론』(공저, 한국방송통신대학, 1991)
『인간자원장학론』(공역, 배영사, 1987)
『장학론: 선택적 장학체제』(역, 문음사, 1986)
『장학론』(공역, 학문사, 1984)
『교육정책의 새로운 방향』(역, 교육과학사, 1983)
『교육학개론』(공저, 정민사, 1983)
『장학론』(갑을출판사, 1982)
『신장학론』(역, 교육출판사, 1979)

교육개혁과 교장의 리더십

• 초판 인쇄	2006년 3월 2일
• 초판 발행	2006년 3월 2일
• 지 은 이	주삼환
• 펴 낸 이	채종준
• 펴 낸 곳	한국학술정보㈜
	경기도 파주시 교하읍 문발리 526-2
	파주출판문화정보산업단지
	전화 031) 908-3181(대표) · 팩스 031) 908-3189
	홈페이지 http://www.kstudy.com
	e-mail(e-Book사업부) ebook@kstudy.com
• 등 록	제일산-115호(2000. 6. 19)
• 가 격	28,000원

ISBN 89-534-4770-4 93370 (Paper Book)
89-534-4771-2 98370 (e-Book)